时史拾事

第1辑

宋燕 主编

九州出版社
JIUZHOUPRESS

图书在版编目（CIP）数据

时拾史事．第1辑 / 宋燕主编．-- 北京 ：九州出版社，2015.1

ISBN 978-7-5108-3390-8

Ⅰ．①时… Ⅱ．①宋… Ⅲ．①中国历史－通俗读物 Ⅳ．①K209

中国版本图书馆CIP数据核字（2014）第288935号

时拾史事．第1辑

作　　者	宋燕 主编
出版发行	九州出版社
出 版 人	黄宪华
地　　址	北京市西城区阜外大街甲35号（100037）
发行电话	(010) 68992190/3/5/6
网　　址	www.jiuzhoupress.com
电子信箱	jiuzhou@jiuzhoupress.com
印　　刷	三河市九洲财鑫印刷有限公司
开　　本	710毫米×1000毫米　16开
印　　张	21　插图160幅
字　　数	343千字
版　　次	2015年10月第1版
印　　次	2015年10月第1次印刷
书　　号	ISBN 978-7-5108-3390-8
定　　价	49.80元

目 录

* 食色性

* 趣事

* 稀奇古怪事

* 乱事

* 历史何其相似

* 真相

* 言事

* 大明的日落（上）

* 晚清民初那些事

* 家族相册

* 食色性 *

唐朝美食

主页君是个吃货。当年学的课文基本都忘光了，只有《挖荠菜》《梁生宝买稻种》这类课文始终印象深刻，其中“把它下在玉米糊糊里，再放上点盐花，真是无上的美味啊”和“要了五分钱的一碗汤面，喝了两碗面汤，吃了他妈给他烙的馍”这种句子当时就把我逗出了口水，到现在都能背得出来。

读史书之后这个毛病依然没变，每次读到史书中写吃食写得生动的地方，都会自动脑补色香味，并立即满口生津。

史书中写吃的地方不少，尤其是历代笔记里，常常有挺详细的菜谱介绍。从唐代笔记里我收集了一些美食，看这些记录，我感觉今天也可以复制。主页君个人是黑暗料理系的，没有这个能力，就推荐给大家去尝试吧。

1. 古楼子

《唐语林》里写这种食品的做法是，用羊肉一斤，一层层裹在大胡饼当中，隔层放椒豉，用酥油涂抹，“入炉迫之”，等肉熟了就可以吃了。胡饼是当时的一种面食，是一种在炉中或其他类似炊器中烤熟的饼，含油，上面往往放有芝麻，估计和现在的烧饼差不多。椒豉，指的是花椒和豆豉。“入炉迫之”，应该是在炉中焖烤至熟。

2. 冷淘

杜甫写过一首诗《槐叶冷淘》：

青青高槐叶，采掇付中厨。新面来近市，汁滓宛相俱。
入鼎资过熟，加餐愁欲无。碧鲜俱照箸，香饭兼苞芦。
经齿冷于雪，劝人投此珠。愿随金騕褭，走置锦屠苏。
路远思恐泥，兴深终不渝。献芹则小小，荐藻明区区。
万里露寒殿，开冰清玉壶。君王纳凉晚，此味亦时须。

唐《韩熙载夜宴图》

这是说用槐叶汁和面做成的面条，面条煮熟之后，再放在冰水或井水中浸凉而成。唐朝的冷面，还会拌上蔬菜、蘸着豉汁吃。

3. 馅子

《太平广记》里写馅子的做法："要大台盘一只，木楔子三五十枚，及油铛灰火，好麻油一二斗，南枣烂面少许。……四面看台盘，有不平处，以一楔填之，候其平正。然后取油铛烂面等调停。袜肚中取出银盒一枚，银篦子银笊篱各一。候油煎熟，于盒中取馅子赚，以手于烂面中团之，五指间各有面透出。以篦子刮郤，便置包子于铛中。候熟，以笊篱漉出。以新汲水中良久，郤投油铛中，三五沸取出。抛台盘上，旋转不定，以太圆故也。其味脆美，不可名状。"就是说用油和南枣面，和到很软的程度，里边包上馅，放油里炸，再过水放凉，再炸，来个三五次。外形似今天的油炸元宵，馅一般是甜馅，有栗子馅的，有樱桃馅的，也有别的。

4. 蟹饽饦

饽饦是风靡唐朝的一种包馅面食，类似今天的包子，蔬菜馅、肉馅、樱桃馅都有。《岭表录异》写过一种蟹饽饦，说是"赤蟹，壳内黄赤膏，如鸡鸭子黄，肉白，以和膏实其壳中，淋以五味，蒙以细面，为蟹饽饦，珍美可尚"。就是把赤蟹的膏黄和肉填在壳中，浇上调料汁，再用面裹在外面。听上去和蟹黄蟹肉包子差不多，只是不知道连壳一块怎么吃，或者也可能是面在壳里？

5. 胡麻饭

用芝麻做饭不知道味道如何，唐朝就很流行这样吃。“御羹和石髓，香饭进胡麻”、“神枣胡麻能饭客，桃花流水荫通津”、“渴兴石榴羹，饥惬胡麻饭”……很多诗句里都写过胡麻也就是芝麻做成的饭，貌似很常吃。

6. 乌米饭

乌米饭又叫青精饭，使用乌饭树叶的汁浸黑稻米，然后蒸熟。“岂无青精饭，使我颜色好”，看来这饭吃起来很养生。

7. 团油饭

“凡力足家有产妇，三日、足月及子孙晬为之，飵以煎蝬鱼、炙鸡鹅、煮猪羊、鸡子羹、饼灌肠、蒸脯菜、粉糍、粔籹、蕉子、姜、桂、盐豉之属，装而食之是也”，就是把煎蝬鱼、烤的鸡鹅、煮的猪羊、鸡蛋羹、饼灌肠、蒸脯菜、粉糍、粔籹（jùnǚ，以蜜和米面煎熬而成）、蕉子、姜、桂皮、盐、豆豉装起来，蒸或者炒。

8. 清风饭

清风饭是唐文宗发明的，“用水晶饭、龙睛粉、龙脑末、牛酪浆，调事毕，入金提缸，垂下冰池，待其冷透供进，惟大暑方作”，是一种解暑食品，龙睛粉、龙脑末都是樟脑类的香料，吃完了有凉意，再加上冷水冰镇，更能解暑。不过我就是不清楚这样吃会不会中毒。

9. 褒（同煲）牛头

《北户录》里说：“南人取嫩牛头火上燂过，复以汤（烫）毛去根，再三洗了，加酒豉葱姜煮之候熟，切如手掌片大，调以苏膏椒橘之类，都内于瓶瓮中以泥泥过，煻火重烧，其名曰褒（煲）”。就是把牛头烤掉毛洗干净，加上酒、豆豉、葱、姜煮熟，切成片，抹上紫苏、花椒、橘酱（唐朝人做菜很爱用橘酱）等调料，再用当今做叫花鸡的方法做一下。这样煲出来的牛头肉什么味道呢？作者说比熊掌还好吃：“愚曾于衡州食熊蹯，大约滋味小异而不能及。”

10. 四种美食

“蒸豚揾蒜酱，炙鸭点椒盐。去骨鲜鱼鲙，兼皮熟肉脸”——这是《全唐诗》里的一首劝人向善的诗中的几句，全诗没啥说的，就这四句，应该是作者认为最好吃的几样肉食，分别是：蒸熟的猪肉蘸着蒜泥吃，烤鸭蘸椒盐吃，去骨鲜鱼做成生鱼片，带皮的猪头肉（最后这句是我猜的，也可能是羊头肉之类的）。

11. 奥猪肉

《北户录》里写过一种做猪肉的方法，这段文字我明白，但怎么也捉摸不清楚究竟是怎么做，先放在这里，感兴趣的人自己琢磨吧：“先以宿猪肥者，腊月杀之，以火烧之令黄，暖水梳洗，削刮令净，刳去五脏，猪肪炒取脂脔，方五寸，令皮肉相兼。著水，令淹没於釜中，炒之肉熟水尽，更以向所炒肪膏煮肉，脂一升酒二升盐三升，令脂没肉，暖火煮半日许，漉出瓮中余膏，写肉瓮中，令相淹。食时，水煮令熟，切，调和，如常肉法。尤宜新其二岁猪。肉未坚、烂坏，不堪作”。大概意思是把带皮猪肉切成五寸见方，炖熟，再放一升猪油、二升酒、三升盐小火煮半天，然后把它放瓮里，吃的时候还要再用水煮……

12. 乌雌鸡羹

这是一道药膳，治风湿什么的。做法是“乌雌鸡 1 只，上煮令熟，细擘，以豉汁、姜、椒、葱、酱调和作羹。”就是把雌乌鸡煮到特别熟，细细切碎，加上豉汁、姜、花椒、葱、酱炖成羹吃。听起来也很美味。

13. 浑羊殁忽

浑羊殁忽可是唐朝名菜，不过太过奢侈，大富人才吃得上。《太平广记》里写的做法是“取鹅，炼去毛，及去五脏，酿以肉及糯米饭，五味调和。先取羊一口，亦炼剥，去肠胃。置鹅于羊中，缝合炙之。羊肉若熟，便堪去却羊。取鹅浑食之”。就是把鹅收拾好，肚子里塞上肉、糯米饭和作料，放在整羊肚子里烤，烤熟之后只吃进了羊肉滋味的鹅，不吃羊。

14. 绯羊

《清异录》里说绯羊，是“以红曲煮肉，紧卷石镇，深入酒骨淹透，切如纸薄，乃进”。就是用酒糟炖肉，然后卷成卷，用石头压，一直压到酒味儿入到骨头里，肉成完整的一块，就可以吃了，吃的时候切成像纸一样薄的薄片。听这个做法，类似做糟火腿。

15. 水母

唐朝时候的岭南人喜欢吃水母，吃之前要以草木灰点生油，再三洗它以去腥味，洗干净后，用花椒、桂皮、豆蔻、生姜煮断生，切成丝再炸。吃的时候用五辣肉醋或虾醋蘸着吃。

16. 干鱼鲙

鱼鲙就是生鱼片。唐朝人酷爱吃生鱼片，不管河鱼海鱼都爱用这种方法吃，很多人嗜鲙如痴。如今日本对生鱼片的热爱，估计也是唐朝那会儿传过去的。

由于鱼对保鲜的要求高，所以不容易随时吃到，他们就发明了干鱼鲙的做法。《大业拾遗记》里说干鲙的做法是：“当五六月盛热之日，于海取得鮸鱼。大者长四五尺，鳞细而紫色，无细骨不腥者。捕得之，即于海船之上作鲙。去其皮骨，取其精肉缕切。随成随晒，三四日，须极干，以新白瓷瓶，未经水者盛之。密封泥，勿令风入，经五六十日，不异新者。取啖之时，并出干鲙，以布裹，大瓮盛水渍之，三刻久出，带布沥却水，则皦然。散置盘上，如新鲙无别。细切香柔叶铺上，筋拨令调匀进之。海鱼体性不腥，然鳝鮸鱼肉软而白色，经干又和以青叶，皙然极可噉”。就是把鲜鱼立刻切成鱼片，晒到极干，放在白瓷瓶里用泥封好。想吃的时候拿出干鲙用布裹上，放水里泡发，就跟鲜鱼片一样可口，吃的时候拌着青叶，也是用五辣肉醋或虾醋蘸着吃。

17. 鱼鲊

鲊是古代一种腌制发酵食物，通常用鱼或肉加工成小块，用盐、酒、香料腌过，再一层一层放入容器内，每一层鱼肉之间撒上特殊处理过的米饭，然后把容器密封，米饭里混入的乳酸菌发酵，产生乳酸和一些物质，渗入鱼肉内部，这样就成了能够长期保存的鲊类食品，拌饭吃很香。

18. 含肚

含肚是一种腌制鱼，但在腌之前，先不剔除鱼的内脏，而是让整条鱼在空气中静置两天，待鱼稍微腐化，再迅速抽去内脏，用盐腌透，经过晒、压而成。《大业拾遗记》里写鮸鱼含肚："当六月七月盛热之时，取鮸鱼长二尺许，去鳞净洗。停二日，待鱼腹胀起，方从口抽出肠，去腮留目。满腹内纳盐竟，即以末盐封周遍，厚数寸。经宿，乃以水净洗。日则曝，夜则收还。安平板上，又以板置石压之。明日又晒，夜还压。如此五六日干，即纳干瓷瓮，封口。经二十日出之，其皮色光彻，有如黄油，肉干则如糗。又如沙棋之苏者，微咸而有味"。不知道现在的"臭鲑鱼"之类的，是不是就这样做的。

19. 糖蟹

《北户录》介绍糖蟹的做法："九月中取母蟹着水中，勿令伤损及死，一宿腹中净，久则吐黄，吐黄则不佳也。先煮薄饴。饴，饧也。着活蟹冷糖中一宿，煑蓼汤，和白盐，极咸，待冷，瓮盛半汁，取糖中蟹，内着盐蓼汁，中，便死，蓼宜着少，多则烂。泥封二十日出之，举蟹脐着姜末，还复脐如初，内着泔中，百筃一器，还以前盐蓼汁浇之，令没，密封，勿令漏气，便成矣。特忌风，中则坏而不美"。就是把糖煮化，把活蟹放里面腌一宿，再用廖汤和盐腌，用泥封好，20 天后拿出来，如果蟹脐跟活的时候一样，再用盐廖汤浇，泡好密封，想吃的时候吃就行了，中间千万不能进空气。

唐朝美食还有很多，这里只选了一些我印象深刻的记了下来。那时候食材其实没有现在多，有很多现在人常吃的东西那时都还没在中国出现（比如辣椒那时就没有），所以人们全靠聪明才智把有限的食材做成了各种美味。我厨艺不佳，也不知道这些菜式至今有没有失传，反正我是没吃到过。

唐朝的重口味菜

从古至今无论什么时候的人都讲究吃，都留下过很多食经菜谱，看着就让人流口水。但也有一些菜谱读起来令人不寒而栗。唐人写的各种笔记小说（这里的“小说”和现代的小说意思不一样，相当于现在的“杂闻”），里面有不少奇特的菜的记录，那真是非一般的重口味。

《朝野佥载》里写过岭南的僚民喜欢吃一道叫“蜜唧”的菜，是用初生的通体赤蠕、尚未开眼的小老鼠用蜜饲喂，上席的时候，把它钉在木板上，尚能“嗫嗫而行”，吃的时候直接放嘴里生嚼。由于一咬小鼠就会发出唧唧声，因此叫“蜜唧”。

《云仙杂记》里有一道“抱芋羹”，岭南凡有宴会必以此为上等美味。做法是先在锅内烧水，投入小芋头，到水沸，汤料中冒出水泡的时候，把活青蛙扔进去。青蛙逢高温，撑开双脚紧抱小芋头而熟。有时候不用芋头，用笋笴也可以，上席时，青蛙尚能执笋笴，“瞪目张口”。

《灵异记》里说闽南人爱吃蚂蚁，广溪洞间多产蚁，人们把蚁卵洗净卤制成酱，称为“蚁子酱”。

《太平广记》里说南州地区宴席上有道招待贵宾的名菜叫“圣齑”，做法是先把一只小牛犊烹好，取其结肠中的细粪置于盘中，拌上酱然后配牛肉吃，若无此味都不能成席。吃到一半时，还要把一种名叫“麻虫”的东西用荷叶包裹蒸食，而“麻虫”就是麻厥蔓上的一种寄生虫。

地方特色自然形成也就罢了，有些名士还自创重口味菜。名士李詹发明过一道烧醉鳖：把鳖四足捆上，在烈日中暴晒，使鳖渴极，然后饮以酒而烹之。状元狄慎思家传的一道“火炙驴”更变态：取小驴拘在庭中，在其四周置柴火烧烤，使驴干渴，饮以石灰水，洗涤其肠胃以去腥，再取酒和调味品，使驴喝醉。驴未死而被火所烤，外层已经烧熟……

实在说不下去了，总之中晚唐很多这种发明，充分反映出穷奢极欲的人在思饱淫欲上的想象力，我觉得但凡有机会吃人他们也会毫不犹豫的。

顶级吃货的 14 个讲究

中国古代最讲究的食客，莫过于清朝的袁枚，他写的《随园食单》不仅介绍了南北菜肴饭点及名茶名酒，还讲了不少厨事原则和饮食原则，这其中对各种细微之处的在意，让人感觉他实在是一个用生命去吃的人。

袁枚在《戒单》里讲了 14 条饮食原则，其中的很多条，是真正爱吃的人不能不遵循的。

1. 戒外加油。平庸的厨师做菜，动不动就熬上一大锅猪油，在上菜时浇上一勺，以为这样能色美味香，连燕窝这样至清之物也受此玷污。俗人以为多吃些油水进肚有好处，实际这样吃简直如饿鬼投生。

2. 戒同锅熟。不能把不同的东西同锅煮熟。

3. 戒耳餐。只求名声好听，“贪贵物之名，夸敬客之意”，这叫耳餐而不是口餐，殊不知豆腐得味，远胜燕窝；海菜不佳，不如蔬笋。袁枚说：“鸡猪鱼鸭，豪杰之士也，各有本味，自成一家；海参燕窝，腐陋之人也，全无性情，寄人篱下。”好听好看不好吃，那就没什么意思了。

4. 戒目食。所谓目食，袁枚指的是贪多的弊病。“今人慕食前方丈之名，多盘叠碗，是以目食，非口食也。”袁枚以为菜肴不必求多，多必不精，而且还会出纰漏。一个名厨极费尽心力，一日之中所能做出的好菜，也不过四五样，再多了也就是应付而已。

5. 戒穿凿。违背物性，过于工巧。“燕窝佳矣，何必捶以为团？海参可矣，何必熬之为酱？”他认为食物应该尽量保留其本味。

6. 戒停顿。菜要随做随吃。做与吃之间，不能停顿，因为“物味取鲜，全在起锅时，极锋而试。略为停顿，便如霉过衣裳，虽锦绣绫罗，亦晦闷而旧气可憎矣”。菜肴要得鲜美，必现杀、现烹、现熟、现吃，不能停顿。

7. 戒暴殄。暴殄者有时运用物料不完全，取一部分而弃其大半，“烹甲鱼者，专取其裙，而不知味在肉中；蒸鲥鱼者，专取其肚，而不知鲜在背上”。每个部位，都有其鲜美之处，不应浪费。他对虐食更不赞成，“至于烈炭以炙活鹅之掌，剸刀以取生鸡之肝，皆君子所不为了。物为人用，使之死，可也；使之求死不得，不可也”。

8. 戒纵酒。酒筵上饮酒不可过度，饮得醉醺醺的，再好的肴馔也吃不出什么味道了。非要喝的话，“万不得已，先于正席尝菜之味，后于撤席逞酒之能，庶乎其两可也”。

9. 戒火锅。袁枚反对吃火锅，认为它违背了烹饪与饮食的一些基本原则。“冬日宴客，惯用火锅。对客喧腾，已属可厌，且各菜之味，有一定火候，宜文宜武，宜撤宜添，瞬息难差。今一例以火逼之，其味尚可问哉？”

10. 戒强让。强让就是过分殷勤劝菜。“治具宴客，礼也。然一肴既上，理应凭客举箸，精肥整碎，各有所好，听从客便，方是道理，何必强让之？”

11. 戒走油。这是对厨师烹技的一个基本要求，“凡鱼、肉、鸡、鸭，虽极肥之物，总要使其油在肉中，不落汤中，其味方存而不散。若肉中之油半落汤中，则汤中之味反在肉外矣。”袁枚认为造成走油的原因有三种：一误于火大猛，滚急水干，重番加水；一误于火势忽停，既断复续；一病在于屡起锅盖，则油必走。

12. 戒落套。“官场之菜，名号有十六碟、八簋、四点心之称，有满汉席之称，有八小吃之称，有十大菜之称。”袁枚以为这些套路用于娶亲和敷衍上司还凑合，用于家居欢宴和文酒开筵，就不成了。“必须盘碗参差，整散杂进，方有名贵之气象。”

13. 戒混浊。菜肴须清鲜，即便浓厚，也不可混浊。“同一汤也，望去非黑非白，如缸中搅浑之水；同一卤也，食之不清不腻，如染缸倒出之浆。此种色味，令人难耐。”

14. 戒苟且。做什么事都不能马虎，饮食更是如此。有的厨师也有怠惰的时候，须要经常提醒。

再也吃不到的食物

“琼杯传素液，金匕进雕胡”，这是唐朝豪门贵族日常生活的寻常一幕。很多唐朝美食如今都可以依法再造，只有这个“雕胡”是再也吃不到了，因为，它的原料消失了，这是自然界中发生的能影响到人生活的一个小变化。

雕胡就是菰米，也叫黑米（不是今天的黑米）或蒋食，是泽生禾本科植物，在唐朝遍布于中原及关内的水泽区域，不过还是以华中和江南一带更集中，都粒大饱满。唐朝人在夏秋两季逐次采集它的籽实，用来做成米饭吃，叫做菰米饭。菰米长成什么样子呢？杜甫曾经这样写过：“秋菰成黑米，精凿传白粲。玉粒足晨炊，红鲜任霞散”，也就是说糙菰米是黑的，精菰米是白的，蒸完了之后发红。那菰米饭是什么味道呢？杜甫也写过“滑忆雕胡饭，香闻锦带羹”，王维写的是“香饭青菰米，嘉蔬绿芋羹”，大概就是又香又滑，想象一下就觉得很美味。菰米饭怎么做呢？除了普通蒸饭法之外，还可以“合黍半蒸菰”，或者“蔗浆菰米饭”。听着更美味了，尤其是后一种，估计跟椰汁糯米饭差不多吧，口水都快流下来了！

唐朝人无论贵贱都很爱吃菰米饭，唐诗里尽是写到吃菰米饭、雕胡饭的词句，什么“请君留上客，容妾荐雕胡”啊，“雕胡饭熟醍醐软，不是高人不合尝”啊之类的，总之是人民群众喜闻乐见的食物。

但是，宋朝期间，菰这种植物被一种叫做黑粉菌的孢子植物寄生了，这种黑粉菌迅速蔓延繁衍于整个植物群，菰米慢慢减少，直至消失。现在还有叫做菰的泽生植物，但已经和唐朝的不是一种东西，它也能吃，能吃的部分是茎，叫做茭白，成了菜，不再是米粒状了。后世人再也没有机会体会唐朝人进雕胡饭的滋味了。

古代喝茶法

如今我们喝茶，不管是红茶、绿茶、乌龙茶、普洱茶，都是直接用茶叶冲泡。就算是功夫茶，也不过是冲泡的水和茶具比较讲究，喝法并无不同。但作为茶的发源地，我国古时候的喝茶方法，却曾和现在有着很大的差异。

茶从隋唐时就开始盛行了。唐代饮茶是用“煎”的，就是煮茶。煎茶很讲究，按茶圣陆羽的说法要“三沸”：初沸时水上出现鱼目状的水泡，此时可以适量加盐调味；二沸时边缘出现涌泉如连珠状，此时盛出一瓢水待用，然后用竹策搅动釜中的水，使其温度均匀，再取一小勺茶末投入水中搅动，使沸水出“汤花”，再把刚才舀出的水投入釜中减轻水的沸度，使更多汤花浮出。此时，茶水已煎好，必须赶快出炉分盏，到三沸就老了。

这样做好并不能直接喝，按照唐时的规矩茶里要放盐、姜，还放苏椒和酪，有些地方甚至还添入桂皮。要按现在的标准，真不知道算茶还是算汤。

放盐姜的规矩直到宋朝依然流行，不过到苏轼的时代就不提倡放盐了。但此时又有人喜欢把芝麻碾碎入茶，尤其是在北方地区，“其法以茶芽盏许，入少脂麻沙盆中烂研。量水多少煮之，其味极甘腴可爱”。宋代建州茶还“杂以米粉，复更以薯芋”，四川奉节一代还饮“辣茶”，即“以茱萸煎茶饮”。

宋代很多士大夫反对往茶里加盐加芝麻之类物品，认为有损品味，比如黄庭坚就严厉批判这是“勾贼破家，滑窍走水”，可是他又建议“胡桃、松实、庵摩、鸭脚、勃贺、蘼芜、水苏、柑橘”等不妨“前四后四，各用其一”，听起来这更像汤了。

到明代中叶，就很少有往茶里放盐姜之类的了，但这时又流行往茶里加榛子、松子、新笋、鸡豆、莲实等果仁，《金瓶梅词话》里就出现过木樨金灯茶、木樨青豆茶、咸樱桃茶、八宝青豆木樨茶、芫荽芝麻茶、瓜仁栗丝盐笋芝麻玫瑰香茶等许多种。

直到明末清初，才终于流行起如今的喝茶方式——只茶而已，不再加乱七八糟的东西。

神奇化妆术

这年头化妆术登峰造极，满大街都是美女。网上常有人开玩笑说，找女朋友一定要先带去游泳，过了水仍好看，才说明是真美女。其实，化妆厉害不仅是现在，唐朝时候就已经很发达了。

唐朝女人大多化妆，化妆品通常有铅粉、胭脂、黛墨之类。铅粉是用铅锡等矿物磨成粉末加上香料合制而成，胭脂是用西域产的一种红蓝花的野生植物制作，黛墨用来画眉。还有用来滋润皮肤的面脂和用来当唇膏的口脂，后者有红、黑、青、白多种颜色。唐朝流行过很多种妆容，如酒晕妆、桃花妆、飞霞状、慵来妆等等，有段时间还流行用黄色粉末涂面，称“黄妆”。最可怕的是晚唐的一种妆容，“腮不施朱面无粉，乌膏注唇唇似泥，双眉画作八字低，妆成尽似含悲啼”，黑嘴耷眉，想想就吓人。

唐笔记《教坊记》里记录过两个当时的名伶，化妆水平奇高，完全做到洗脸前、洗脸后判若两人。开元时期的名伶庞三娘善歌舞，但更善化妆。据说她是用轻纱敷面，然后用云母和粉蜜调配出膏汁，在面上涂抹，“遂若少容”。说有一天有人想办个演出，来她家请她出台，负责联络的人踏进门来，没看到著名的庞三娘，只看到一个满脸皱纹的老太婆，就问：“恶婆，庞三娘何在？”老太婆说：“庞三娘是我外甥女，她今天不在，你明天来吧。”第二天使者依约而至，果然见到一个盛装美女，使者还跟她套近乎：“昨天我看到了您的阿姨。”其实，这美女和昨天的老太婆是一个人，就是庞三娘本人。此事传出后，庞三娘就被人称为“卖假脸贼”。还有一个叫颜大娘的，善歌舞，“眼重睑深”，化上妆后“遂若横波”，即便是她的家人侍女，都没见过她不化妆的样子。后来她儿子死了，她痛哭不已，不断擦泪，泪水花了眼妆。丫鬟不知内情，吓得大叫：娘子的眼破了！

香气馥郁的年代

如果有机会穿越回唐朝，仅凭气味你就能辨别是否到达了目的地。你会嗅到檀香、乳香、沉香、婆罗洲龙脑香、广藿香、苏合香、安息香的香气；当你穿梭于城市的街头室内、庙宇民居，你会看到各处弥漫着袅袅的香烟如同仙境；街上的男子仕女与你擦身而过，一缕缕幽香沁入你的心脾；一队华丽的仪仗穿过街道，留下的香雾经久不散……

没有什么时候的人比唐朝人更爱香味了，唐朝上层社会的男男女女都生活在香云缭绕的环境之中。他们的身上散发着香味，浴缸中加了香料，衣服上挂着香囊。庭院住宅里幽香扑鼻，公堂衙门里芬香袭人，而庙宇寺观就更是香气弥漫了。

唐朝人用焚香来烘托气氛的神圣与严肃。皇帝登朝时要熏香，祭祀时要熏香，看大臣的奏章之前要熏香。进士考试前，主考人和考生要在香烟袅袅的香案前行礼。

他们用香来衬托身份的高贵。王公贵族们用木质香材来制作家具器皿，而富贵逼人的人干脆用它们来建造房屋。史载唐玄宗的大臣杨国忠“用沉香为阁，檀香为栏，以麝香、乳香筛土和泥为壁。每于春时木芍药盛开之际，聚宾友于此阁上赏花焉”。京师巨富王元宝，“以沉檀为轩槛”，“常于寝帐床前雕矮童二人，捧七宝博山炉，自暝焚香彻晓”。唐中宗时的大臣宗楚客造宅子，“文柏为梁，沉香和红粉以泥壁，开门则香气蓬勃”。唐朝的香料大多来自进口，是标准的奢侈品，香气满身乃至满屋就是身份的象征。

图为清道光焚香炉砖雕

他们用香来陪衬生活之风流。玄宗时的宁王，除非口中含有沉香和麝香，否则不会对人开口讲话，“启口发谈，香气喷于席上”。唐中宗时代有一种高雅的聚会，大臣们在会上“各携名香，比试优劣，名曰‘斗香’”。五代南唐的韩熙载，追求风流到了极致，他焚香，要求使香气与庭院中的花香自然地融合在一起。

他们还用香来吸引异性。玄宗朝长安有个国色无双的妓女名叫莲香，她香到“每出处之间，则蜂蝶相随，盖慕其香也”。她的这种美色和品位吸引了无数高富帅，“贵门子弟争相诣之”。唐中期有个妓女，她的母亲从小就给女儿喂香吃，到她长大后，浑身散发出自然的香味。

并不是谁都能自身散发香味的，于是大部分人用携带香囊、香袋的方式让自己香起来，无论男女，都“异国名香满袖熏”。杨贵妃死时，她随身携带的香囊也被随葬，后来内乱过去移冢时，有太监还将香囊偷出来带给玄宗，彼时香味犹在。

天子经过的道路必须是香的，直到唐宣宗时，才出于经济上的考虑，废除了往路上铺洒香粉的习惯。上流社会人士对香的挥霍到什么程度？“每十月，帝幸华清宫，五宅车骑皆从，家别为队，俄五家队合，烂若万花，川谷成锦绣。遗钿堕舄，瑟瑟玑琲，狼藉于道，香闻数十里。”

对香的使用渗透在唐朝人的生活方式中，贵人有贵人的香法，小资也可以通过在卧室内焚焚香来装点生活，“闲坐烧香印，满户松柏气”之类的诗句在唐诗中随处可见。香味还配合着种种传奇故事，明皇贵妃的爱情过去许多年后，有人写下了这样一个故事，说当年玄宗与贺怀智下棋，杨贵妃在旁观看，风吹贵妃领巾到了贺怀智的头巾上，良久方落。贺回家后，觉得满身香气非常，于是把头巾摘下来藏好。“安史之乱”过后，玄宗常常怀念贵妃，贺怀智就把自己藏着的头巾送给玄宗，玄宗一闻，当下流泪：“这是我当初送给她的瑞龙脑香啊！”

古代美女放到今天还美吗?

此图是清朝一个画家画的。

前几天有人问我，如果用现代审美标准看，古代美女到底美不美?这个问题我也不知道如何解答，于是我去查了一些流传至今的影像资料——古画和小塑像。

从这些资料来看，古代的审美标准和现代还是有不少差异的，而且越是古代，和现代差异越大，相比较之下，明清的就和现代标准比较接近了。

现在大家自己来评判下吧：

这是汉代的女陶俑，虽然汉代以瘦为美，但那时流行的容貌却是细长眼大圆脸，和现在的审美是不一样的。

这是晋代的《女史箴图》。

这是北魏时期的女陶俑。

东晋仍是以瘦为美，北魏慢慢开始向圆润发展。从影像看，当时还是流行大饼脸，另外以现在的审美标准看，长得比较男性化。

唐代算是审美最独特的一个朝代，其审美也辐射到了五代和宋代。具体我就不加描述了，自己感受下。上面是著名的《簪花仕女图》的局部，下面这幅更有代表性：

好吧……

到了五代，这种圆润风格依然持续，不过比唐时稍微瘦了一点。面容上，以现在标准看还是很男性化，下面这是《韩熙载夜宴图》中的局部：

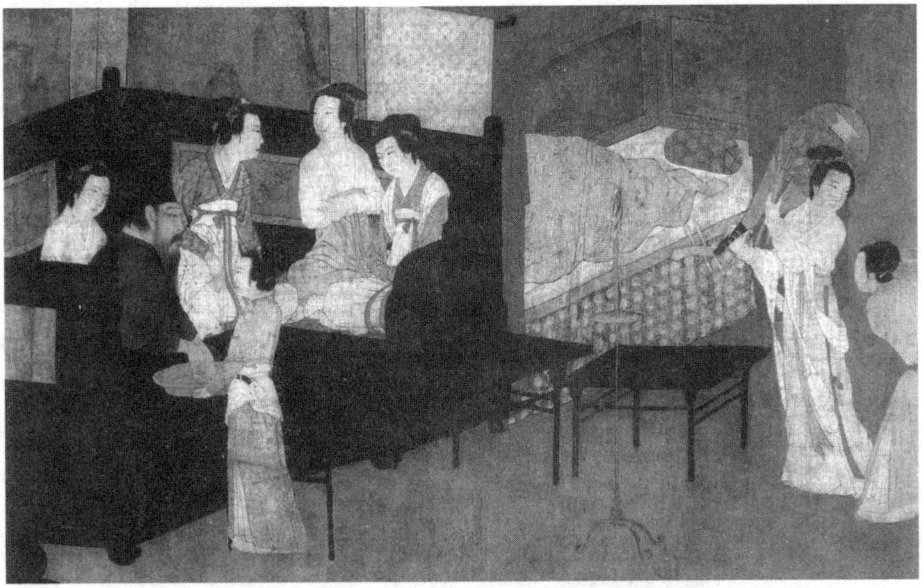

宋代的美人是这样的，这是宋代《四美图》（左下图）。

美吗？个人觉得有点像老太太。

明清就和现在很接近了，虽然没有流行锥子脸，但至少是现代人喜欢的鹅蛋脸（右上图）。眉眼上属于纤巧型。

这是唐伯虎画的美女。

这是《雍正十二美人图》之“观书沉吟”，现藏于北京故宫博物院。

古代美男什么样呢?

前文说了古代美女，本文再说说古代美男。

这是一个特别难说的话题，因为古代绘画中出现的女性，肯定是画家认为是美女的；而绘画中出现的男性，却未见得是画家心目中的美男。很多古画中的男性都是袒胸露怀、虬髯秃发的所谓“神仙”形象（见右图），那是古人心中的潇洒之相，不仅今天的人看着不觉得美，在那时候，也未见得会让人觉得赏心悦目。

古代的美男标准比较复杂，不过总体上也还有个趋势。宋以前除了魏晋外基本以健壮乃至肥胖为美，隋唐史书中经常见到描述某人美姿容为“腰带十围”，出土陶俑中也多凸肚挺胸之士，而古画中的帝王几乎一水儿的腰带垂到腹股沟。宋朝以文治国，就不太稀罕这样的形象了。据史书记载，明成祖看宋朝历代帝王相之后曾评价“长得都像太医”。受这样的文化影响，明清就更以文弱为美了。

下面发几张古画中的“美男”吧。

秦俑（如左图），基本上都是秦朝时的美男，长得虽各自有差，不过都是那种类型，你懂的。

这是西汉武士俑。

汉墓中的壁画，这肯定是被当时的人认为风流无比。

左图是南北朝时梁张僧繇画的画。右图是唐朝韩干画的，这算是他眼中的骏马美男了。

宋末元初的画，男人多了些文人气。

这就是清朝人画的了。

不过更典型的明清美男形象其实在春宫画里，比如明朝画家仇英画的这张：

还有清宫廷收藏的这张：

贵圈真乱

春秋战国时期是一个极为开放的时期，不信看看《诗经》就知道。“溱与洧，方涣涣兮。士与女，方秉蕑兮。女曰观乎？士曰既且。”写的就是阳春三月男女在野外偷情。“喓喓草虫，趯趯阜螽。未见君子，忧心忡忡。亦既见止，亦既觏止，我心则降。”这个应该就不用解释了。“子惠思我，褰裳涉溱；子不我思，岂无他人。狂童之狂也且。”大意就是：你要想要我就赶紧过来，你不要我难道我就找不到别人了？总之那时候的青年男女都很直接，按现在的标准就算没羞没臊了。

普通青年都这么大方，贵族里的文艺青年们就更活色生香了，演绎出的各种爱情故事，让哪怕是娱乐圈的现代人听了也只能瞠目结舌、自叹弗如。

根据《左传》记载，孔子暗恋过的卫灵公夫人南子，曾经跟美男子宋朝有私情，弄得尽人皆知。卫国太子蒯聩得知想杀了南子，竟然是南子的丈夫卫灵公出面救了她，并且将宋朝也收在身边，他们三个就是吉祥如意的一家。后来宋朝又与卫灵公的母亲私通，勾结了一帮人作乱，将卫灵公驱逐。灵公复国之后宋朝只好和南子逃亡。不计前嫌的卫灵公，竟以母亲想念媳妇为由，将南子和宋朝都接了回来。

鲁桓公的夫人、齐国公主文姜，未嫁前与自己的哥哥通奸，嫁到鲁国后仍难忘旧情，趁丈夫出使齐国的机会跟着回国，与哥哥重温旧梦。为了能长相守，哥哥齐襄公干脆把妹夫暗杀了。

夏姬的经历就更丰富传奇了，她作为陈国大夫的妻子，与陈国国君和多位大夫都有私情，几个情人熟到穿着夏姬的内衣互相展示的地步。后来她被楚国俘虏，楚国把她配给连尹襄老，她又和连尹襄老的儿子通奸。连尹襄老去世后她要回乡，楚大夫巫臣以护送她为名，抛妻弃子与她私奔了！

这样的事情可不是一件两件，光《左传》里写到的婚外情导致的政治危机就有 16 起，而《左传》涉及的也不过是春秋历史的一部分而已，都没到战国呢。

不仅男女情乱，男男情也很多，著名的安陵、龙阳都是战国时期国君的男宠，他们的名字现在都成了同性恋的代名词。卫灵公挚爱的弥子瑕，与卫灵公分桃的典故也成了后世同性之爱的别称。

春秋战国时人的言与行都是百无禁忌的，能力媲美孝庄太后的秦宣太后，接待外国使臣的时候公开和人谈自己的床上事，其开放程度由此可见。

玩诗

采 莲

〔宋〕苏 轼

赏
暮　　花
已　　　归
时　　　　去
醒　　　　马
微　　　如
力　　飞
酒

三观不正的主页君最喜欢的一种人，就是能沉浸于一件事还能以玩的心态去寻找乐趣的人。下面要介绍的就是这样的几个人。

苏轼、宋庠、秦观，都是高大上的大家，我们学过他们很多严肃高雅的诗词，不过他们还这样玩过诗，你知道吗？

上图这首诗是这样读的：

赏花归去马如飞，去马如飞酒力微。
酒力微醒时已暮，醒时已暮赏花归。

寄范仲淹

〔宋〕宋 庠

矶
沙　　滩
平　　　露
接　　　　荻
阔　　　　　槁
野　　　　　　微
麻　　　　　　翠
乱　　　　近
聚　　　开
萤　　花
飞

宋庠是宋仁宗时期的大名家，与他弟弟宋祁并称为“二宋”。他这首诗是这样读的：

矶滩露荻槁，微翠近开花。
飞萤聚乱麻，野阔接平沙。

沙平接阔野，麻乱聚萤飞。
花开近翠微，槁荻露滩矶。

还可以这么读：

花开近翠微，槁荻露滩矶。
沙平接阔野，麻乱聚萤飞。

滩露荻槁微，翠近开花飞。
萤聚乱麻野，阔接平沙矶。

乱聚萤飞花，开近翠微槁。
荻露滩矶沙，平接阔叶麻。

然后还可以这么读：

平沙矶滩露荻槁，荻槁微翠近开花。
平花飞萤聚乱麻，乱麻野阔接平沙。

滩矶沙平接阔野，阔野麻乱聚萤飞。
莺飞花开近翠微，翠微槁荻露滩矶。

客怀

〔宋〕秦　观

静
转　思
漏　伊
闻　久
时　阻
离　归
别　期
忆

秦观就是写“两情若是久长时，又岂在朝朝暮暮”的那个词人。他这首诗是这样读的：

静思伊久阻归期，久阻归期忆别离。
忆别离时闻漏转，时闻漏转静思伊。

采莲

〔宋〕苏　轼

采
玉　莲
漱　人
声　在
歌　绿
新　杨
阕　津
一

苏轼也是宋朝的，他这首诗是这样读的：

采莲人在绿杨津，在绿杨津一阕新。
一阕新歌声漱玉，歌声漱玉采莲人。

落雪飞芳树
幽红雨淡霞
薄月迷香雾
流风舞艳花

最后这首诗是无名氏的，读法也很多：

落雪飞芳树，幽红雨淡霞。
薄月迷香雾，流风舞艳花。

花艳舞风流，雾香迷月薄。
霞淡雨红幽，树芳飞雪落。

雪飞芳树幽，红雨淡霞薄。
月迷香雾流，风舞艳花落。

落花艳舞风，流雾香迷月。
薄霞淡雨红，幽树芳花雪。

飞芳树幽红，雨淡霞薄月。
迷香雾流风，舞艳花落雪。

雪落花艳舞，风流雾香迷。
月薄霞淡雨，红幽树芳飞。

芳树幽红雨，淡霞薄月迷。

香雾流风舞，艳花落雪飞。

飞雪落花艳，舞风流雾香。
迷月薄霞淡，雨红幽树芳。

很好玩吧？这篇文章供大家闲暇时取乐吧。

“大诗人”张宗昌

说到诗，那就不能不提独步古今、自成一格的“大诗人”张宗昌。土匪起家的北洋军阀张宗昌小时候没机会上学，当军阀后拜师学作诗，热情高涨，写得又快又多，很快就出了一本《效坤诗钞》（效坤是他的字），其字体风格独特，别有风味，其风采只有当今的“土豪体”书法堪与之媲美。

张宗昌像

以下是我收集的他的诗，可能有些人看过，不过温故而知新也不错。

笑刘邦

听说项羽力拔山，吓得刘邦就要窜。
不是俺家小张良，奶奶早已回沛县。

俺也写个大风的歌

大炮开兮轰他娘，威加海内兮回家乡。
数英雄兮张宗昌，安得巨鲸兮吞扶桑。

游泰山

远看泰山黑糊糊，上头细来下头粗。
如把泰山倒过来，下头细来上头粗。

天上闪电

忽见天上一火链，好像玉皇要抽烟。
如果玉皇不抽烟，为何又是一火链。

大明湖

大明湖明湖大
大明湖里有荷花
荷花上面有蛤蟆
一戳一蹦达

游蓬莱阁

好个蓬莱阁，
他妈真不错。
神仙能到的，
俺也坐一坐。
靠窗摆下酒，
对海唱高歌。
来来猜几拳，
舅子怕喝多！

游趵突泉

趵突泉泉趵突
三个眼子一般粗
咕嘟咕嘟往外出。

游西方

早听西方好，
他妈真不孬。
本想多玩玩，
睁眼却没了。

无题

要问女人有几何，
俺也不知多少个。
昨天一孩喊俺爹，
不知他娘是哪个？

混蛋诗

你叫我去这样干，
他叫我去那样干。
真是一群大混蛋，
全都混你妈的蛋。

求雨

玉皇爷爷也姓张，
为啥为难俺张宗昌？
三天之内不下雨，
先扒龙皇庙，
再用大炮轰你娘。

破冰歌

看见地上一条缝，
灌上凉水就上冻。
如果不是冻化了，
谁知这里有条缝。

咏雪

什么东西天上飞，
东一堆来西一堆；
莫非玉皇盖金殿，
筛石灰呀筛石灰。

身为戏剧爱好者的皇帝

历史上有好多不务正业但把副业搞得不错的皇帝，大家都知道宋徽宗是画家、南唐李煜是词人、明熹宗是非常好的木匠，还有个五代时期的后唐庄宗，是个很不错的戏子。

后唐庄宗李存勖以作战勇猛著称于世，梁太祖朱温曾在一次与他的战斗中不由感慨：“生子当如李亚子（李存勖的小名），克用（即李克用，李存勖的爹）为不亡矣！至如吾儿，豚犬耳！”

不过很多人不知道的是，李存勖还很有艺术细胞，他能制谱作词，并影响得手下兵士人人懂音乐。他自写歌词，自谱曲子，让将士一起放声高唱，称为御制军歌，作战前不论上一次是胜是败，都要齐唱军歌，所以将士们在作战时都忘掉了生死。

李存勖更喜欢的是唱戏，他得到天下后就养了一大批伶人，每日和他们混在一起唱戏作乐，还自取艺名“李天下”。有一次演出时，他在台上高呼：“李天下，李天下何在？”伶人敬新磨上去扇了他一个嘴巴，全场皆惊。敬新磨不慌不忙地说：“理天下的只有皇帝一人，你叫了两声，还有一人是谁呢？如此叫法，岂不该揍？”一番话令李存勖龙颜大悦，重赏了敬新磨。

李存勖的刘皇后出身贫寒，幼时因遭兵乱父女失散，一直以出身为耻，以至于亲生父亲找来认女，她都不承认，还把老头赶走了。李存勖后来就把这事改编成了一出戏，带着儿子恶搞自己的老婆。他自己学刘老汉背着卦囊药匣，让儿子继岌带着破帽跟在身边，直入后宫，口称刘衙推寻女，把刘皇后气得够呛，将儿子揍了一顿出气。

正如其他不务正业的皇帝都耽误了天下一样，李存勖对戏剧的热爱也害了国家。他宠爱伶人，提拔了许多伶人做官，伶人们出入宫廷内外，傲视戏弄贵族大臣。大臣们也都巴结伶人以保富贵。政治的腐败最终促发了兵变，李存勖在变乱中被流矢射死，年仅 42 岁。他死后，也是个伶人为他收的尸，并用旧乐器盖在他身上，将他火化了。这个戏剧爱好者也算是死得其所了。

朕就是这样的汉子

不久前，台北故宫博物院推出一款“朕知道了”的纸胶带，迅即风靡网络，而且在现实中大卖。这个“朕知道了”来自雍正的朱批谕旨，笔迹和口气都很家常。有些网友后来询问，何时能推出雍正的另外一句朱批谕旨胶带“朕就是这样的汉子”？

萌版雍正像

“朕就是这样的汉子”来自雍正当年给田文镜批的奏折，原文是“朕就是这样汉子！就是这样秉性！就是这样皇帝！尔等大臣若不负朕，朕再不负尔等也。勉之！”

像这样的朱批在雍正的谕旨中还有很多，如今读来都十分好笑。雍正虽然为人苛刻多疑，但对他信任了的臣子，却显出一片赤诚之心，嬉笑怒骂简直像微博跟帖。估计他如能回到今天，肯定可以当个大V。

雍正好玩的朱批还有以下这些。

“李枝英竟不是个人，大笑话！真笑话！有面传口谕，朕笑得了不得，真武夫矣。”这是批给蔡珽的。

“朕生平从不负人，人或负朕，上天默助，必获报复。”这是批给田文镜的。

“喜也凭你，笑也任你，气也随你，愧也由你，感也在你，恼也从你，朕从来不会心口相异。”这是批给石文焯的。

“该！该！该！该！只是便宜了满丕等，都走开了。不要饶他们，都连引在内方畅快！”这是批给杨宗仁的。

“岂有是理！朕心寒之极，未料王士俊如此待朕也。”这是批给王世俊的，简直有点撒娇。

“知人则哲，为帝其难之。朕这样平常皇帝，如何用得起你这样人！”这是批给佟吉图的。

“图理琛是在广东拿住你哥哥的人，叫他来拿拿你看！”这是批给年羹尧的。

“你是神仙么？似此无知狂诈之言，岂可在君父之前率意胡说的！”这是批给傅泰的。

“大奇！大奇！此人乃天日不醒的一个人，朕当日在藩邸骂他玩，都叫他‘球’，粗蠢不堪，于登极后不记出仕何地。”这是批给李维钧的。

“览。商人此一片至诚敬爱之心，甚知恩，可怜见儿的。”这是批给鄂尔泰的。

“好事好事！此等事览而不嘉悦者除非呆皇帝也！”这是批给李卫的。

密折制度始于顺治时期，但真正用到成熟者还就是雍正。按照他的规定，密折只许他和进奏臣工两人知道，批过的密折，臣工看后必须封固进呈，绝不许留存、抄写、隐匿、焚弃，否则就是死罪。可能也就是因为高度的隐秘性，他才放心在其中如此挥洒真性情，有时甚至在里边讲点家长里短的八卦，比如有一条批给年羹尧的：“京中有一姓刘的道士，久有名的。说他几百岁，寿不可考。前者怡亲王见他，此人惯言人之前生。他说怡亲王前世是个道士。朕大笑，说这是你们前生的缘法，应如是也。但只是为什么商量来与我和尚出力？王未能答……大家大笑一回，闲写来令你一笑。”

这种百无禁忌的朱批只在雍正朝特多。乾隆上台后，表面上宽和，但对臣子少有温情，这样的体己话就慢慢绝迹了。

当皇帝有什么好？！

上下五千年，不知道有多少人为了当皇帝抛头颅洒热血，身家性命都交出去。当皇帝真那么好吗？至少从清朝看，皇帝过得一点也不爽啊。

侍奉过慈禧和隆裕太后的太监信修明写过回忆录回忆清宫里的生活，从他的记载里看，清朝皇帝简直就是一个豪华监狱里的囚徒，还是需要劳教的那种。

先说吃。按照清制，皇帝的膳食由御膳房供给，御膳房服役的太监非常多，花销也很大，但真到皇帝口中的食物却并不好。御膳房分内膳和外膳，平常吃饭，菜品基本都由外膳房做好，用挑盒送到内膳房，放在铁板上加温再送给皇上。厨师轮流值班，烹调技术古老而无变化，菜品之滋味不仅不应时，且在炭箱上烘烤多时，已经失掉美味。御膳房有司房，专记皇上饮食，上年某月某日吃的什么，下一年仍需照单准备。膳食虽有四十八品，但味道都不咸不淡，毫无滋味。

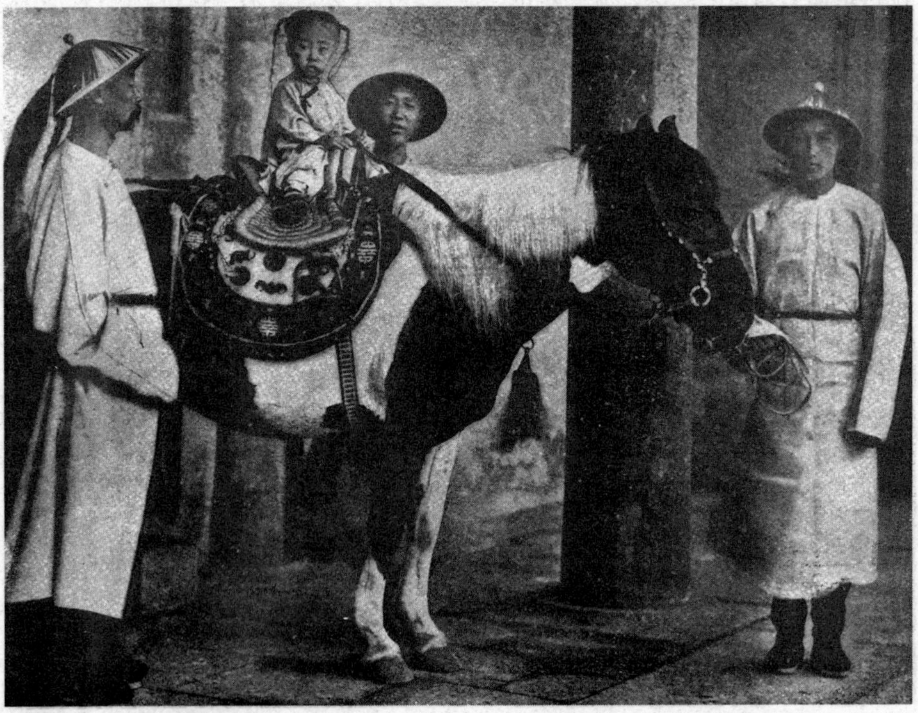

图为 1880 年儿时的光绪

皇上多次说不好吃，但依然不改。再根据慈禧宫女荣儿的回忆录，太后皇上膳食还有一规矩，每样菜都不许吃超过两口。一样菜皇上想吃第三口，立刻就有太监在旁喊声“撤”，这道菜就被撤掉，此后一个月不许在桌上出现。据说这是祖上为了防备外人知道皇上的口味，在菜里下毒而定的规矩。

光绪皇帝像

再说健康。幼年皇帝被“严加保护”，一旦离开母怀就由乳母看管，但夜间不许乳母偎抱同寝，以防皇上产生依赖关系。太医嘱咐要节食避风，太监和乳母就严格看管皇帝，就算小主人饿得直哭也不敢随意变通，唯恐小主人因食致疾。光绪皇帝10岁上下，常常饿得偷跑到太监房中翻吃的，拿起就跑，等到太监追上，他已经边跑边把馍馍吞到肚子里一半。

清朝皇帝都勤政，这也是祖制，不得不遵。光绪每天早上3点就要起床，由太监伺候梳洗吃早点之后，等着太后起床，之后就要赴太后宫请安，两人互相问答一遍“皇爸爸夜间睡得好？昨晚进膳进得好？”“好，皇帝歇息去吧。”然后皇上退出，到东配殿处理奏章，之后跟太后一起上朝。一年365天天天如此！宾天前，也只有十日不朝。除此之外逢年过节还有各种各样的仪式，都要皇帝出席甚至主持，一年到头没得闲。

关于男女关系，也没有电影电视里写的那么自由。皇上选了哪位妃嫔侍寝，妃嫔要到皇上寝宫来伺候，但结束后还要回到自己寝宫去，皇上夜里得自己睡觉。皇上和自己的亲姐妹们，按礼制也不许有什么亲热的来往，纯粹孤家寡人一个，一台被人伺候的工作机器而已。

这样的皇帝，反正给我我不做，真不明白那么多人打破头是为了什么。

可怜的光绪

最近看了几本慈禧身边人的回忆录，其中有不少细节涉及光绪，这倒霉孩子实在是太可怜了。

光绪这一辈子，就没过过几天快乐的日子。四岁进宫，就失去母爱，因为按照清宫的规矩，其生母连进宫看他的权利都没有。他被太监和乳母带大，但按祖制乳母都不可亲近他。缺少抚慰的童年生活让光绪留下很多毛病，他怕打雷，每年夏天到了下暴雨的时候，都要让太监站在自己旁边，大声嚷嚷、敲东西来遮盖打雷的声音。他常常半夜不睡，起来批奏折，遇到不顺心的事就拍桌子骂混账，也不知道是在骂谁。他整天都像个木头人，呆呆坐着，对任何人都淡淡的，对饮食更是不挑不拣、漠不关心。最愉快的时候是和太监们下象棋，但下完棋后就又像一块木头，两眼痴呆呆地一动不动，装聋作哑。

光绪唯一的知心人就是珍妃。珍妃性格活泼，经常女扮男装陪光绪谈古论今，一起下棋，她的到来给光绪带来了难得的活气。可惜这种幸福得罪了宫里其他人，隆裕和瑾妃都在慈禧面前说珍妃的坏话，而珍妃与慈禧的政见不合更加惹怒了慈禧。西逃之前，慈禧派人弄死了珍妃，自此，光绪更加郁郁寡欢了。在西逃路上，他不敢说慈禧的坏话，只是用纸写上袁世凯的名字，用筷子当箭，朝纸射上几箭，然后将纸撕碎泄愤。

从西安回銮之后，光绪再没有接近过任何女人，直到宾天。他要来了珍妃被打入冷宫时用过的一顶旧帐子，平时常常对着这顶帐子出神。他恨隆裕陷害珍妃，从此除了日常的问安外，从不与隆裕说话。他临死之前的几天，隆裕来看他，他按照规矩说“跪安吧”，让隆裕走。隆裕不走，他一把拽住隆裕的头发将她轰了出去，连簪子都拽掉了。

根据 2008 年的研究，光绪最后是被毒死的，终年 38 岁。这是多么悲惨的一生。

可怜的光绪老婆

上文说到光绪可怜，一辈子没过过什么快乐的日子。其实光绪的老婆，也就是正宫娘娘隆裕皇后也很可怜。光绪好歹还有过一个珍妃让他高兴过几天，而隆裕，就没有过高兴的日子。

隆裕皇后生于同治八年（1869），名叶赫那拉·静芬，小名喜子，父亲桂祥是慈禧太后的亲弟弟。据说慈禧太后很早就给桂祥留话儿：喜子不要嫁给别人。嫁给光绪的时候，她21岁，光绪19岁。

她和光绪到底有没有过过夫妻生活，是一件很难说的事。各种回忆录里都说光绪对她非常冷漠，除了每天礼节性的问安之外，从不说话。慈禧太后也不喜欢她，虽然作为“自己人”回护着，但对她甚至不如对身边侍女亲。在慈禧死前的很多年里，她每天的工作就是按照礼节每天向太后皇上问安，然后跟在慈禧后面到处跑。慈禧巡湖，她的船就在后面跟着；慈禧遛弯，她就走在后面跟着；慈禧吃饭，不叫她她就得在廊下等着慈禧吃完自己赶紧吃几口，叫她同吃她就站在慈禧桌旁扒拉几口，纯粹就是个高级跟班。

隆裕画像

隆裕是个有点懦弱的人。美国传教士I. T. 赫德兰来华传教，他的妻子在20多年的时间里，一直是慈禧太后的母亲、隆裕皇后的姐妹以及许多朝廷贵妇们的医生。他在《一个美国人眼中的晚清宫廷》一书中转述妻子的话说，隆裕皇后长得一点都不好看，她面容和善，却常常一副很悲伤的样子。她稍微有点驼背，瘦骨嶙峋，脸很长，肤色灰黄，牙齿大多是蛀牙。太后、皇上接见外国使节夫人时，皇后总是在场，但她坐的位置却与太后、皇上有一点距离。有时候她从外面走进太后、皇上所在的大殿，便站在后面一个不显眼的地方，侍女站在她左右。在别人不注意的时候，她就会退出大殿或者到其他房中。她脸上常常带着和蔼安详的表情，总是怕打扰别人，也从不插手任何事情。慈禧的女官德陵曾接受境外媒体采访时这样评价她："她是一位温和的、文静的、谦逊的人，有点冷漠。她非常清楚地知道她不能和她的婶母——也就是已故的慈禧太后相比"；"她根本不想去控制政府，这点我非常确信。她想要的仅仅是平安而已"。

据慈禧身边太监的回忆录，隆裕皇后管后宫的账，每月亏空，但不敢报亏，只能每月报盈。母家虽困贫，但不能接济，太后和皇上三节两寿之贡，必须筹备，虽有回赏之银，但不能相抵。各王妃、命妇会亲礼节，也须有小应酬，有时不能周转，只好将衣服首饰甚至龙袍送入典当押款。皇后在贫困之中，又怕太后查账，甚是悲苦。经义和团庚子之变，报告损失，一本糊涂账始告终结。她跟在慈禧左右，人生唯一的目标就是不要犯错，每天都过得提心吊胆，只要有一日未得太后之加罪，就觉得知足。

慈禧、光绪宾天的时候，隆裕皇后完全失去主张，问李莲英："李谙达，我可怎么办好啊？"是李莲英教她传旨庆亲王进殿，处理了后事。

她的这种性格，肯定是不可能把衰弱的大清中兴起来的，不过当时的局势早就大势已去，换个强势的人来也没有机会。倒是隆裕的软弱无主张，帮助大清皇族避免了流血冲突，在全国各地要求清帝逊位的时候，她没有利用手中仅剩的一点兵权做挣扎，而是以平安为唯一诉求。她跟袁世凯等人表态说："我全交与你们办，你们办得好，我自然感激，即使办不好，我亦不怨你们。皇上现在年纪小，将来大了也必不怨你们，都是我的主意。"说到这里，她放声大哭，袁世凯等王公大臣也陪同大哭。哭过之后，隆裕太后又表示说："我并不是说我家里的事，只要天下平安就好。"清朝就这样走完了最后一程。

共和实现于 1912 年，隆裕死于 1913 年。她是被郁闷死的，大清最后关头，朝野上下都无主意，由她做主逊位，逊位后，大家又纷纷怪她断送了大清朝。她因此患上气鼓病，吃不下睡不着，没几个月就去世了，死时 46 岁。

爱情故事

六年孤馆相偎傍。最难忘，红蕤枕畔，泪花轻飏。了尔一生花烛事，宛转妇随夫唱。只我罗衾寒似铁，拥桃笙难得纱窗亮。休为我，再惆怅。

这样一首哀婉的词，你猜是什么人写给什么人的？一般来说应该是个男的写给他的前情人的吧！

确实是男诗人写给前情人的，只不过，这个前情人不是女的，是个男的。

写这首词的人叫陈维崧，清代著名词人，曾做过翰林院检讨。他这首词写给的人，叫徐紫云，是个名伶，此词作时，他正要结婚。

明末四大公子之一冒辟疆乃如皋大家，他家的水绘园是江南名园。而冒辟疆喜欢结交天下名士，因此在明末清初，这里有很长一段时间都是江南文人聚会的重要场所。水绘园里的歌童杨枝、紫云、灵雏、秦箫等人都是艺冠一时的伶童。顺治十五年（1658）冬，34 岁的陈维崧屡试不第，穷愁潦倒中投奔冒辟疆。冒爱其才，延至梅花别墅，并让紫云执役书堂。其时紫云年方十五，善舞，工旦角，擅演《邯郸梦》《燕子笺》诸剧，颇擅诗词。陈维崧对紫云“一见神移”，天天偕紫云徘徊于暗香疏影间，从此开始了形影相随的生活。

据说，冒辟疆得知后假装大怒，派人缚住紫云，要以杖责之。陈维崧乃于薄暮时至冒老夫人门外长跪，婉求冒辟疆释放紫云。冒说必须当晚做出咏梅绝句一百首，才肯送云郎侍左右。陈维崧挑灯濡墨，彻夜苦吟，遂成百咏送冒。冒读之击节称赏，将紫云放了回去。

陈维崧为紫云写了大量诗词，哪怕小别几日都会写“检点行装，泪滴珍珠叠满箱”这样的词句。为了能常见到紫云，陈维崧请人画了一幅《云郎出浴图》，“横一尺五寸，纵七寸，云象可三寸许。著水碧衫，支颐从石上，右置洞箫一。逋发纷纷，然脸际轻红，星眸慵睇，神情骀宕，若有所思”。之后又遍求友人题咏，“自张纲孙以下，题者七十四人，诗一百五十三首、词一首，又断句二”，编成《九青图咏》。

康熙三年（1664），紫云成年娶亲，陈维崧心情十分复杂。他自己有妻妾子

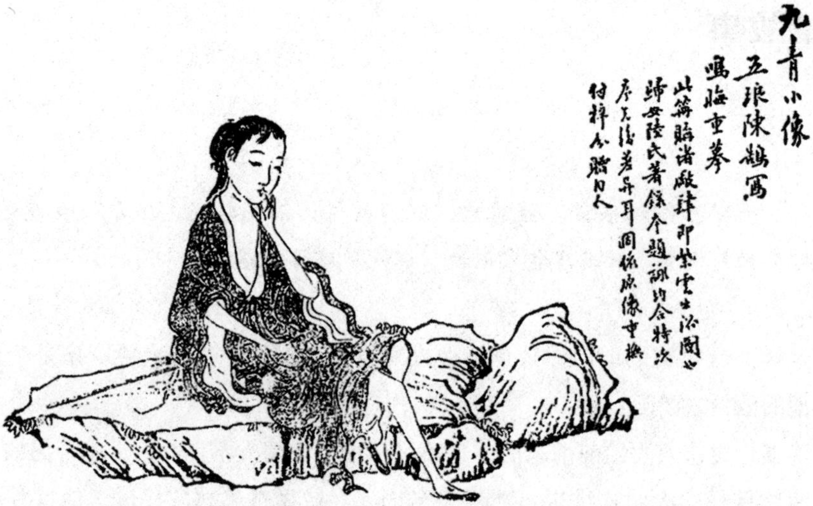

此图即《九青图咏》，也就是徐紫云的像。

女，但还是难以压抑失落感，于是写下了开头的那首词。

不过，紫云成亲后，仍然与陈维崧密切来往。康熙七年（1668），陈携紫云离开如皋抵京，紫云在京中名声大噪，士人趋之若鹜。陈后又带紫云到豫州，在豫州过了一段清贫而幸福的岁月。康熙十四年（1675）清明时分，32岁的紫云病逝于宜兴，给陈维崧带来了很大打击。他写了大量怀念紫云的感伤诗词，“月黑枫青，轻拢细研。此景堪图画。今日怆人琴，泪如铅泻。一声声是，雨窗闲话。”“当时尚有玲珑在，凭栏唱，落叶哀蝉。可惜是，声声红豆，忆来大半难全。如今重经楼下，只水声幽咽，髣髴鸣弦。”7年后，陈维崧也去世了。

他们俩的情事，给当时的士人留下了深刻的印象，成为士人心目中理想情爱的标志之一。后来曾有人写过“唱出陈髯绝妙词，灯前认取小杨枝。天公不断销魂种，又值春风二月时。”

新华门和香妃

这是新华门前身宝月楼正对面的一座清真寺。宝月楼是乾隆年间建造的，那它对面为什么建了这么一座清真寺呢？这里有一个美丽的传说。相传，乾隆娶了新疆维族女子为妃，因该女子“身有异香”，赐名“香妃”。为了讨香妃欢心，乾隆为她建了宝月楼做寝宫，还在宝月楼对面建了一座清真寺和回回营，召维族百姓到此居住，以解香妃思乡之情。对此，史学家们一直有争议，那么真实的历史又是怎样的呢？

西方人所绘清真寺普宁寺油画

一、香妃何许人？

学者们较一致的看法，香妃就是容妃。容妃，原名买木热·艾孜木，也叫伊帕尔汗（维语香女之意）。据《清史稿》记载，她生于雍正十二年（1734），是新疆回部阿里和卓的女儿，其父早逝。她的叔叔额色尹、兄图尔都率众配合清军平息了霍集占等部的叛乱活动，立下大功，被乾隆召进京，封官晋爵，并为他们在今北京东安福胡同位置建东西回回营。为了感谢皇帝的恩德，图尔都决定把美丽聪明的妹妹送进皇宫，服侍皇上。乾隆二十五年（1760）二月初四，图尔都27岁的妹妹被50岁的乾隆封为和贵人，没有经过常在和答应两级，表明了皇帝对这件事的重视，也表明了皇帝对这位来自新疆维族女子的喜爱。

二、乾隆是如何宠爱香妃的？

来自新疆的和贵人受到皇帝特殊的关照，乾隆专门为她在宫中设了回族厨师，还将位于南海南岸、正对瀛台的宝月楼作为她的寝宫。清初的南海一带，

左图为《清妃戎装图》，传为香妃画像，无论真假，至少可窥见宫中宠妃风采。右图为《乾隆骑射图》，图中穿着维族长袍、留着长长发辫的女子，被专家认为是唯一存世的容妃画像。

以瀛台为中心，沿岸修建了许多建筑，成为皇家的避暑胜地。乾隆二十三年（1758）始建宝月楼。乾隆有许多描写宝月楼的诗作，如“冬冰俯北沼，春阁出南城。宝月昔时记，韶年今日迎……”（乾隆二十八年新年诗）。在这首诗的“自注”中，乾隆写道：“楼近倚皇城南墙。墙外西长安街，内属回人街宇相望，人称‘回子营’。新建礼拜寺，正与楼对。”

乾隆诗中提到的“新建礼拜寺”，就在正对宝月楼的位置。为方便做礼拜，乾隆下旨在此建清真寺，并赐名“清真普宁寺”。乾隆二十九年（1764）寺成，乾隆亲自撰写碑文《敕建回人礼拜寺碑记》，以汉满蒙藏四种文字书写。清真普宁寺是乾隆降旨特批的“敕建”工程，动用的是国库内帑。平叛有功的和卓家族成员及随从被安置在宝月楼的南侧，称为“回回营”。回回营有营房140间，

宝月楼旧照

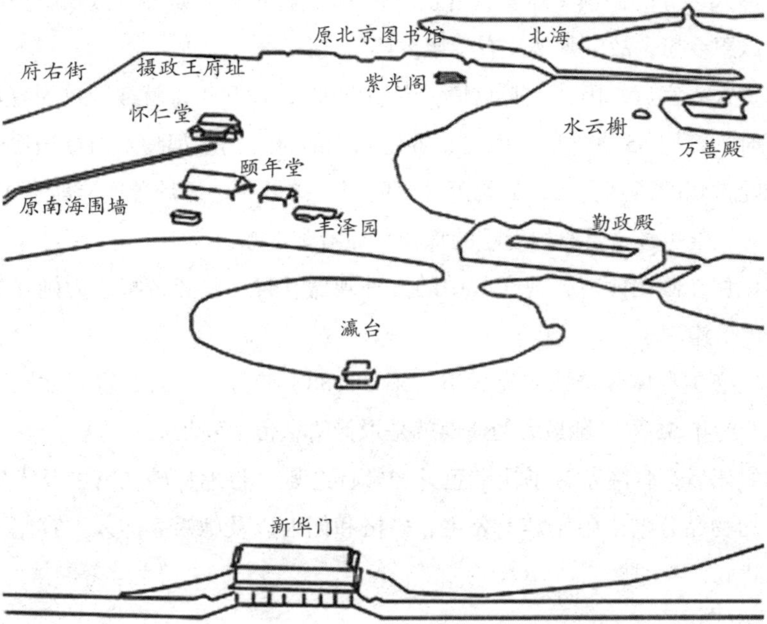

中南海示意图

此照片摄于 20 世纪 20 年代，从中南海瀛台迎薰亭，远眺新华门。

设办理回人事务的佐领（隶属蒙古正白旗）。这样可使容妃经常登临眺望维族生活风情以慰乡思，故宝月楼又有“望乡楼”之称。

和贵人入宫后，因“秉心克慎，奉职惟勤”，没几年，就被晋封为容嫔、容妃。那时，容妃35岁。皇帝南巡，容妃和她的哥哥图尔都随驾同行，途中经常得到乾隆赏赐的清真食品，如奶酥油野鸭子、羊肚片、酒炖羊肉、鹿筋羊肉等。在宫中，乾隆也经常赏给她爱吃的食物，如哈密瓜等。

容妃住在圆明园时，曾在园中的方外观做礼拜，乾隆帝特意为她在方外观大理石墙上镌刻了《古兰经》文。

容妃晚年身体欠佳，乾隆五十三年（1788）四月十九日，容妃在圆明园溘然长逝，终年55岁。她最大的遗憾就是未能给皇帝生育儿女。

容妃死后，乾隆帝为了让宫里人经常怀念她，特地将她在宫中几十年里积攒下来的物品分赠给各妃嫔、公主、格格和佣人以及她娘家的人。容妃死后葬于清东陵。

三、清真寺今何在？

普宁寺这座清真寺的规模与豪华，在京城是首屈一指的。京城许多清真寺取中心对称建筑布局，寺门坐北朝南，而普宁寺却是大殿坐西朝东，寺门坐南朝北，应该是为方便住在宝月楼的容妃所建。所以，普宁寺又俗称“香妃楼”。寺门为砖石结构，大理石雕花券门，其上有门额（可能是“清真普宁寺”字样）。门上是两层亭阁式帮克楼，特别是顶层建筑，是为四柱单檐九脊顶的楼阁。整体建筑稳重中不失飘逸，是西域建筑与中国古典建筑有机结合而不可多得的典范。

法国摄影师拍摄的普宁寺帮克楼

袁世凯成为大总统后，将中南海作为总统府，宝月楼更名为“新华门”，普宁寺与新

左图为 1913 年的新华门，门外还有一段围墙。右图这张老照片着实令人称奇，新华门前竟然有一圈西洋风格的栅栏围墙。这显然是袁氏的杰作，存在时间很短，拆除时间不晚于 1914 年 8 月。老袁貌似对中南海的总统府缺乏安全感，在新华门前围上铁栅栏不算，还修筑过一道长墙。

20 世纪 30 年代的新华门

2008 年的新华门

华门遥遥相对。袁世凯“每于深夜在居仁堂府邸办公，时闻远处有高声诵经者，留意细聆其声发于南方。袁每闻此似歌非歌之悲壮音调毛发竖立，竟不寒而栗”，于是，派人将普宁寺拆毁。

2009 年，西长安街改造时，普宁寺门的大理石雕花券门仍在。

四、宝月楼变身新华门

辛亥革命后，袁世凯政府接管了清室的西苑三海，并将中海和南海作为总统府，从那时起，中海和南海被合称为“中南海”。袁世凯住在中海西岸洋式楼房海晏堂里，海晏堂是慈禧太后于 1904 年为举办外交活动而建，他将其更名为居仁堂，并决定将总统府的正门开在南面。将宝月楼下层当中三间打通，改建为大门。在门内添建了一座黄瓦红墙的大影壁，以遮挡外人视线。改建后的宝月楼，被命名为“新华门”。

在新华门对面的府前街南侧砌筑了一道西洋式花墙，以遮挡背后杂乱破旧的老房。这一系列工程，都是由当时的内务部总长兼京都市政公所督办朱启钤主持兴建的。

1916 年 6 月 6 日，皇帝梦破灭的袁世凯死于居仁堂。此后，中南海又成为历届北洋政府的总统府。1928 年后，国民党政府设在南京，将北京改称北平，中南海辟为公园。新中国成立后，中央人民政府设在中南海，仍用新华门作为政府正门。

英国土豪和他们的仆人

不能说那时候完全没有这样的家庭，但和普遍现实相比，剧中的情节简直像房地产项目的样板间一样虚幻。贵族们的生活讲究是不假，但这是仆人们超乎寻常的艰苦劳动换来的，而主人对他们的态度，显然缺乏《唐顿庄园》中的温情。

1925年，有一位退休的仆人乔治·穆尔拿起了笔，回忆当年如何不得不早早起来生火，擦亮20双靴子，擦拭并整理35盏灯，而且必须在家里的其他人醒来之前完成这一切。“仆人的命运是一天工作17个小时，从厨房里进进出出做苦活，拿着煤、端着早餐和提着热水壶奔上楼，要不就是在楼下跪在炉子旁。房客们有时候说一句好话，但没有哪个人会把你当做自己人，只有给予狗的那种怜悯。”

正如《唐顿庄园》里演的，大户人家的主人很少踏进厨房或者仆人的活动领域。严格的礼仪规定了一个人可以进房子的哪些部分，在这方面，不仅主人和仆人有所区分，连上等仆人和下等仆人的权利也是不一样的。仆人们每天要从早上6点半忙到晚上10点钟，每个星期可以休息半天，这让他们常常连洗澡的时间都没有，而主人们又往往会因为这一点而嫌弃他们。和伍尔夫同时代的

图为英剧《唐顿庄园》的剧照，此剧描绘了一个近乎完美的英式上层贵族家庭结构：严守传统价值观和礼节的伯爵夫妇，自律、爱护名节的子女，忠实的维护等级的管家，安分守己、循规蹈矩的仆人们，讲究的、一丝不苟的日常生活，彬彬有礼而又互相尊敬的人际关系……19世纪末的贵族生活简直是天堂。

埃德娜·米莱写道:“我唯一恨的人就是仆人，他们其实根本不算人。”

贵族们真没把仆人当人。即便在那些不主动羞辱仆人的人家，也通过制度来降低仆人们的尊严。珍妮·乌格洛在她的园艺史中提到一户庄园，主人在家时，园丁们要倾倒手推车上装的东西，必须绕道 1 英里，以免让主人见了不开心。而萨福克郡的一户人家里，仆人们要是看到主人从身边走过，必须把脸贴着墙壁。罗伯特·克尔在他 1864 年出版的《绅士府第》一书中写道，为了把仆人挡在看不见的地方，很多住宅添加了后楼梯，这样绅士们上楼梯时，不会再在楼梯上碰上仆人正把他们昨夜排出的粪便提下来。

尽管如此，在大户人家当仆人还是仆人界的追求，因为小户人家的仆人更辛苦，一个人往往要干两三个人的活。历史学家托马斯·卡莱尔夫妇就是典型的小户人家，他们的家里只有一名女仆，她不但要做饭、打扫卫生、收拾碗碟、照管炉子、运走炉灰、应付访客、经管物资，而且每次卡莱尔夫妇要洗澡，她都要不断地烧水并把热水送上三段楼梯。这名女仆没有自己的房间，而是睡在厨房里，即便是这个地方也不是能自己做主的。卡莱尔因为喜欢这里的温馨气氛，晚上常常在这里看书，而女仆就要到储藏室里，等着卡莱尔很晚离开后，才能到床上睡觉。卡莱尔夫妇 32 年换了 34 个女仆，因为没有谁能长期满足他们的要求。而卡莱尔夫妇还算是他们这个阶层中比较好伺候的，比他们早两个世纪的文学家塞缪尔·佩皮斯夫妇则经常会殴打自己的仆人。

《唐顿庄园》里描写的是乡村大户的生活，可能会让人有乡村大户仍有田园古风的错觉。不过其实在城市化日趋剧烈的 19 世纪末，很多贵族在城里和乡村都有宅第，其中不少人一年中大部分时间生活在城市中。相对来说，乡村宅第的仆人们生活状态确实会好些，但那不是因为古风，而是因为主人经常不在而已。

趣事

为什么说王莽是穿越回去的人

后人画的王莽像

知乎曾经有个热门的问题，问的是“历史上哪些人像是从未来穿越回去的？”答案很多，其中有一个是王莽。

王莽，篡了西汉位子建立新朝的权臣，连一代都没过完就亡国了，他为什么是穿越回去的？

因为，王莽所建的新朝，实施了一套我们今天这些现代人才听说过的社会主义制度。

当然，他没称呼它为社会主义，他把这套理论称呼为崇古，也就是恢复他心目中古代的理想社会。

这套理论都包括什么呢？

第一，土地国有，私人不许买卖。每家人拥有的土地数量是封顶的，超出了，就要没收，分给地主的邻居或亲属。没有土地的农夫由政府分给土地，拥有土地的下限也是有规定的，达不到下限的，由政府给补足。

第二，冻结奴隶买卖，随着自然淘汰，慢慢消灭奴隶制，达到人人平等。

第三，人人都要劳动，无业游民将会受罚，否则在政府监督下服劳役。

第四，实行盐、酒、铁器专卖制度，矿产资源归国有，由政府开采。

第五，建立政府贷款制度，人民遇到困窘的情况，可向国家政府借贷，慢慢偿还，不收利息。

第六，实行计划经济，由政府控制物价，防止物价上涨，造成贫富差距。

第七，对各种工商业征收所得税，作为政府控制经济的资金。

这些政策，今天的我们一听就很熟悉——这不就是社会主义么？！几十年前我们就是这么实行的。

听起来很美，但这一套理想的社会制度在当代都没能推行下去，更何况在生产力还很低下、从上到下都还很愚昧的汉代。政策实施过程中，官吏普遍贪污腐败，原有既得利益者反弹严重，再加上王莽外交政策失误引来外患，大规模战事反过来再激起内忧，没过多久就民变蜂起。有理想的政治家往往是偏执的，王莽就是。他用高压政策来对待民变，结果把反抗引向更烈。15 年后，以刘玄为首的变民集团攻陷首都长安，王莽被杀，他的理想社会也就此消失了。

中国梵高

荷兰画家梵高生前无人赏识，死后暴得大名，其割耳自戕的癫狂举动为他悲剧的一生添上了传奇的一笔。其实，中国有一个和梵高极其相似的人物，有着相似的经历和更加暴烈的行为，而他也是一位画家。他叫徐渭，是明朝人。

徐渭生于明正德十六年（1521），父亲官至四川夔州府同知，也算是出身豪门，但他只是父亲晚年所纳小妾生的庶子。父亲死后，徐渭的大哥将家产败了个精光，嫡母以此为借口，将徐渭的生母赶出了家门，徐渭深受刺激。

徐渭天生聪颖，6 岁读书，过目成诵；10 岁为文，轰动全城，青年时即文武全才。可惜他在功名场上却不顺遂，始终没能考取举人。成年后，他入赘妻子家。24 岁时妻子病死，他去苏州谋职业未成，回到绍兴以教学糊口。在这段时间，他与许多贫寒人士交往，发展出一套反对封建等级制度、主张人人平等的思想，这在当时，是十分激进的思想。

36 岁那年，徐渭进入浙江总督胡宗宪的幕府，为其出谋划策、拟定表章，这是他一生最为风光的时候。胡宗宪对他非常倚重，给他很好的物质待遇和很高的尊重。当时胡的下属对胡都很敬畏，只有徐渭每天带黑巾穿白衣

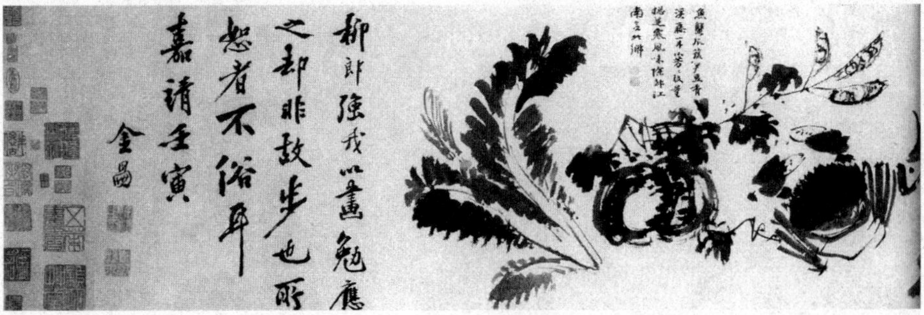

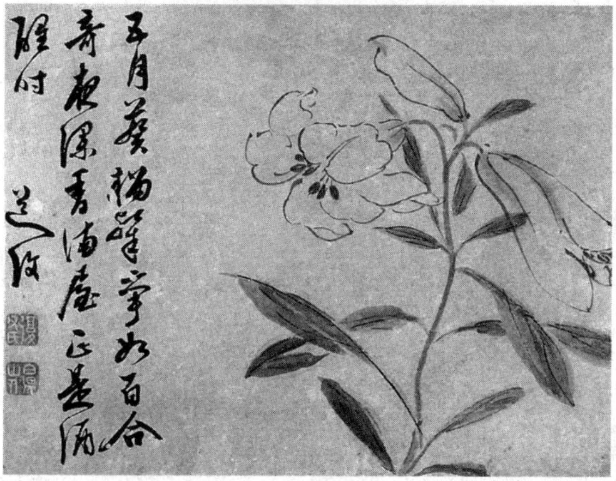

以上画作均出自徐渭之手。

直闯辕门，纵论大势。他常与朋友上街豪饮，总督府有事找不到他，就深夜开着大门等候。有人举报他大醉，胡宗宪也不怪罪。

可惜这样的日子没能持续多久，41岁那年，胡宗宪受严嵩倒台影响，被解京问罪，徐渭也失业回家。政坛的黑暗和仕途的不如意，让他陷入苦闷和绝望。不久，胡宗宪瘐死狱中，徐渭得知消息，受到很大刺激，怀疑胡的政敌会来加害自己，从此精神崩溃。在疯病发作前，他写下《自为墓志铭》，回忆了自己的一生，并认为自杀与被人杀死没什么区别。

徐渭从此疯了，他每日狂走不休，狂性大发时，曾拔下墙上三寸长的铁钉贯入耳中，耳窍血流不止，但他奇迹般地活了下来；病愈后又以斧子劈头，也没有死成。就这样，他前后自杀共有9次。后来他又对继妻产生了妄想，认为其对己不贞，在一次疯病发作时，将妻子杀死，他也因此锒铛入狱。

经过一些朋友的努力，徐渭得免于死刑。他在狱中过了7年，于52岁时被释放回家。60岁时，他曾受同学之子的邀请进京居留，但没过多久，他狂放的性格使其与邀请人发生冲突，他的疯病再一次发作，儿子徐枚将其护送回家。

晚年的徐渭生活穷困落魄，但其艺术成就却达到了顶峰。他更加“愤激无聊，放言高论，不复问古人法度为何物”，尽情表现个性。他在自己的破房子上挂了一副对联，上写“几间东倒西歪屋，一个南腔北调人”。由于受不了他，他的两个儿子都离他别住，他一个人和一条狗生活在破屋中，生病也不去就医。贫贱的命倒是格外强韧，他在孤独和贫困中一直挣扎到73岁才离世。

徐渭生前没有什么名气，他死之后，明末著名文人袁宏道在越地做官，有一次在别人家墙上看到一幅徐渭的画幅，画中可见一种磊落不平之气。后来他又在友人家的书架上翻到一本破破烂烂的文集，未读数首，不禁惊跃，从友人那里方得知这是徐渭的文集。在袁宏道的推崇下，徐渭骤然出名，人们竞相买他的诗书，一时洛阳纸贵。

徐渭的诗、书、画都表现出强烈的个性，其诗被评价为“如嗔如笑，如水鸣峡，如钟如土，如寡妇之夜哭，羁人之寒起。当其放意，平畴千里，偶尔幽峭，鬼语秋坟”。其画则开创了中国绘画史的一大革命，是神对形的突破、心对法的突破，按他自己的形容是“山人画竹略形似，只取叶底萧萧意”，重主观感受，而形似则是次要的。他的画风影响了郑板桥、齐白石等后人。他的书法也是超群的，被袁宏道称为“八法之散圣，字林之侠客”。

有资格不伺候么？

工作干得不爽的时候，常常会有一个声音在胸中回荡："去你的，老子不伺候了！"

但我是个理智的人，这声音响了一小会我就会问自己："你有资格不伺候么？"

是啊，我有资格么？不挣这份钱，我能养活自己吗？能管得起父母家人吗？不要这五斗米，我受得了这份罪吗？

自古至今有很多不伺候的，看不上这争名逐利的浊世，干脆归隐做一个自由人。陶渊明、顾炎武、袁枚……人们一想"不伺候"，就会拿他们做自己的榜样，好像伺候不伺候无非是自己一个决心的事情，只要舍得下名利，就一切皆简单了。但现实是残酷的，书里给人讲放弃的故事时，从来没讲过放弃之后如何吃饭的问题。

古时候确实有不少"放得下"的人，不过其中有不少都有足够雄厚的经济基础。明末清初有不少不伺候新主子的高士，梁以樟，明亡后隐遁于葭湖。可人家有田数十亩，还有闲钱不断招待"四方之士"。元末明初的倪瓒，放浪形骸，但他"家雄于赀"，自己还有套别墅招待朋友。就算是陶渊明，归隐之初也是很有钱的，有饭吃有酒喝，有仆人替他耕田种地，刚辞官的时候是"僮仆欢迎，稚子候门"，"方宅十余亩，草屋八九间。榆柳荫后园，桃李罗堂前"，"园蔬有余滋，旧谷犹储今。春秫作美酒，酒熟吾自斟"。后

善卷隐士图

来是因为遇到火灾，家财尽失他才因故致贫的。至于40岁离开官场从此不伺候的袁枚，家里仆役一大堆，厨子好几个，在什么地方吃到好吃的，都要派自己的厨子专门去学做法，这样的家庭条件当然足以支撑他“不伺候”。

当然，并不是说只有富人才可以有气节。没钱也可以，不过气节不是一下子的事情，而是一辈子的事情，你得有足够勇气贯彻始终。汉魏之交的焦先，因为不满当时的政治昏乱，离开名利圈，自己一个人到黄河边搭了个窝棚住了下来。他穷到什么地步呢？炕上没有被褥，连茅草都没有，热天一出汗，整个身子都成了一个泥人。元代的褚志通，不肯跟元的统治者合作，自己归隐到华山。每年到了冬天大雪封山，他的粮食只够吃半个冬天的，为了捱过冬天只好几天才吃一顿饭。陶渊明家失火变穷之后，不仅要自己下地干活，连基本的衣食也难以维持，“夏日常抱饥，寒夜无被眠”，到冬天还穿着葛布单衣，饿极了的时候只好找以前的朋友乞食。这样的清贫，我自忖是忍不了的，所以还不敢真的放弃那五斗米。

关键是，很多时候，放弃不仅仅要冒贫困的风险，还会遇到很多别的难处。《宋史》里提到过一个南岸翁，曾是政府官员，后来厌倦官场，辞官带着两个儿子隐姓埋名住在城外以务农为生。结果儿子挑着自种的水果去城里卖，被恶吏以逃税拘捕，老翁与少子都到县衙求情也无济于事。后来还是因为有人知道他过去的职位，告诉县官，县官才把他们放了。

记得有条新闻曾红极一时，说某当年的北大毕业生，同时是某名人的同学，被人发现与妻子儿子一起生活在大山里，与现代生活隔绝，也是因为“不愿意伺候”才作此选择的。对这样的人我挺佩服，但我自己绝无此勇气。

太祖批孟子

我们从前批过孔子，再从前明朝太祖也批过孟子。不知为什么，朱元璋自上台后就不喜欢孟子。全祖望的《鲒埼亭集》里说，朱元璋读孟子时曾经大怒，说："使此老在今日宁得免耶！"意思就是说：这老家伙要是活到今天我绝饶不了他！之后就下令取消了孟子牌位配享孔庙的待遇。后来司天官说文星变暗了，他才只好又给恢复了。

洪武二十七年（1394），朱元璋令人检查孟子的书，有85章内容被他认为是"言论荒谬"，一律删去。删定后的《孟子》叫做《孟子节文》，下发给全国人民学习。这部书存在的时间不长，到他儿子朱棣执政的时候就被取消了，民间的存书也都被收走，后世见过此书的人已经不多。

被删掉的孟子言论都有什么呢？近世史家研究，有以下几类内容：

第一类就是批评统治阶级的，比如"庖有肥肉，厩有肥马，民有饥色，野有饿莩，此率兽而食人也。兽相食，且人恶之，为民父母，行政，不免于率兽而食人，恶在其为民父母也？仲尼曰：'始作俑者，其无后乎！'为其象人而用之也。如之何其使斯民饥而死也？"

第二类要约束统治者的，比如"君仁莫不仁，君义莫不义，一正君而国定矣"；"得百里之地而君之，皆能以朝诸侯有天下，行一不义，杀一不辜，而得天下，皆不为也"；等等。

第三类是反对征战的，比如"有布缕之争，粟米之征，力役之征。君子用其一，缓其二。用其二而民有殍，用其三而父子离。"

第四类是鼓励人民反抗暴君的，比如"贼仁者谓之贼，贼义者谓之残，残贼之人谓之一夫，闻诛一夫纣矣，未闻弑君也"；"君之视臣如手足，则臣视君如腹心；君之视臣如犬马，则臣视君如国人；君之视臣如草芥，则臣视君如寇雠"；等等。

第五类是说人民应该有权利的，比如"民为贵，社稷次之，君为轻"；"是故明君制民之产，必使仰足以事父母，俯足以畜妻子，乐岁终身饱，凶年免于死亡；然后驱而之善，故民之从之也轻。今也制民之产，仰不足以事父母，俯不足以蓄妻子，梁岁终身苦，凶年不免於死亡。此惟救死而恐不瞻，奚暇治礼义哉？"等等。

以上这些就不专门翻译了，反正知道都是封建社会统治者不爱听的话就对了。

如何识别潜力股

后周太祖（904—954），清人绘

这是一个标题党，其实我想说的是要学会从草根的外表中识别出潜力股来。扎克伯格的女友是在他还是个穷小子的时候就跟他的，马云的老婆是他当年的大学同学。一心想嫁有钱人的人多半看不上这样的男人，可当人家真富可敌国的时候哪还有你的机会啊？

后周太祖郭威的柴皇后，本是后唐庄宗李存勖宫里的一名嫔妃。庄宗死后，嫔妃们被遣散，父母亲来接她回家。行至黄河边上时，遇上阴雨天，只好寄住在旅店中。恰巧有一个衣衫褴褛的男子从旅店门口经过，柴皇后就问店主这个人是谁。店主说："这是马步军使郭雀儿（郭威）。"柴皇后就把郭雀儿招呼过来，一番交谈后，见郭雀儿衣着虽破，但气宇轩昂，言谈举止异于常人，就决定以身相许。父亲激烈反对："你是宫里出来的人，至少也得嫁个封疆大吏，怎么能嫁给这个穷小子呢？"柴皇后说："我久在宫中，颇识贵人，郭威现在虽然一无所有，他日必定发展，前程无量。"柴皇后于是将行囊分一半给父母，让他们自己回家乡；自己带着另一半，跟定郭雀儿了。父亲知道女儿一向有主见，就不再坚持。

这里需要解释一下：宋以前的贞操观念和现在是不一样的，嫁过人的女人另嫁是很寻常的事，门第要比贞操什么的重要得多。

这之后的很长时间，是柴皇后养着郭雀儿的，她用自己的积蓄租房子，指导郭雀儿学习，生生为自己培养出了一个贵夫。后来郭雀儿先追随后晋皇帝成为将军，晋帝死后夺取政权成了后周的皇帝。不过遗憾的是他当皇帝的时候柴皇后已经死了，柴皇后是被追认为皇后的。

战国末期，燕、秦等国攻打齐国，齐愍王被杀，他的儿子法章流落民间，在一家大户人家做佣人。这家大户人家的女儿，也就是法章的主人，慧眼识珠，一眼看出法章作为一个绩优股的潜力，就常常接济他衣食，后来还以身相许。

她的父亲作为一个名门望族，对女儿如此行为非常生气，说："女儿不因媒人介绍而自己嫁人，不配做我女儿，玷污了我祖宗名声"，与她断绝了关系，但这个女儿依然追随了法章。几年后，莒地百姓共同拥立田法章为君，是为齐襄王。齐襄王继位后，立这个女人为王后，史称"君王后"。她在齐襄王死后协助儿子主政多年，为齐国赢得了40多年的和平时光。

后周太祖和齐襄王，某种程度上说就是自己老婆塑造出来的，而扎克伯格和马云的事业，军功章上也有妻子的一半。有付出才有得到，不劳而获来的，享用着也不放心啊！

朱元璋一家的奇葩姓名

主页君又来黑朱元璋了……其实不是黑，是他的奇葩经历太多了，讲着讲着就容易讲到他。

明太祖朱元璋出身贫寒，有多贫寒？看看他家人的名字就知道。明朝人郎瑛的《七修类稿》收集了一篇明太祖即位后御撰的《朱氏世德碑》，碑文回忆了自己家的谱系，并详细记录了朱家祖上的名字。

详细碑文就不录了，只说从碑文当中捋出的他家人特色鲜明的名字。

朱元璋的五世祖叫朱仲八，娶妇陈氏，生了三个儿子，老大叫朱六二，老二叫朱十一，老三叫朱百六。

四世祖朱百六娶胡氏，生了两个儿子，老大叫朱四五，老二叫朱四九。

朱四九娶了侯氏，生了四个儿子，分别是朱初一、朱初二、朱初五、朱初十。

朱初一就是朱元璋的祖父，他娶了王氏，生了两个儿子，老大叫朱五一，老二叫朱五四。朱五四就是朱元璋的父亲。

朱五四娶了陈氏，生了几个孩子分别叫朱重四、朱重六、朱重七和朱元璋（本名朱重八）自己。

然后朱元璋还说了说他伯父朱五一家孩子的名字，他们分别是朱重一、朱重二、朱重三、朱重五。

这些名字是怎么来的呢？当然首先是因为没文化——这不是讽刺他家。元代不重视中华文化，不重视教育，大量底层人民都没机会学文化，因此识字率非常低。因此，元代很多底层人都是以数目字为名的。具体这数目字怎么来呢？有的是以此子出生时父母或祖父母的年龄相加得来，比如朱四五、朱百六这种；有的是以出生时的日期为名，比如朱初一、朱重八这种；还有的是以出生时的重量为名，类似九斤老太那种。

朱元璋本名是朱重八，意思就是八月八日生。不过他发达之后，就不愿意用这个名了，而是给自己起名兴宗，后又改名元璋，字国瑞。他还给已经亡故的父亲与三位兄长追起了名字：父亲朱五四名世珍，大哥朱重四名兴隆，二哥朱重六名兴盛，三哥朱重七名兴祖。哥儿四个的名字连起来，正好是“隆盛祖宗”。

两个宰相争寡妇

古代很多风俗跟现在都有很大的差别，比如在宋代，娶媳妇就主要是女方花钱。嫁女要附带高额的嫁妆，而且互相攀比。据有关学者考察，宋代富庶民户给予女儿的奁田数约在60—70亩，而一般民户嫁女资用亦多及百千，普通官户女之嫁资高达十万、数十万者亦不鲜见。为了风光嫁女，很多家庭从女儿小时候就开始攒女儿的嫁妆，《袁氏世范》里说："凡事不可不早虑……至于养女，亦当早为储蓄衣衾妆奁之具，及至遣嫁乃不费力。若置而不问，但称临时，此有何术？不过临时鬻田庐及不恤子女之羞见人也"。

由于这种风气盛行，有不少人就把娶妻当作发家致富的途径。民间流行很多一夜暴富的神话，比如"福州人黄左之为池阳士人王生之婿，得奁具五百万"之类。连高官士大夫也不甘落后，为争富女连体面也可以不要，各种政治阴谋手段都可以上。宋真宗年间，就有两个宰相为了争娶一个寡妇互斗的事。

这个寡妇是澶州知州薛惟吉的寡妻柴氏，她是薛惟吉的后妻，薛死时她年纪尚轻，且无自己的子女。她要嫁的宰相是号称"四践两府（指中书省、枢密院），九居八座（指左右仆射、六部尚书），以三公就第，康宁福寿，时罕其比"的张齐贤。婚事未办，柴氏的继子、薛惟吉的儿子薛安上忽然喊"我不赞成这门婚事"，他认为柴氏改嫁会卷走父亲的家产，因此告到开封府反对。

柴氏也不甘示弱，击登闻鼓反告，告的却不是薛安上，而是当朝另一位宰相向敏中。她说向敏中也向她求了婚，她不同意，因此向敏中暗中撺掇薛安上诬告。

这下事闹大了，一个案子牵涉两个宰相，宋真宗只好亲自出面处理。问到向敏中，向说柴氏才是诬告，他最近确实丧妻，但没打算结婚。结果很快有人揭发，说他已与河南尹、保国军节度使王承衍议定，要娶王乘衍的妹妹，可见"没打算结婚"是说瞎话，由此被柴氏告的事也很可疑了。继续审理下去，又发现柴氏背后也有人操纵，她的状子是张齐贤的儿子给写的。

事情闹到这个地步，真是斯文扫地。世人评价二宰相之争，都说其无非"为其有十万囊橐故也"。宋真宗也觉得好丢脸，干脆把两个宰相全罢了官，向敏中降为户部侍郎，出知永兴军，张齐贤降为太常卿。而柴氏也被罚了铜，她和张宰相的婚事，最后也吹了。

天真者的破坏力

天真是不是一项优秀的品质？有时候是，比如像斯诺登，能成为戳破谎言的英雄。但有时候，简直让人恨不能踹他，比如下面要说的这两位。

天主教唐时、元时都曾进过中国，但之后就销声匿迹，直到明末才又做新的尝试。当时的中国已经进入了一个封闭自大的阶段，对外来文化持敌视和防备的态度，天主教进中国的尝试可以说荆棘满路。第一个成功的尝试者利玛窦神父花了 20 年才被允许在北京建了第一所教堂，花了 30 年才进入中国主流社会圈子，花了 40 年才得以见到皇帝。这期间，他学习中国古代典籍、穿儒服、与士大夫建立友情，做了很多艰苦的工作。为了达到消除中国人的警惕、被中国人看作自己人的目的，他也做了不少妥协。到 1634 年，天主教在中国终于勉强站稳脚跟，但反对的声浪无时无刻不在，反对的力量始终在做着努力。

图为当年在中国的西方传教士，为了传教方便，他们着中式服装，连头发都剃成了大清的发式。

这时候，几个天真的、纯粹的、有激情的人来了，他们是艾文德、艾肋德等几名教士。艾肋德和艾文德进中国后从福建出发，向北京进军，他们声称要“用我们的生命去保卫我们的信仰和我们至高无上的救世主，以及被钉死在十字架上的耶稣”。

在三名作为翻译的中国少年的陪伴下，艾文德和艾肋德于 1637 年 8 月 14 日到达北京。本来在这个国度中，长相奇特又不会说本地话的外国人一定会受到盘查，但此时的中国已开始动乱，李自成和张献忠的部队已进入北方省份，艾文德两人得以在混乱中不受干预地进了北京，受到了汤若望神父的接待。

在北京看到的情况令他们愤怒，他

们注意到耶稣与使徒的画像穿上了鞋，使徒怎么能穿鞋呢？而教堂里除了天主的祭坛，竟然还摆了皇帝的牌匾——这简直是对主的亵渎！

他们要求汤若望安排他们会见皇帝，并准备向皇帝提出建一所教堂。汤若望拒绝了。他怎么可能做得到呢？他自己都没什么机会见到皇帝。这也被艾文德等认为是故意的阻挠，他们对他们先行者的工作十分不满。他们决心要用自己的方式去战斗，挽回先行者们造成的贻误。

两个星期后，得知外人进京的官兵来查问了。两艾抓住了这个机会，进行了一番英勇无畏的讲道，他们声称他们来就是为了鼓吹和保卫世上唯一的神，拯救包括这些官兵在内的被愚弄的众生……

官兵们最后被烦死了，他们拷走了两艾的翻译，封闭了两艾住的房子，然后回去报告。汤若望等人因为未经批准收留他们也被抓了起来用刑。按照规矩，下一步两个入侵者应该被投入监狱。汤若望等开始上下打点，花了 70 两银子，运动到他能得到的最好结局——将两艾驱逐出境。而这一结果，被两艾当作是“赶走他们的阴谋”，并在之后向总部作了汇报，“揭露”了在华教士们的绥靖行为。

两天以后，一队士兵将两艾押解上官船，送往福建。两个充满热情的殉道者满怀悲情，他们想象着他们最终会被处死，而这是他们为主做得最好的奉献。

显而易见，政府并没要处死他们。到福州后，他们获得了自由，而他们是这样回报给他们的自由的：他们和等在福州的两名同伴高擎耶稣受难的十字架，游行穿过大街，大声宣扬这是唯一的真神，中国的宗教都是虚伪的，是魔鬼引导人们进入地狱……正如可以预见的一样，这些狂热的行为引起了一场骚乱，如果不是官府及时把他们抓起来，可能他们就直接在街头殉教了。

在福州的日子充满了不安分，几名狂热教士几次因为街头布道和撕官方布告等行为被抓，最后不耐烦的中国人把他们送出了国境。几位教士都很满意，他们觉得他们英勇的行为达到了自己的理想。

但他们没管他们所造成的后果：三个中国翻译险些被判死刑，靠着汤若望的帮忙才得以活命；他们的中国之行引起了一场新的反教迫害，很多中国天主教徒遭到了毒打，一些有功名的教徒被解除了官职和爵位，剥夺了参加科举考试的权利；福州的军事长官下了一道逮捕令，其中包括之前在华待了很久的教士，这些人只好暂时躲进了森林；部分教堂被愤怒的群众拆毁，拆下来的材料给了佛教寺庙。直到两年之后，这场反教风波才在一些同情天主教的高官干预下慢慢淡去。不过这些事两艾是不管了，他们已经尽兴了！

《麦田里的守望者》中有这样一句话：一个不成熟男人的标志是他愿意为了事业英勇地牺牲，一个成熟男人的标志是他愿意为了事业卑贱地活着。很多时候前者是容易的，天真者往往想不到后者的意义。

没有金刚钻，就别揽瓷器活儿

春秋战国时期侠气激荡，很多慷慨激昂的故事，如荆轲、唐雎、专诸、聂政等人的经历，个个都气贯长虹，让人血脉贲张，那是一个豪侠、死士纵横江湖的年代。

不过，不是谁的故事都气贯长虹，也有囧的。

晋国人豫让，曾经给好几个贵族做过家臣，最后一个主公是智伯。智伯这个人是著名的“不仁”之人，史书形容他“怕贪而愎”，不过他对豫让倒是很不错，因此豫让很念他的知遇之恩。后来智伯向贵族赵襄子进攻，反被对方干掉。智伯的手下四散而走，豫让逃到山里，发誓为智伯报仇。他更名改姓，伪装成修厕所的，埋伏在赵襄子的厕所里准备伏击对方，没等动手就被人发现了。赵襄子抓到了他，得知了前因后果，有些感动，就把他放了。

豫让一次未成，再谋第二次。因为赵襄子已经认识了他，不好下手，他就用漆涂在身上烧坏皮肤，吞下炭火烧坏嗓子，让最亲的人也认不出自己。然后

豫让死的那座石桥，被后世命名为豫让桥，至今仍在。

摸准了赵襄子出门的时间，埋伏在赤桥之下，结果又被发现了。

赵襄子很为他百折不挠的精神感动，但觉得再一再二不能再三，这人实在是不能再放掉了。当赵襄子的手下将豫让团团围住之时，知道大势已去的豫让有点遗憾，他请求赵襄子满足他最后一个心愿——脱掉衣服，让他刺衣服三剑，也算了了他报仇之志。赵襄子无奈，派人拿着自己的衣裳给豫让。豫让拔出宝剑多次跳起来击刺，仰天大呼曰："吾可以下报智伯矣！"之后自杀。

吴国人要离，是个打鱼的，身材瘦小，腰围仅有"一束"，不过勇气过人。吴王阖闾篡吴王僚的位成功后，僚的儿子庆忌逃到国外，召集死士想给父亲报仇。阖闾很忧心，于是想找人把庆忌干掉。在伍子胥的推荐下，他找到了要离。

要离做了很多准备工作，他先使苦肉计，让阖闾砍了自己的胳膊、杀了自己的老婆，造成自己和阖闾有血海深仇的假象，然后去投奔庆忌，在庆忌身边做贴身侍卫。当庆忌发兵舰攻打吴国时，要离突然拔剑击刺，被庆忌打翻，投入江中；他爬上船再击，又被扔到水里，如此三次。不过在他第一刺时，已趁其不备而击中，导致庆忌流血过多，因此庆忌最后也确实算死于要离之手。庆忌临死之前，感动于要离的忠勇，下令手下放其回国。要离事后很是惭愧，他说："杀吾妻子，以事吾君，非仁也。为新君而杀故君之子，非义也。今吾贪生弃行，非义也。吾何面目以视天下之士？"言罢自杀。

要说他们的故事也是挺悲壮的，只是总觉得有哪里不对。

弟兄们，进城造反去

1813 年，也就是嘉庆十八年秋，华北地区农村数千名信仰八卦教的教徒因为认为“千年末世”即将到来，世界会在连续几天几夜的黑风中发生许多大灾难，之后一个新的、“无穷富贵”的时代会到来，遂在他们的教首林清的安排下发动了一场叛乱，其中有 200 多人被安排攻打紫禁城，而且竟然就打进去了！

帝国维稳系统的麻痹迟缓和种种巧合造成了这个荒诞的结果，但起义者毕竟是一群乌合之众，迅速就被打死打伤并抓获了。即便如此，此次叛乱还是在华北农村地区掀起了乱局，大量并不信教但心怀不满的人参与进来，与部分忠诚教徒结合在一起，把叛乱维持了几个月。到最后，包括清军在内的近 8 万人死于此次事件，其中有 300 多名被抓教徒是在审理后处死的。

教徒们几乎全部是乡村顺民，绝大部分大字不识，也很少有人离开过自己生活的那片区域。这样的一群人，是怎么攻打的紫禁城呢？

攻打紫禁城是在那一年的九月十五日，被派去攻打的教众们分别来自北京通县、大兴和河北雄县、固安等几地，“南边”（即山西、河南、山东等地）的教众们已在此前就地起义，总计 250 人左右，每个人都给发了白布，作为互相识别的标记。武器是铁棍和村里铁匠打的刀，个别人负责拿白布旗子，上面绣着“同心合我、永不分离、四季平安”——多么让人满头黑线的口号啊！

除了负责在城内接应的太监教徒外，这些人里最有京城生活经验的也就是教首林清了。他小时候在北京郊区长大，17 岁时在城北一家草药铺当学徒，后来又在另一家药铺当伙计，因为常在外嫖娼，身生毒疮被药铺解雇，

后来又打过更、当过书办，但都因赌钱、贪污等行为失去工作，实在混不下去了回到了京城东南的宋家庄。不过在攻打紫禁城那天，林清并没有到场，他打发他的徒弟们去了，而自己“等着南边的教友到达再与他们会合”，与几个亲密伙伴留在了家里。

以下的故事就非常黑色幽默了，如果盖·里奇或昆丁·塔伦蒂诺知道，一定可以拍出一部电影来。

起义者中较大的一伙人被分到西华门，他们中来自雄县的有至少22人，最后确定按时到达西华门的有5人，其他人都莫名其妙地消失了，或者直接地说是半路溜掉了。来自固安的有70人参与了谋划，但真正启程去北京的有45人，最后只确定有20人到了西华门。事后被抓的蔡明山说，他们有几个人带了刀，嫌太长，半路上怕被人看破，都撩弃在堤边河内了。林清村里的那伙人有32人去了北京，有17人没去。还有一拨人被安排到东华门，这其中有三四十人压根就没离开家，剩下的90—100人中有34人根本没到东华门，有几个迷路了，还有几个本来安排在花市口等待援军，但听到攻打失败的消息后就溜了。有一些人既没到西华门也没到东华门，他们事后的口供说，一路上越想越怕，没到宫门就掉头而回，同时希望去了的人“得到好处不要漏了我”。

正午时分，按照事先的安排，他们应该开始进攻。到了东华门的起义者扎上白布，拿出刀，跟着内线太监首领，快步冲向开着的门。皇宫守卫迅速就把门关上了，除了两个太监外，只有5名起义者冲了进去，其他人都被关在了外面。当门外的守卫大叫“抓贼匪！”“有人造反！”的时候，宫门外的同伙向各个方向疯狂乱窜，所有逃离现场的人都尽量扔掉可能暴露身份的东西，包括白布、刀、铁棍。有3人在宫门附近被抓，其余的都成群地跑回了家乡。

冲进去的7人（包括两名太监）中有3人被迅速捕获，其余4人赶到了大内门口，与宫内太监打了起来。起义者中的两名内线太监此时装作不认识他们，一个跑到宫里躲了起来，另一个拿起棍子开始向同伙挥舞。于是东华门这边很快就安静了。

西华门的起义者比较多，大概有70人冲进了宫门，等门关上时，外面的同伙也立刻跑了。冲进去的人花了半小时跑到大内前面的几座门，不过此时这些门都被关上了，于是起义者们试图把门撞开，不成功后，想用火烧，却点不着火。这个时候，大清的士兵已经被调动，赶来围剿这些叛匪。

嘉庆皇帝的两个儿子也参与了围剿行动，年长的儿子旻宁干掉了至少两人——用枪射杀了两个爬到墙上试图跳过去的贼匪；皇帝的侄子旻志开枪击中3人，手刃1人。四门关闭，以强对弱，还用枪对付拿刀棍的，基本上等同于狩猎了。由于这次战果，旻宁获得了嘉庆皇帝的赞许，并在嘉庆死后继位，成为道光皇帝。

太监杨进忠是整个造反团伙的临时首领，他意识到局势无望，就离开了这伙人，跑到他做事的果房，拿了武器出来装作见义勇为。他是几天后才被审出来的，最后也是被处死。他躲起来后，其他人群龙无首，四处躲藏，之后被一个个抓住。在此后的搜捕中，还有两人被发现躲在御膳房中，一人躲在西华门附近的棚子里，三天后还有几个藏在午门顶棚中的人被抓到。两天后，林清在自己的家里被抓。

官方声称有31个贼匪被杀,44人被擒，其中有些人后因伤重不治死去。不过，清廷方面的伤亡更大，这76个乌合之众，共杀死杀伤100多名宫廷护卫。这个结果，使得这一事件的黑色幽默味道更浓厚了。

人傻钱多吃人参

"人参大补"这种观念，似乎是地球人都知道的公理。其实，这种观念是从清代才忽然流行起来的，明代时人参并非是一种日常消费药品，而医者为了成本考虑，较少以人参来治病，甚至有人参不可以随便服用的观念。到了清代，不仅是医生喜欢专门开立人参的药方，就连病家也深信唯有补药才能救急，即使最后无效，病家也不会因此怪罪医者。

自乾隆以来，清代医书中出现相当多讨论人参的医论。乾隆二十二年（1757），清代名医徐灵胎的一篇《人参论》相当详实地反映了当时社会好用人参的风气。他指出，当时民众普遍有个观念，那就是价钱贵的药就是良药，价钱低的药为劣药。社会大众普遍喜欢补药，而不喜攻剂，所以即使是服人参而死，病家都会认为医者已经尽职，人子已经尽孝，人死是命中注定，所以不会有遗憾。假若是服用攻剂而死，即使是用药无误，病家也会责怪医者。在此风气下，一般医家为了躲避刑责，通常会开立人参当作药方。此外，一般民众都认为人参是药中之王，有特殊的药效，又因为相当贵重，所以深信必定能挽回性命。

清代的富贵人家以人参祛病的风气相当鼎盛，当时有所谓"富贵之家，病至莫救，无不服参者，奈十难救一"的说法。医书中常见有富贵之药与贫者之药的区别，举凡富贵人家所用的药方大多是上等的人参，而无力购买人参的中下家庭就以较为次等的党参或沙参代替。由于人参价格昂贵，负担不起的病家往往会找寻替代的药品，这些药材有的是与人参同科的劣等参，也有的是伪称是人参的别科药材。

因为这种风气的盛行，康熙年间每两人参才一二两银，多的不过需费三四两而已。而到乾隆年间，人参的价格飙涨了十多倍，小康之家服用人参二三两，就会耗尽家产。服人参进补的风气轻者造成家庭经济情况恶化，重者则是棺殓俱无，卖妻鬻子，全家覆没。

全社会如此疯狂追逐人参，人参的功效到底如何呢？《王氏医案续编》有云："予按富贵人之死于温补者固为常事。"也就是说，有好多乱吃人参吃死的。

名医徐大椿的故事里有很多跟人参有关的情节。横泾县有位钱姓女子患"痞块”，身上到处长满脓痈，群医束手无策。钱女父亲向徐大椿求诊，他告诉徐他虽是寒简之家，但在人参的医药费用上已经花费了数百两银子。苏州府的杨姓男子因私自拿了他父亲的千两银子而遭受责骂，导致体虚及神昏身重，类似感染伤寒。杨姓男子在每日服用人参三钱后，反而痰火愈结，身体僵硬如尸。全家人都认为无可救药，最后请来徐大椿。一经诊断，徐相当乐观地告知病家："试往府中借大板重打四十，亦不死也。”杨父相当怀疑徐大椿的判断，说假若他儿子的病能痊愈，他将以同样于之前买参所花费的千两银子，送给徐大椿当作赏金。徐大椿并未接收病家的重金，立即开立清火安神的平淡药方，配合末药一服，果然病人就“三日而能言，五日而能坐，一月而行动如常”。

在“人参热”的情况下，市面上出现了大量伪参，以党参甚至萝卜当人参卖的情况比比皆是。这种现象还催生了另一个行业——清乾隆及嘉庆年间，人参消费指南书籍热卖。

清民交际几条小八卦

1904年，日本和俄国以中国的东三省为战场发动战争，大清国民大受荼毒。那时候的东三省总督为锡良，是个老实人。老实人在和平时期能是个好官，在这种情形下就毫无办法。当时的清廷外交部派曹汝霖去实地调查，到奉天见锡总督。一番晤谈后，锡良一副可怜神态，对曹汝霖说："政府派我到这里来，真是受罪，跟日本办交涉，自愧没有能力。发去照会，对方不复，派员去说，一味强硬，蛮不讲理。你来到此，好极了，可将调查情形，回去报告政府，放我回去吧，我在此实在办不了事，反倒耽误事。"曹听后无语，只好如此回禀。

安奉铁路是日本在日俄战争时期为军需而修建的轻便铁路。由于是权宜之路，修建得自然不十分牢靠，车轻厢小，行车常常出轨。有人曾在行驶时见两头猪在轨上相斗，车笛频鸣，猪仍不走。列车强行前行，结果两头猪未伤，车反而出了轨。

武昌起义发生的时候，消息传到京城，亲贵大员眷属，纷纷逃往天津，京津火车拥挤到无立足之地。亲贵中的有钱人无法将财富统统带走，就把金钱宝钻之类的寄存在英商汇丰银行。因不懂手续，都存在中国买办处，收据也由买办所出。等事情过去，回洋行取钱，洋经理不知有此事，华买办早不知去向，亲贵大受损失。

世人都认为袁世凯"篡夺"了武昌起义的胜利果实，事实上袁在当时，至少在北方是颇有声望的。袁世凯初当选总理，回京之日，万人空巷，争看风采，所过之处，欢声雷动，外人登城观看，亦拍手欢迎。袁则沿途向众挥手，以示谢意。

清朝人怎么洗澡?

清郡主德龄幼时随父出使法国，在那里待了8年才回国。1903年，德龄从海外归来进宫担任慈禧身旁的女官。进宫的第二天早上，她就感到了不便：“我们姊妹两个轮流着找了半天，在偌大的皇宫里，竟然找不到一套可供洗澡用的器具。”后来德龄托人带信回家，父亲给她送来了一只木制浴盆，才解决了她们姊妹的洗澡问题。她实在想不出宫里的人都是如何洗澡的。几天之后，她问一位伺候慈禧的女官：“我来了这几天，却不见浴室在哪里呢？”“什么？你说的是什么话啊？浴室！什么是浴室啊？你的话我真听不明白！”后来德龄才知道，即使尊贵如慈禧，也是“弄一只木盆用用”，虽然是很精致的木盆。而且慈禧也只是擦澡，并不是全身都泡在水里。至于慈禧以外的帝后妃嫔的沐浴方式，史料无载，想必不会比慈禧更好。

宫廷之外，普通百姓是如何洗澡的呢？从很多书中可以看到，是在家里用大木盆完成的。但古人似乎洗澡并不勤，从很多养生文章中可见，古人不提倡勤洗澡，认为那样会“伤气”。清代养生家曹庭栋在自己的著作中说：“春秋非浴之时，如爱洁必浴……浴罢，急穿衣，衣必加暖。浴后当风，腠理开，风易感，感而即发，仅在皮毛则为寒热，积久入里患甚大”；“(冬三月)不宜沐浴，阳气在内，热水逼而出汗，汗出而毛孔开，最易感寒，冬伤于寒，春必病瘟”。春秋不宜浴，冬天不宜浴，那就只剩夏天能洗洗了。乾隆时代旅居长崎的中国商人曾告诉日本官员，中国南方人“夏天隔三四天、四五天入浴一次”，绝无每天在热水中沐浴之事。而魏源在《海国图志》里干脆将东南亚某地“人多不寿，五六十岁为上寿”说成是当地人“频年沐浴，元气发泄”的结果。从这些记录中都可以大致推测清朝人洗澡的频率。

其实，清朝公共浴室挺发达的，好多人以泡澡为乐。“浴堂人家有之，而僧寺尤广，市井中往往为此以图利，名曰混堂。外有列柜，每人上下冠裳藏于各柜，而室中人居一道，实共室也。隔墙爇薪，火近处有锅，名曰焦池，其汤更热。室中四面无光，但炷微灯，热气氤氲，迷不知处，虽隆冬不寒也。”

泡澡的地方，当然有豪华的：“以白石为池，方丈余闲，为大小数格，其大者近镬，水热为大池，次者为中池，小而水不甚热者为娃娃池。贮衣之匮，环而列于厅事者为座箱，在两旁者为站箱，内通小室谓之暖房，茶香酒碧之余侍者折枝按摩，备极豪侈。男子亲迎前，一夕入浴，动费数十金。”

但这样的豪华场所并不多，数十金不是谁都能出得起的。大部分人是去那种二三个钱一次的浴堂，这样的浴堂是什么样呢？《清俗纪闻》里有这样的描述：“农夫佣工等小户人家于浴堂中沐浴。浴堂之浴池为八九尺见方或一丈二三见方之巨大箱状。放入热水后，二三十人可同时入浴。由浴堂主人或其家人等管理衣柜。沐浴费为每人铜钱三文。”浴堂门口一般都挂有“杨梅结毒休来浴”的告示，但即便如此，卫生状况仍相当可怕：“男子被不洁者、肤垢腻者、负贩屠沽者、疡者、疙者，纳一钱于主人，皆得入澡焉。旦及暮，袒裼裸裎而来者，不可胜计。苟蹴之，则泥滓可掬，嗅其体，秽气不可闻。为士者每亦浴之被，岂不知其污耶？迷于其称耶，习于俗而不之怪耶。抑被不洁者、肤垢腻者、负贩屠沽者、疡者、疙者果不相浼耶？抑经其浴者目不见、鼻不闻耶？呜呼，趋其热而已也，使去薪沃釜，与沟渎之水何殊焉？”这样的水，我看不洗也罢。

一些外国历史八卦

看了本书叫做《人类的愚蠢历史》，内容不像书名那么好看，罗列了许多八卦，有些颇为可疑，还有很多很无聊。

不过我还是耐着性子看完了，其中个别条目还是蛮有趣的，尽管因为没有出处，其真实性有一点不确定。

精选了一些，放在下面。

国王们的故事

英格兰的詹姆斯一世喜欢用纸牌赌博。有两个宫廷仆人的职责之一便是让国王玩纸牌变得轻松，其中一位男仆给国王拿牌，另一位告诉他出哪张牌。

17 世纪的西班牙国王菲利普三世因发烧而去世，他的高烧是由于长时间坐在炉火旁而引起的。既然他知道温度高，可为什么这位国王不从炉火旁移开呢？那不是他作为国王的工作。宫廷里负责照看炉火的佣人那天没有上班，他的工作就是把国王的座椅往后拉。

在整个中世纪时期，人们认为某些国王具有通过触摸治愈病人的神奇力量。1684 年，一群瘸子和患病的人聚集起来等待英国国王查理二世的触摸。聚集的人越来越多，都非常急切地盼望国王的拯救，因而发生踩踏，7 人被踩死。

在 16 世纪的意大利，一个真正的贵族在上厕所之后不会去洗手，因为一洗手就会让那些体面的人想到他刚才做的事。

1491 年詹姆斯四世禁止在苏格兰打高尔夫球，原因很简单："它看上去像一场愚蠢的游戏。"后来这位国王喜欢上了这种运动，于是法律被修改了，只有安息日讲道时间里，高尔夫球才会被禁止。

可怕的习俗

4 世纪的匈奴战士把可怕的外表当做战争中的心理武器。为了震慑敌人让他们感到恐惧，匈奴人会把他们的男婴的头部包扎上，等这些男孩长大成人去同敌人作战时，他们就有着一张张丑陋骇人的脸。

18世纪，被称为疯人院的伦敦精神病院为了筹集资金，收取门票让伦敦市民来观看关在笼子里的拴着铁链的患者。

如今的奇异发型与18世纪英格兰的发式相比只能是小巫见大巫。当时时尚妇女的假发可高达4英尺（约1.2米）。发型师用鸟的标本、水果盘和船只模型来装饰那些假发。为了支撑这样的发型，妇女们必须坐着睡觉。为了保持这些精美的发式，假发需要涂上猪油。由于妇女们常常连续好几个月戴假发，猪油吸引了虫子和老鼠。

西班牙宗教法庭像对待动物那样来对待人，也把动物像人那样对待。教会认为女巫生存在猫的体内，于是下令杀死了成千上万只猫。

16世纪的巴黎有一项流行的娱乐活动：公众焚烧成袋的猫来庆祝仲夏日。

在俄国有200年的时间里，一个叫做“红色死亡兄弟姐妹会”的宗派有一条反对婚姻的规定，但并不反对做爱，只要完事后用红色枕头把做爱者捂死。这个宗派的100名成员在看到世界千年即将结束而自焚之后，该组织在1900年解散。

19世纪末随着汽车逐渐流行，农场主们采取了很多反对的措施。有一个宾夕法尼亚的农场主反对汽车协会的机构起草了这样一条法律：如果一匹马在路上拒绝从一辆汽车旁边经过，车主就必须把他的汽车拆散，并且把部件隐藏在树丛里。夜晚在乡村公路上行驶的汽车必须每隔一英里发射一支火箭，然后等待10分钟以便让行人躲开。还好，宾夕法尼亚州议会没有采纳这条法律。

在中世纪时期，天主教会出于保护妇女的原因，禁止她们登上舞台。可是教会要听歌剧，需要能唱高音部的歌手。教会让医学专家来解决这个问题，解决的办法是摘除男孩的睾丸，这样当他们长大以后就不会变声。那些经过阉割的男孩被训练来演唱女角。这种做法一直延续到19世纪。

古代罗马人不刷牙，他们遵照古代罗马牙医的建议，用小便漱口来预防龋齿。

其他

20世纪60年代，当“波士顿杀手”猖獗横行、市民人人自危时，有一天布洛克顿区一位妇女在一个陌生人敲门时因恐惧瘫倒在地死亡，结果敲门者是一位上门推销百科全书的推销员。

《福尔摩斯》的作者柯南道尔曾经就精神世界进行演讲，他的演说是如此令人折服，好几个在卡内基大厅听他演讲的纽约人自杀身亡，这样他们就可以更早地进入精神世界。

《伦敦时报》报道了1869年在梅西河上与朋友一起划船的一个男孩的意外死亡——船翻了，男孩不会游泳，每次他的朋友要救他的时候，男孩的狗就会去咬他，以保护自己的主人不受到“攻击”，结果它的主人被淹死了。

16世纪有位音乐家发明了猫琴，猫被放在一个可以激起共鸣的箱子里，它们的尾巴从箱子底部的孔里穿出来，音乐家猛拉它们的尾巴来演出合唱。

1915年的鲁斯战役中，一万名没有战斗经验的英国新兵被派去从正面攻打德国人的阵地。英国指挥官对他的部下撒了谎，告诉他们是被派去追击溃不成军的德国士兵的。然而，英军却直接撞到了严阵以待的德国机关枪枪口上，8000名英国士兵被打倒在地。英国人无法突破德军的阵地，因为他们的指挥官没有给他们发剪铁丝网的工具。德军的伤亡为零。德国士兵对这场大屠杀感到震惊，以至于当侥幸活下来的英国士兵撤退的时候他们没有再开火。

在美国，标准铁路轨距是4英尺8.5英寸。美国铁路建造商采用这个奇怪的标准是因为他们在英国就是这样修建铁路的，而英国工程师采用这个标准是因为最早的铁路和早于铁路的有轨电车道就是这样建的。有轨电车道采用这个标准是因为修建轨道用的是与制造马车时相同的工具。马车车轮设计这个奇怪的距离是为了让车轮适应英国古老公路上的车辙沟槽的，而这些沟槽是当年罗马战车在土道上碾压出来的……

1927年，利比亚在职总统查尔斯·金赢得了自由党的选举，他比竞争对手多获得了234000张选票。这个数字比参加投票的人数多了14倍。

19世纪，一些商业巨头在宾夕法尼亚州发现了油矿，他们想通过利益分成的办法来和当地居民交换钻探权，但当地居民十分谨慎，唯恐上当。当石油公司提出二分之一的利益分成时，一些居民拒绝了，他们要求四分之一的分成——因为他们觉得4比2多。

* 稀奇古怪事 *

正史里的妖魔鬼怪事

鬼事

《隋书》是魏徵等人写的南北朝、隋朝历史，由于有一个“以史为鉴”的主导思想，里边收录了很多古代帝王不好好治国导致各种报应的事情，用来吓唬唐太宗以及其继任者们。为了达到这个目的，其中甚至有些封建迷信的部分，搞得很吓人，尤其是其中的“五行下”部分。

正史里出现这类东西是挺好玩的事，我把里边比较有意思的摘译了一些。

隋文帝时，上党地区有人的房屋后面每天夜里传出人的呼叫声，四处找都没有找到什么。这人在宅子附近找，在离房一里左右的地方，找到一棵人参，枝叶繁茂。挖开之后，根有五尺多长，与人的形状一模一样。从此之后呼叫声就消失了，原来这是个草妖，它的出现说明有人心眼不清楚。那时候正是晋王杨广阴谋夺嫡、文帝被迷惑的时候。

南梁大同元年（535），邵陵王萧纶在南徐州的大厅里坐着，有几百只野鸟，长得像鸢，飞到屋梁上，人们用弹弓射，却怎么也打不中，几分钟后，忽然全都不见了。京房《易飞候》里解释：“野鸟入君室，其邑虚，君亡之他方。”果然不久后萧纶就被湘东王袭击，逃亡到西魏，在西魏被杀。

北周大象二年（580）二月，忽然有很多秃鹫飞落在洛阳宫太极殿。就在这一年，皇帝死了，后宫常虚。

大业末年（618），京师皇宫当中，总是有无数只鸿雁之类的鸟飞来飞去，赶也赶不走，没多久长安陷落。大业十三年（617）十一月，乌鸦和喜鹊在江都隋炀帝所居的帐子上筑巢，轰走了还回来，没多久，炀帝就被下属杀了。

南梁天监十五年（516）七月，荆州市杀死刑犯，人被杀死后身体不僵，脑袋掉到地上，嘴还在动，眼睛睁开，颈子里的血像箭一样往上冲出一丈有余，然后如雨一样纷纷落下。这年荆州大旱，是因为冤气导致的。

南陈太建十四年（582）三月，皇帝御座上蓦然出现一物，如车轮，颜色大红。不久皇帝患病，无故大叫数声而死。

至德三年（585）十二月，有红色的东西掉在太极殿前，刚下来时，所有钟都自己发出响声。后来宫里喝白色饮料，忽然间变成了血。然后又有莫名其妙的血沾染大殿的台阶，一滴一滴地一直到了御榻前面。不久，国就亡了。

后齐河清二年（563），太原下红色的雨。刘向曾说："血者阴之精，伤害之象，僵尸之类也。"果然第二年，北周的士兵和突厥攻入并州，大战城西，伏尸百余里。河清四年（565）三月，有神秘物体掉在大殿前庭，红色，形状像是好几个量米的斗器，周围还有一堆一起掉下来的如小铃一般的东西。四月，娄太后死了。

武平中期，有神秘的血点地，自咸阳王斛律明月宅一直到太庙。后来这名大将就因为遭遇谗言而被皇帝杀了。

南梁天监四年（505）十一月，晴朗的天儿，西南忽然有电光，并打了两声雷。《易经》里说："鼓之以雷霆。"这属于鼓妖的一种。《洪范五行传》曰："雷霆托于云，犹君之托于人也。君不恤于天下，故兆人有怨叛之心也。"这一年，交州刺史李凯举兵反。

大业中期，滏阳石鼓经常自己发出声音。后来，天下大乱，兵戎并起。

南梁大同十年（544）三月，皇帝去朱方玩，至四堑中，在玄武湖上，很多鱼冒出水面，仰着头向着皇帝的方向，好像在看乘船的人一样。皇帝回宫就被杀了。

隋开皇十七年（597），大兴城（也就是长安城）西南四里，有个叫袁村的地方，开佛会。会上来了一个老翁，白头发，白衣服，来人吃了斋就走了。大家都不认识他，就跟着看，走了二里左右，老头忽然不见了。旁边一个池塘中，有一条白鱼出现，长一丈有余，周围无数小鱼随行。围观的人争着拿出弓箭来射，好多人弓折弦断。后来有个人竟然射中了，拉上来剖开鱼腹，看到粳饭，才知此鱼就是刚才那个老翁。过了些天，漕渠发大水，凡是向鱼发过箭的人全都淹死了。

隋开皇二十年（600）十一月，京都刮大风，吹倒房屋，拔出大树，秦、陇一带压死千余人。地大震，鼓都自己响，净刹寺钟自动鸣了三声，佛殿门锁自己开，铜像自己跑到了户外。钟鼓自鸣，就是鼓妖。扬雄认为当皇上的不聪明，为众中所惑，则鼓妖现。

北周大象二年（580），尉迟炯败于相州，他的党羽数万人被坑杀于游豫园，那个地方经常听到鬼夜哭声。范洪《五行传》说："哭者死亡之表，近夜妖也。

鬼而夜哭者，将有死亡之应。”第二年，周氏王公全都被杀了，周室也亡国了。

仁寿年中，仁寿宫及长城之下，老听到鬼哭声。不久献皇后及隋文帝先后在仁寿宫病死。大业八年（612），杨玄感造反的时候，尚书樊子盖在洛阳长夏门外坑杀了数万杨玄感党羽，到大业末年，这里就老听见鬼哭，还有呻吟之声。此后越王杨侗就在洛阳被杀了。

南梁太清元年（547），丹阳有一个姓莫的，妻子生了个男孩，眼在头顶上，大如两岁儿，掉在地上就说话：“儿是旱疫鬼，你不能养。”母说：“你得让我过得去呀。”疫鬼说：“我也有头儿管着啊，不能自由。母亲可赶紧做一顶红帽，应该可以安全。”母来不及做帽子，用红绳系住头发。从这时起大旱两年，扬、徐、兖、豫几州尤甚。莫家的乡邻，都因为带了红绳红帽而安全度过，但其他地方用同样方法就无效。

南陈至德三年（585）八月，建康城有家人的一个丫鬟死了，埋了之后9天，又复活了，有牧牛的人听见坟里的动静把她挖了出来。祯明二年（587），江上有一艘船漂下，听见里头传出人声：“明年乱”。有人把船拦住看，发现里面是一个死婴儿，长二尺，无头。第二年陈就被灭了。

大业四年（608），雁门宋谷村有妇人生一肉蛋，大如斗，赶紧给埋了。过后数日，所埋处云雾尽合，一声霹雳，云雾散到天上。再看洞穴，里边埋的蛋已经不见了。两年后，赵郡李来王家的丫鬟怀孕，生下一个东西，又是一个肉蛋。这年正月，就有人穿白衣白裤，手持香花，入建国门要作乱，幸而被齐王遇到给杀了。

南梁大同十年（544）夏，有天夜里打雷，一条龙掉进延陵一人家井中，第二天早上查看，跟驴一般大。用戟刺之，立刻见院中和室中各出现一条大蛇，跟大船一样大，吓得家人四处奔逃。

隋文帝时，大将韩擒虎家邻居的母亲有一天见韩擒虎门下很多卫兵，好像接送王者一样，这位大妈很奇怪，就问怎么回事。其中一个人说：“我来迎王。”然后忽然不见了。又有人病重，忽然起来奔走到韩擒虎家说：“我来见大王。”左右问：“什么王？”答曰：“阎罗王。”韩擒虎家丁要揍他，韩喊住了，说：“生为上柱国，死作阎罗王，斯亦足矣。”当晚就病倒了，数日后去世，时年五十五。

新安、永嘉、建安、遂安、鄱阳、九江、临川、庐陵、南康、宜春等数郡，往往畜蛊，而宜春尤甚。方法是五月五日聚百种虫，大的到蛇，小的到虱，一起放在一个容器中，让它们互相吃，直到最后剩一只。如果剩的是蛇则叫蛇蛊，剩的是虱则叫虱蛊，用来杀人。想法让人把虫吃到肚里，这虫会食其五脏，人死后，这人的财产就会转移到蛊主之家。如果三年没用它来杀人，畜蛊者自己会被蛊吃掉。这方法传了很多代，子孙相传不绝，也有随女子嫁的。侯景大乱后，蛊家大多死于战乱，蛊既无主人，就飞游到道路之中，慢慢也就死了。

顺便说一句:《隋书》不是唯一收录这种奇谈怪论的正史,《二十四史》里几乎每本都会有一些。

朱元璋到底长啥样

之前写过一次朱元璋，引来了不少批评，其中有一些批评是针对我当时选用的朱元璋像的。我当时选的是右面这张。

批评者认为这是后世对他的丑化，根本不是事实。

于是我好奇起来——朱元璋到底长啥样呢？现在流传的这么多画像里，哪幅才是真相？

根据查到的资料，现存的宫廷版本朱元璋画像（也就是当时朝廷认可的，并由皇宫收藏的）一共有13幅，目前，有12幅被收藏于台北故宫博物院，1幅被收藏于北京故宫博物院。这13幅中，有两幅是美的，一幅为坐像立轴，描绘的是盛年皇帝，着龙袍，紫脸膛，黑短须，圆脸蛋；一幅为半身册页，为老年状，长髯皆白。有11幅是丑的，模样大同小异，都是额头、下巴、两颊突出，立眉深目，蒜鼻、猪嘴。此外，南京、合肥、凤阳龙兴寺，也都有遗留下来的朱元璋画像，几乎是清一色的丑相。

这是图像上的。文字上的记载有以下内容：《明太祖实录》卷1里说其“状貌奇伟，异常人”；卷3里说其“龙资凤质，非常人也”；卷28里说其“项肉隐起，后遂成骨，隆然甚异”，就是说脖子上有一块凸起。《明史·太祖本纪》里说其“姿貌雄杰，奇骨贯顶。质意廓然，人莫能测”，话虽然说得很文雅，但意思也是说容貌不同常人，而且骨骼有凸起。

有人说《明史》是清朝人编的，有所丑化，但《明太祖本纪》是明朝人记录的，编写者基本都见过朱元璋本人。

关于给朱元璋画像，明朝人陆容写的《菽园杂记》里曾这样说过：“高皇尝集画工传写御容，多不称旨。有笔意逼真者，自以为必见赏，及进览，亦然。一工探知上意，稍于形似之外，加穆穆之容以进。上览之甚喜，命传数本以赐诸王。盖上之意有在，他工不能知也。”意思是说，当年给朱元璋画像的，大多不让他满意，有画得特别逼真的，皇帝更不高兴。有个画工推测出他的意思，画得稍稍形似，再加上凛然正气。朱元璋看完了特高兴，复制了好多张，分发给诸王。

这段里虽然没说朱元璋长啥样，但从文字可知，至少是不好画，画太像了会让人不爽。换句现在的话说，就是无法直视自己的长相。这样看来，应该不会是帅的。

当然，我这也只是推测，关于朱元璋到底长什么样，至今是没有定论的，即便是吴晗，写书时也是把朱元璋美的丑的画像都放上去了，让读者自选。真想得到答案，只能等以后科学发达了通过骨骼测定啊DNA测定啊之类的手段来搞清了。

明朝农民进城防骗手册

有个出版社出过一本《农民进城防骗手册》，在豆瓣得到了很高的评价，被归类为“现代实用技术知识大全”和“武林秘籍”之中。这当然主要是开玩笑，不过现在骗子这么多，还是要掌握点这样的技术防身才好。

说起来如今的人民已经比几百年前的人幸福多了，这要是不小心投胎到明朝，又没幸运地托生在官宦人家，那就必须得练出一身的防骗抗打神功，才能顺利地活到晚年呢。

明朝是个商品经济日益发达、人员流动空前频繁、城乡差别日趋明显的年代。这样的年代，民间社会的人员流动自然会非常活跃，因此也是地痞流氓黑社会茁壮成长的年代。相比前朝，明代的流氓恶棍不仅数量增多，品种也是花样翻新，各自有各自的捞钱路数和势力范围。

明代的进城农民首先要避免招惹喇唬，就是被清朝人总结为“诈骗之匪”的。喇唬活跃在京津一带，基本相当于后世的无赖。他们一般成群结伙，横行市肆，以讹人为业，有时也强抢。当时进京的货物都要经运河过通州，一路许多船闸。喇唬们往往聚在船闸地带，假称巡捕或是牙行接客的，骗取来京货商的财货，骗不下来就仗着人多干脆明抢。

与喇唬相似的是光棍，光棍也是群聚的流氓，他们常干的是“拿鹅头”（生事诈人）和“讨白债”（引诱客商到僻静处，威逼其立下文契，“某人欠己多少多少钱”云云，之后公然讨取）。

如果是去江浙一带的城市，还要小心“打行”。“打行”是替人报私仇的恶少群体，收了钱即寻衅打出钱者的仇家。他们没生意时也在街上“撞六市”——碰上乡下人持物进城做买卖，就诱到偏僻处半骗半夺，把货物弄走。

进城农民也能碰上好事，不过一般都是套儿。写于嘉靖时期的风闻录《贤博编》里，就记载了这样一个事情，一个出门僧人路遇一对父女驾舟经过，热情邀其共饮，席间“父亲”声称有事离开，留下“女儿”引诱其发生关系。关键时刻“父亲”突然回来，将其捉奸在床，此时还有路过的官家大船见义勇为，要伸张正义。僧人害怕，出了一大笔钱才摆脱干系，而这对“父女”和路过的官家其实全是事先串通好的骗子。这也是“打行”干的。

受了骗，挨了打，可别指望告官讨说法，那往往是进入另一个“局”里。衙门，是衙蠹和讼棍的地盘，他们专门说事过钱，诬执平民，“两下里打背”，也就是吃了原告吃被告。他们舌灿莲花，又会串通演戏，不要说进城农民，就是城里人也招架不住。《拍案惊奇》里就记了不少这样的故事。首位进中国的天主教神父利玛窦在其《中国札记》里也写过这样的事：明明是有小孩朝他们的房子扔石头，他们拉过来教训后放其回家。几天后经过讼棍的唆使操弄，竟成了他们下药拐卖小孩未遂。讼棍伪装成小孩的哥哥，带着孩子披头散发穿街过巷，一路喊冤，差点酿成群体事件。幸好后来有官员替他们撑腰，他们才没被诬陷入狱。

还有一帮北方称“闲的儿”、南方叫“篾片”的人，跟蚊子一样专叮有钱人。他们惯于阿谀奉承，善于趋炎附势，陪着人逛，撺掇人花钱嫖赌，从中揩油，用不了多久就把人家家底抖擞干净了。金主钱一花光，他们就四散而去，找下一个寄主去了。进城农民里有钱想得瑟的，可得防着这样的人。

就连出家人也有不少投身于骗子事业，装神弄鬼、招摇撞骗，小者骗骗上香女客，大者连王侯都当肉鸡。《拍案惊奇》里讲过一个这样的神棍，华衣美器，还带着一个小妾，一派名士作风，自称是丹药师。一名富翁因此上钩，花了大价钱请其炼丹，最后人财两空。

对于老实农民来说，明朝的城市虽繁华热闹，外人进去却是处处陷阱、步步惊心。但你若是个狠角色，那就“广阔天地大有作为”了。最起码可以去赌场踢场子，赌场的人肯定会揍你，只要你能扛得住打、自始至终面不改色，后半辈子就算有靠了——按照那时候的规矩，赌场敬你是条汉子，从此后就平白有你一份固定津贴了。这就是江湖行当“拿挂钱”。

谣言害死人

如今网络上隔段时间就会热传一些陈年旧帖，或热议一些陈年话题，比如“白领参加 party 被人盗肾”、“某人出游被拐走几年后在别处被发现砍断了手脚”、“日本人声称早晚会毁灭中国”之类的，因为总出现，被网民戏称为“月经帖”。常混网络的自然能辨别出真假，但总有不明就里的新人被忽悠到义愤填膺，不仅气坏了自己的身子，还会大量转发替其扩大影响。

“月经帖”的流行简直是人类社会千古痼疾，从古至今总是有类似的事情发生，其中造成很大影响的一个就是“朝廷选秀女”。

元朝至元三年（1266）的时候，社会上忽然流传起了一个消息，说朝廷将采选童男童女，送给北方的鞑靼贵族为奴婢，且要求父母亲自送至北方交割。这条消息不知道是从哪儿冒出来的、怎么传起来的，总之很快就传遍了大江南北，而且被无数人深信不疑。“自中原至于江之南，府县村落，凡品官庶人家，但有男女十二三以上，便为婚嫁。六礼既无，片言即合”。“至于巨室，有不待车舆亲迎，辄徒步以往者，盖惴惴焉唯恐使命戾止，不可逃也。虽守土官吏与夫鞑靼、色目之人亦如之。”十几天后，人们才慢慢明白过来，然而为时已晚，“自后有贵贱、贫富、长幼、妍丑、匹配之不齐者，各生侮怨。或夫弃其妻，或妻憎其夫，或讼于官，或死于夭。此亦天下之大变，从古未之闻也”。

中国人民从历史中吸取的最大教训就是从不吸取教训，即便总有文人墨客把这些事记录下来流传后世也没用。到明朝隆庆二年（1568），此谣言又开始流传了，这次主要在杭州，说朝廷派了一位太监到浙江采选秀女，已启程赴杭城。于是“人家女子七八岁已上，二十岁已下，无不婚嫁，不及择配，东送西迎，街市接踵，势如抄夺；甚则畏官府禁之，黑夜潜行，惟恐失晓，歌笑哭泣之声喧嚷达旦，千里鼎沸，无问大小、长幼、美恶、贫富，以出门得偶即为大幸，虽山谷村落之僻，士夫诗礼之家，亦皆不免。”从正月初八九到正月十三，“仓忙激变，几至于乱”，虽然官府贴告示辟谣，但仍折腾了一个月。

同样的事情在明天启年、清顺治年、康熙年等原样演了好几次，每次都闹到“无论年龄，不择门第，朝传庚帖，晚即成婚”，“以倾城之貌而误适匪类”，甚至几女抢一男的情况。穷小子们倒是挺高兴的，有故事说在某大户人家干活的工匠半夜睡着觉忽然被叫起来成亲，等清醒过来已经成了财主女婿了。

这种事的发生自然与信息封闭、民众不相信官府有关，但也与部分人爱轻信、爱从众的特点有关。

组织起来“防小三”

渤海国是唐朝时的一个藩属国，包括现在东北大部及朝鲜的一部分，国人主要是靺鞨人，也有高丽人。渤海国在唐朝末期被契丹灭掉了，后来渤海遗民以一个族体先后成为辽国和金国的国民，在发展过程中不断被其他民族同化，到元代就消失了。渤海人曾有过很多特别的民族风情，在那个无论汉人、辽人、金人都三妻四妾的年代，唯有渤海人始终奉行一夫一妻制，这不仅见诸史迹，也被当代的考古学证实。他们之所以能保证这一点不是靠制度，而是靠民间自发的“防小三”组织。

渤海人婚前是比较随便的，男女杂处，看见中意的就“攘窃以奔”，父母皆不问，等有了孩子再带着礼物归宁，执子婿之礼。可能就是因为都自由恋爱，婚后妻子对丈夫看得都比较紧。据《松漠纪闻》记载，渤海妇人结婚后，“大氏与他姓相结为十姐妹”，互相帮忙看着彼此的丈夫，以免他找小三。如果发现有哪位丈夫另有所爱，就会暗地下毒，把小三毒死。如果有哪位的丈夫出轨，而妻子竟毫无觉察，其他九姐妹都会聚在一起鄙视她，由此营造出一种浓厚的“捍卫正室荣誉，防止小三进攻”的气氛。

渤海女人不仅对丈夫严格要求，自己对婚姻也是很严肃的。金世宗的母亲李氏就是渤海人，她丈夫去世后，按照金国习俗，族内同辈或子辈男子有收继婚的权利。李氏为了抵制被收继，削发出家为尼。

因为渤海女人对婚姻的捍卫，“契丹、女真皆有女倡，而其良人皆有小妇、侍婢，唯渤海无之”。一个“唯”字，写出了在那个社会习惯下渤海的一夫一妻婚姻有多么特别。

变态选美大会

近些年全国各地都时兴组织选美大会，什么旅游小姐、国际小姐、世界小姐各种名目的大赛三天两头办，而部分大赛选出的佳丽也常令人一口饭呛出来。

本来琢磨着古代那种女人不准抛头露面的年代不会有这种事情，翻了翻史书发现还真不是。古代也有选美大赛，只不过选的不是脸，是脚。

南宋以降，裹小脚成为社会主流时尚，到明清年间，广大男性对小脚的喜爱近乎痴狂，因此催生了风靡全国的选美大赛——赛脚会，这在北方省份尤其风靡。山西大同是当时全国最负盛名的缠足中心，那里的赛脚会规模最为宏盛。每年六月初六庙会期间，都要在寺庙举行一次大规模的赛脚会，届时城里所有自认为有一双骄人小脚的年轻女子，都会在父兄陪伴下来到会场，坐在门帘后头，将一双纤足伸于门帘之外，任人观赏品评，亦可手握摩抚。经过初选、复选，最后第一名称“王”，第二名称“霸”，第三名称“后”。当选者总会欣喜异常，而她们的父兄则上台致谢。

这种赛脚会各地都有，举办时间和展示形式各不相同。太原府是女子卧于车内，以脚置车外相比赛。运城的大赛是在元宵节前后，女子坐于门口，将小脚伸出户外，曝于日光之中。河北宣化一年要举行两次赛脚会，一次在五月十三日，叫小脚会；一次在六月初六，叫要青会。河北的风气比山西开放，赛脚会于城隍庙举行，参赛者不遮头脸，而是靓妆炫服列坐门前。邯郸、武安亦然，“家家少

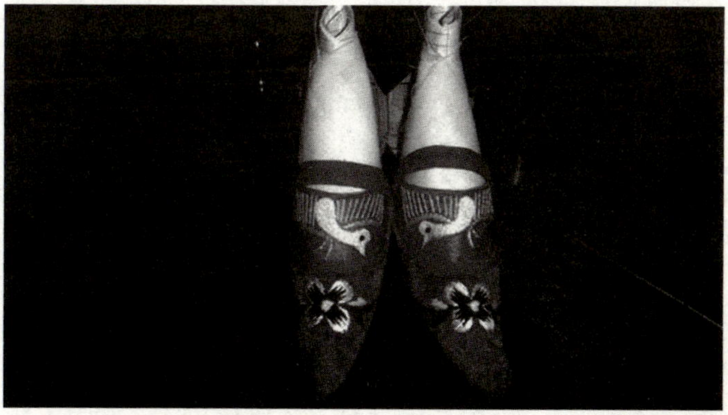

图为大红莲鞋，明清时穿这种鞋被认为是最性感的装束。

妇坐街头，裙露双钩任客游”。最有意思的是蔚州的晾脚会（与赛脚会同意），家家户户门前都有一块专用于赛脚的大石头，高及行人肩膀，届时赛脚女子或立或坐在石头上任人观赏抚摸小脚。

民国初期缠足的青楼女子

兰州的赛脚会也在六月初六，叫“晒腿节”，陇东的则在二月初二。河南汝州从元旦至初五，凡大家小户之妇女，罔不艳妆坐于门外，将纤指露出，任人品评。江南没有赛脚会，但也有赛脚活动。浙江宁波每年上元节前夕，妇女们都到桥上，高其外裙，使金莲毕露，以供月下提灯者细评。

正是由于这类比赛的出现，迎合了对小脚的畸形爱好，又将这种变态爱好的热度不断推高，使得许多地区的家庭对缠足要求越来越高。三寸不够，还要更小；5岁缠嫌太大，2岁就起缠。在陕西，有一种“陕女三足”的说法，因为“陕西女子咸缠足家居，足小，须扶杖而行，故陕人称女子有三足，言其行路无时可离木杖也”。变态到都残疾了，真不知道美在何处。

没文化的圣旨

我大中华以文治国，历朝历代的皇帝都很重视国家文书的写作，尤其是圣旨，都是由著名文学家起草，并经几番修订才能颁行天下的。很多圣旨都是骈文，措辞非常典雅精美，比如："君虚中以求治，实赖股肱之任臣；拜手以陈谟，必恃学力之精。尔毕仲游，学贯经史，才通世务，属文切事，搜罗尽古今之秘，陈善有据，赓歌佐社稷之光。""尔毕矩乃翰林学士，毕諴之父，其性之义，其行之良，允文允武，四方之纲，庆延乃子，翰墨奇香，甚悼尔之，弗躬者也。是宜褒编，以彰潜德。"看看，透着有文化。

历朝历代的皇帝都讲究文学，除了元朝。元朝是马背上的民族建立的国家，他们入主中原之后，对汉文化并不重视，对文人也很歧视。再加上皇帝们自己也都没读过什么书，自然也写不出多有文采的敕命。元朝皇帝下的旨都很家常，家常到近乎粗俗的程度。

请看大德元年（1297）元成宗下的一个禁止普通民众制造使用与皇帝同等式样帽子的圣旨："今后这皮帽样子休做与人者，与人呵，你死也。如今街下休做者，做的人，带的人交扎撒里如去者（按法律治罪）。"至大元年（1308）元武宗也下了一道类似的圣旨，说："这个缝皮帽的人，刁不剩驸马根前我带的皮帽样子为甚么缝与来？今后我带的皮帽样子，街下休交缝者。这缝皮帽底人分付与留守司官人每，好生街下号令了呵，要罪过者。金翅雕样排花，金翅雕样皮帽顶儿，今后休交做，休交诸人带者；做的人根底，要罪过者；带的人根底夺了，要罪过者。"

整个有元一代，文化都很没落，教育跟不上，一直影响到生于元朝的朱元璋。他当了皇帝之后，还沿袭了元朝皇帝的家常体，下过的圣旨里尽是"说与户部官知道，如今天下太平了也，止是户口不明白哩！""有司官吏隐瞒了的，将那有司官吏处斩。百姓每躲避了的，依律要了罪过，拿来做军。钦此。"这样的词句。不过后来教育跟上了之后，他的儿孙们就没这么粗俗了。

江湖第一大组织

周星驰的电影《武状元苏乞儿》是一部描写清朝京城丐帮的片子，片尾有句台词，皇上被丐帮救了之后，偷偷跟苏乞儿说：“你们丐帮几千万人，一天不解散，叫我怎么心安？”

几千万人，这必须是江湖第一大组织了吧？当然，丐帮人并不都在京城。

丐帮是真实存在的，只不过各地有各地的帮，并无统一的上级。《武状元苏乞儿》和金庸小说里对丐帮的描述也有不少契合史实之处，不是空穴来风。

比如丐帮帮主的象征打狗棒，就有对应的物品。根据《北平风俗类征》的记载，清朝的丐帮头目有一根一尺长、一头黑、一头红的杆子作为权力象征，新任的丐头要祭祀祖师和杆子标志受权，新入帮的乞丐也要拜杆子，表示服从管辖。要是有乞丐犯了帮规，丐头就用此杆子加以惩治，“虽打死，无怨言”。丐帮几代长老，也是有来源的，丐帮中一般从丐头开始，往下排老二、老三、老四……新人入帮，也要拜师、分门派、排辈分，今后在外遇到道上朋友，必须要报自己的师门。

新人入帮，师傅确实会教本事，只不过教的不是武功，而是讨饭的名堂。清末民初京城一带要饭的分叫街和坐乞，叫街的有一整套说辞，什么“乌龟上门来，老板大发财”“太太给我两个钱，太太长寿万万年”之类的祝福词和“不给我钱，怎过今年”“不给财，我不来，省下了钱买棺材”之类的诅咒词；坐地的要会呼喊大哭或者唱小曲，总之都需要一番功夫。

作为一个组织，丐帮的管理也是高度组织化的，除了需要向师父和帮主上供外，底层乞丐必须要服从命令听指挥，参加很多的集体行动。清代京师的丐帮，有黄杆子和蓝杆子之分，黄杆子是高级丐帮，基本都是些落魄宗室，平时不出来乞讨，只在端午、中秋或春节等时令去各店铺讨钱，“二人或四人，以一人唱曲，一人敲板和之。唱时以手背向上，持鼓板使平，即为索钱之暗号”。按照规矩，在他们唱完五句之前，店伙计必须出来把五枚大钱先高举过头，然后放在鼓板上。如果有哪家不懂规矩，帮派就要采取集体行动了——第二天起，会有成倍的人来，再次日再加倍……从开市到闭市，这些乞丐围聚在店门前，并告知周边人“黄杆子跟这家有事”，令店铺没法做生意。几天后，店主就得托人说和，这时候要给的钱就不止五个了，凡来了的，都得打点到，而对帮主自然更要孝敬。

蓝杆子是普通乞丐的帮派。如果说黄杆子的乞讨方式是敲诈，蓝杆子就属于收保护费了。逢年过节，或哪家办红白喜事，店家和喜主都要事先给蓝杆子帮主一份赏钱，这种做法到民国时已经成为通例，称为“收捐”。帮主得钱后，就会在大门上贴张纸条，上写“贵府喜事，众兄弟不得骚扰”。各乞丐看了此纸条就会绕行。要是有喜事不肯给钱，那办事当天就会有大批乞丐到场搅局，花样百出，让你尴尬万分。店铺也得定期给丐头钱，讨一张“罩门”挂在门上，群丐见了“罩门”就不会骚扰。丐头得到的钱，会分给手下诸乞丐，遇到乞丐得病死亡，丐头也有义务买药抚恤。

各“杆子帮”都有自己的势力范围，也就是说想当乞丐也不是随便就能当的，去人家地头，必须要专贴拜访，称为“花子拜杆儿”，否则休想在街头混下去。拜了杆就要服从杆头的管理，不服的帮里有的是严厉的帮规家法进行处置。史料里没有介绍京城丐帮对不服管理者的处置，不过有介绍东北、内蒙古等地丐帮的文章当中提到过，当地丐帮帮主对底层乞丐相当苛刻，不比当今的黑煤窑差，不听命令的会被收拾得生不如死。那些以为此处不留爷爷可以上街去要饭的，可以从此断了这念想了——江湖是无处不在的。

一场沸沸扬扬的“妓女打嫖客”事件

1877年，上海的《申报》刊登了一条类似今天的热线新闻性质的社会新闻，没想到新闻中所叙之事竟迅速发展成了一个社会热点事件。

这条新闻说的是，某日晚间，某甲去妓馆访问某妓，没想到他的旧日相好、妓女周桂林也住在这里。周桂林一遇见某甲，就强拉其入自己房内，某甲不依，遂两厢殴打起来。甲摔坏了周桂林的假翡翠簪子，周索价大洋17元。某甲不从，被周扯住发辫，周的姨娘、大姐等女佣一拥而上，“掌颊无算，并唤捕拉入捕房”。最后经公堂调解，令某甲赔了周桂林4块大洋了结。彼时的报道者不似今天只报事实，一般还会做些评论，该文作者就在事件后面大骂周桂林“真曲中之败类，为狗彘所不食者矣”，并认为公堂问官也是“颠倒黑白，更莫此为甚”。

这篇小文发表后几天竟然引来了广泛的共鸣，人们纷纷来稿，指斥上海租界妓业中这类“妓欺客”的风气。有一个人写了一篇《妓女无赖续文》，讲述了近期数起妓女欺客事件，说这些妓女动辄凶悍闹泼，“一语不洽，遽掀其桌”，多有殴客之举。另一篇来稿也指出“逐日报中所登无赖妓女诸事，无论书寓、长三、么二中皆有此等事情”。还有一位作者感慨妓业世风日下，称妓女对客人本来“唯有守其本分，曲意奉承”，而如今上海妓女对客人却往往“视银钱多寡，为恩爱浅深，囊橐既空，辄加白眼”。这位作者文末愤然说：“今上海之妓，多一人即多一泼妇耳”。

小小一个周桂林竟然引起如此大的反响，并非周桂林本人有多著名，而是她掀开了上海这个大都市社会转型中传统价值观被冲击的怨愤。

上海自第一次鸦片战争之后开埠，从一个小渔村迅速成为商业繁荣、人口聚集的大都市，国外各种新奇的产品、时髦的生活方式纷至沓来，人们的观念、人与人之间的关系，都在商品大潮中发生着刻骨的变化。

传统的风流胜地本是秦淮一带，上海开埠后迅速取代南京成为“香粉地狱”。据统计，十九世纪六七十年代，上海有名号的正式妓馆就有1500家，加上无名号的所谓花烟间，妓女不下万余人。上至富商巨贾、士绅文人，下至贩夫仆役小工，辛劳之余上妓馆、吃花酒，已成风俗，而嫖妓也成为人们的日常娱乐，妓馆也成为谈生意、会朋友、交际应酬的必至之地。

嫖妓成为大众化消费，自然带来好坏两种变化。好的变化是服务更为规范，服务项目都有程式，价格也是明码标价，童叟无欺。坏的变化就是买卖关系明确，旧时的温情脉脉再也不存。

旧式妓业，妓女尤其是上等妓女接待的客人以文化素质较高的文士绅商为主。妓馆是风流文士们吟风弄月、诗酒唱和的地方。妓女与客人之间推崇爱才重情，发展出过不少传唱后代的韵事，像柳如是和钱谦益、董小宛和冒辟疆等等。

而在重商轻文的大上海，文人沦为了为养家糊口奔走的小市民，商人贩夫才是新的消费阶级，他们才是当时妓业的主客。妓馆活动不再需要琴棋书画的文化情趣，妓女与客人之间，变成了单纯的色相与肉体买卖关系，就是一门生意。有诗词描述当时的妓女："预订交情无奈何，赠他珠翠与绫罗。果然买得倾城笑，哪管金钱费许多。""首饰无多转身完，嫖钱催索岂能宽。前番曲奉今番骂，一样人儿两样看。"

甘蔗没有两头甜，想要平民消费明码标价，又想要有情有义的红粉知己，怎么可得呢？！

就是在这样的环境下，妓女们尊奉的商业规矩与传统文人期待的情义关系，就这样冲突起来。周桂林殴客，人家有的是理由。就在文人们对周桂林口诛笔伐的时候，周自己给《申报》写了一封信，陈述此事起因，说生意有先来后到，作为旧客，她拉某甲是"请上一过门局以还本堂之规矩"，而某甲不去，此事显然"其曲在客"——一个要求遵守生意场上的规矩，一个想在欢场里谈感情，不打起来才怪呢。

人生如戏义和团

光绪二十二年二月十五日，即公元1896年3月28日，刘士瑞在山东单县城关火神庙“唱戏四天，以聚会友”，义和团运动从此开始。一直到引起庚子事变导致八国联军进京，义和团进行的活动，都好像一场戏一样，一大群热爱戏曲、戏剧性人格的人，将人生活成了一出剧，只可惜，不可能如戏散一样活着回家。

据当时直隶省滦县志记载，一拳首绑了教民到神坛前候审，拳首“用红布蒙首束腰，并用红绳盘束胸际，仿戏剧武生装束，立白木凳上翘一足，口中则仿戏剧武生科白口吻，询问某奉教若干年及其他琐事。少顷，则定罪曰：杀无赦”。他们穿着红袄、皂靴，背着大刀、红缨枪、打着各色旗子，有的还仿戏中武生装扮，将小旗插在背后。

义和拳讲烧香叩头、念咒吞符、降神附体，所请之神大多是戏曲中人物。龙顾山人的《庚子诗鉴》记“习拳者持咒面东南方，三诵而三揖，即昏厥于地。顷之手足伸屈，口作长歔，一跃而兴，舞蹈不已。问其名，则关平、武松、孙悟空、黄天霸之类，皆戏剧中习见者”。男练义和拳，请神多为戏中男性英雄；女练红灯照，附体之神则多为女角，“一身红装，扇扇子，扇碗，就升了天，凌空驾云，遂成了神仙”，或“手里提着小红灯笼，胳膊上挎着毛篮子。枪子一来，用扇子一扇，枪子就掉在毛篮里，打不着她”。

图为当年直隶省昌黎一带的义和团团员

义和拳攻城打仗亦如唱戏。《庚子记事》中记录义和团在天津的战斗，“均以大红粗布包头，正中掖藏着关帝神马，大红粗布兜肚，穿于汗衫之外，黄裹腿，红布腰带，手执大刀长矛，腰刀宝剑等，呼啸而来”；《庚子国变记》里说义和团作战，“各持引魂幡、混天大旗、雷火扇、阴阳瓶、九连环、如意钩、火牌、飞剑，谓之八宝器物”；《清史演义》里写义和团打仗时排兵布阵，也是和《三国演义》里的阵势大同小异。1900年6月18日廊坊之战，义和团敢死队向联军进军，领头的居然是一名身披金红袈裟须眉皆白的老和尚，胯下骑着一匹枣红色赤兔马，右手提一柄禅杖，左手抱一个锦盒，身后跟着两个涂脂抹粉、梳两个朝天辫的童子，挥动着红绸手舞足蹈前进。这样的先锋迅即就被联军的炮火打死了。联军事后捡到老和尚抱着的锦盒，发现里面放着的是一本《春秋》。

西什库教堂久攻不下，礼部尚书献策端王、庄王，飞檄请来五台山老和尚，施法术攻城。给事中陈恒庆登墙观战，他在《清季野闻》中记述：只见红灯照“韶年女子，手携红巾，只著小红履，腰系红带，下垂及足，额有红抹，掩映粉黛，口诵神咒，蹀躞于府厅氍毹之上，乐部歌妓，唱荡韵，舞长袖，不能比也”。恍然之间，不知是观战还是看戏。武台山的大和尚从这些唱荡韵、舞长袖的韶华女子中选了随从的红灯照女将，连同义和团去攻城。接下来的场景就回到现实——大和尚与大师兄都中弹身亡，红灯照女子在溃退中被践踏而死。

不止一本外国人写中国的书提到过清朝中国人对戏剧的痴迷，乡间市里，田间地头，只要有戏，就观者如堵；上至朝廷命官，下到村野小民，人人会唱几出戏。但痴迷到如此地步，只能用荒诞与疯狂来形容。不仅无知小民痴迷到戏如人生的地步，连朝廷高官们也都对这些表演信以为真，以戏的逻辑来理解世间万物，因此才导致庚子之乱的发生。一场拳乱，死亡不知几万人，天津北京都几成废墟，戏演到这份儿，真是终极之境了。

美国暴发户

美国对于欧洲，曾约等于“流放之地”，基本上都是在欧洲混不下去的人，才跑去美洲大陆寻找机会。然而到19世纪后半叶，美国突然发达了，财富、生产率、人口都直线上升，到20世纪初，美国的钢产量超过了德国和英国的总和。1850年，美国的百万富翁数量不到20名，到19世纪末，增加到了4万名，并且出现了一大批超富豪家族，包括洛克菲勒、摩根、卡内基等家族。

乍富的美国人做了很多让今天的阅读者会联想到当下中国土豪的事情。首先他们有点庸俗。在纽约的一个宴会上，餐桌上堆满了沙子，每个到来的客人都被发了一把黄金做的小铲子，用来挖埋在沙子里的钻石，作为奖品；在另一个宴会上，几十匹马被牵到大厅中，打扮成牛仔的客人们骑着马在餐厅里互相追逐……每天都有这样的宴会在举行，富人们为这种炫富的晚会花费了成千上万美元。

其次是他们玩命到国外花钱。美国暴发户们到欧洲购置名画、家具及一切能打包装船的奢侈品。报业大王威廉·赫斯特购置的财宝在布鲁克林弄了两个仓库才装下。当有人告诉赫斯特的妻子她刚买下的那座城堡是诺曼式的，她回答说：“诺曼？诺曼是谁？”

美国暴发户还与欧洲贵族联姻以抬高自己的身价，在19世纪的最后25年中，有至少500名美国富豪的女儿嫁给了缺钱的欧洲贵族，英剧《唐顿庄园》里的城堡女主人显然属于其一。

房地产当然是富豪们不会放过的项目，范德比尔特家族仅在纽约第五大道就盖了10处宅邸，他们在郊区盖的别墅就更大更多，更费钱的一项不动产竟然是

美国二十世纪二三十年代电影镜头

斯特滕岛上的家族陵墓，花了 30 万美元，在当时可以修建好几座超大型住宅了。

美国富二代们也没比今天的中国富二代更优秀。范德比尔特家族的一个儿子李吉·范德比尔特傲慢无礼、游手好闲，他在纽约前后 5 次开飞车碾轧或撞到行人，被他撞飞的行人中有两人死亡，一人终生残疾，而他根本没有受到犯罪指控。缝纫机大亨艾萨克·辛格的儿子帕里斯·辛格在棕榈滩搞了个社交俱乐部，成员一律由他决定。他觉得有个女孩笑起来很讨厌，就把她开除了，而另一名成员恳求他宽大处理时，辛格警告她别多管闲事，否则连她一起开除。

正如现在的中国暴发户造成的后果一样，美国暴发户在当时也激起了欧洲人的反感。在英国，类似《美国入侵者》和《美国商业入侵欧洲》之类的书非常畅销，英国还掀起了一场“全国效益运动”想振兴英国。后来的事情大家也知道了——几十年后，美国崛起成为超级大国，而英国，始终未能超过美国。

乱事

离世界末日最近的时候

别误会，我说的“离世界末日最近的时候”并不是现在，而是东汉。

这几年来，世界各地三天两头传来地震、暴雨暴雪、大旱狂风的消息，让人不由得不信2012年的预言，觉得世界末日近在眼前。其实这和东汉那时候比起来，那还真是浮云。

东汉是个悲催的时代，光武帝刘秀经过十几年的东征西讨，好容易重新统一帝国的时候，整个国家满目疮痍、百废待兴。经过他祖孙三代人的艰苦努力，国家总算是缓过气来，经济有所发展，人口有所增加，人民生活水平有所提高。刚过上几天好日子，从第四代领导人开始，天下——那时候的人认为大汉就是天下，就好像进入了世界末日倒计时。

翻阅从这时开始的东汉编年史，几乎每页都会看到类似的文字：“郡国十三地震”，“京都、郡国二十二地震”，“二郡山岸崩，地陷”，“地震裂，城郭、室屋多坏，压杀人”，“建康元年正月，凉州部郡六，地震。从去年九月以来至四月，凡百八十地震，山谷坼裂，坏败城寺，伤害人物”，“三年自秋至明年春，酒泉表氏地八十余地，涌水出，城中官寺民舍皆顿，县易处，更筑城郭”……史书还用这些可怕的字眼记下了种种末日之相：“地动”、“坏城垣”、“山崩水出，坏城郭室屋”、“杀人”、“蓝田地沙石壅坝水”、“岸崩，江水逆流”、“地裂压杀人”、“丘山陷”、“地坼裂，水泉涌出”、“水涌井溢”、“有声如雷”、“野雉背雊”……

一幅虚拟的古代灾难画面

根据史料粗略统计，从第四代领导人汉和帝执政一直到末代皇帝献帝这一百多年里，一共发生了地震69次，光在首都洛阳就有20多次——这是我查到的学术界认可的数字，事实上从《资治通鉴》里看到的记录比这个要多得多，频繁的时候，一年会发生很多次，比如汉顺帝汉安二年（143），凉州从九月到十二月几个月里就发生了 180 次地震。180 次啊！书里说“山崩谷裂”，那是种什么样的末日景象？学术界的“69 次”可能只包括到达一定量级的记录吧。

光是地震还不足以考验当时的人们，地震是主菜，配菜也不少。在 69 次地震之间，还有水灾 54 次，旱灾 40 次，蝗、螟灾 29 次，瘟疫 18 次，大风冰雹等 41 次。最集中的是在汉安帝永初元年至永初六年（107—112），全国范围内地震、洪水、大风、雨雹、地震、蝗虫、山崩，没有一年消停，以至在首都洛阳都出现人吃人的情况，地方上就更不用说了。

俗话说大灾之后有大疫，瘟疫当然也不会缺席。曹植《说疫气》里就曾写道：“建安二十二年，疫气流行。家家有僵尸之痛，室室有号泣之哀。或阖门而殪，或覆族而丧。”

这些还真都是天灾，没有人工影响天气什么事。东汉虽没出什么明君，但也基本没太折腾过国民。东汉政府很无奈，又是大赦又是自责又是撤职高官，那时候的三公简直就是专门提拔起来为地震负责用的，地震一次撤职一批，但依然无济于事，只能眼睁睁看着国家被灾难拖垮。

不过就在这样艰苦的情况下，东汉人民硬还是挺了一百多年，如若不是宦官干政、军阀坐大，依然能顽强地与天地斗下去。这同时也说明了另一个问题：世界末日没那么好来，这又是风又是雨又是地震的那么多年，世界不也好好的么？！

人生都是相似的，我们今天所感受到的恐慌与无助，东汉时候的人也都有过，我们今天所说的“每一天都可能是最后一天”他们也说过。东汉末年的诗里有不少这方面的表述，比如“浩浩阴阳移，年命如朝露。人生忽如寄，寿无金石固”，还有“生年不满百，常怀千岁忧。昼短苦夜长，何不秉烛游？为乐当及时，何能待来兹”。苦不苦，想想长征两万五——回顾一下东汉人民亲历的恐怖场面，咱这才哪儿到哪儿啊。

洛阳，洛阳

南京大屠杀是一个城市永久的伤痛，广岛核爆炸是一个城市不忘的记忆。人类也只是走到今天这个文明时代，才会纪念这些悲剧。历史上有过这样经历的城市多如牛毛，甚至一个城市会一次再次地经历，比如洛阳。

洛阳是古都，这是幸运，也是不幸。洛阳兴盛的时候，如东汉，“洛中贵戚，室第相望，金帛财产，家家殷积”；如北魏，“乐中国土风因而宅者，不可胜数。是以附化之民，万有余家。天下难得之货，咸悉在焉”；如隋唐，“当春天地争奢华，洛阳园苑尤纷拏”，“争得大裘长万丈，与君都盖洛阳城”。

越是富足的地方，越容易让人垂涎。更何况洛阳交通便利、四通八达，在战略上属于“四战之地”，每次战争不对它上下其手一下，简直对不起它的位置。从东汉末开始，洛阳就一次再次地沦为废都。

189 年，黄巾起义，天下大乱，军阀董卓掌握朝政，带兵进入洛阳，对这里进行了一番洗劫，“突其庐舍，淫掠妇女，剽掳资物”。如果你以为这样就结束了那就错了，董卓抢完了东西，驱赶洛阳数百万人口去长安，一路上饥饿、劳累，大量百姓死去，死尸盈路。为了断百姓后路，董卓出城后就下令焚城，“二百里内无复孑遗”，一座繁华都市霎时成为灰烬。直至 30 年后，曹操控制北方，才从各个地方迁移人口到洛阳，重建这座城市。

和平持续了不到 100 年。洛阳从废墟上重建，一度王公大臣都要挥锹铲土建宫殿，中国人民恢复元气的能力是惊人的，很快洛阳就重新成为全国最大的城市，并且上演了石崇斗富这样的奢靡故事。盛极就隐藏着危机，302 年，八王之乱爆发。304 年，河间王的部队进洛阳，烧两座城门，死者万计，之后大兴洗劫，魏晋以来的积蓄扫地无遗。这依然不是最

徐克拍电影《狄仁杰》时虚拟出的唐朝盛景。

坏的，7年后永嘉之乱，匈奴掠中原，火烧宗庙、官府，洛阳再次成为废墟。据史书的记载，城破之前，晋帝司马炽打算逃跑，他带着一队官员走出宫城，来到洛阳最繁华的大街铜驼街，而铜驼街已如同废墟，满街都是饥饿的难民，人与人互相格杀，吃掉对方的尸体。当饥民们看到这群衣着还整齐的人，立即如野兽一样疯狂地冲上来，司马炽等人只好狼狈逃回皇宫。

自此之后的100多年，洛阳处在各种势力的争夺之中，不断易手，毁了建，建了拆，直到北魏统一北方，洛阳一点一点恢复元气，出现第二段中描述过的盛景。美好的日子总是短暂的，几十年后，北魏发生动乱、分裂，洛阳再次被毁。曾经的国际化大都市，成了一幅“城郭崩毁，宫室倾覆，寺观灰烬，庙塔丘墟，墙被蒿艾，巷罗荆棘。野兽穴於荒阶，山鸟巢於庭树”的荒凉景象。

隋唐是洛阳最兴盛的时候，隋炀帝把它当作东都，武则天把它当作神都，隋唐时的洛阳，至今仍是城市建设的典范，其宏大与精巧在当时的世界无人能敌。

想象一下今天的纽约城被整个摧毁的样子——762年，“安史之乱”之后的洛阳就经历了这样一种难以置信的毁灭。曾那般繁华的都市，在那时，“宫室焚烧，十不存一，百曹荒废，曾无尺椽”，过百万人的城市中心，剩得一千户人都不到，空地长满荆棘，能听到豺狼的嗥叫声。幸存的人瑟缩在空荡荡的屋子里，连蔽体的衣服都没有，只能用纸遮羞。“安史之乱”虽平，藩镇争斗又起，洛阳稍有修复即被焚掠，直到“野无遗杆，寂无鸡犬之声”，满眼都是白骨和荒草，如同世界末日。

五代时几个国家曾在此建都并努力建设，但城头变幻大王旗太快，洛阳再也回不到往日的盛景。

命运多舛的洛阳，到宋朝才走完它的古都之路，也基本终止了它不断被争夺、被毁灭的命运。经济中心向东南转移了，洛阳的地位不再那么重要，这对于经历太多的洛阳，可能更是一件幸事。入宋之时，洛阳已不再有大都市的景象了，旧日的里坊建筑多被夷为平地，平地上不是农田便是菜圃，过去宽阔平直的大道路面无人护理，遇有阴雨便泥泞漫道。市区与郊野基本连成一片，不复辉煌气象。大宋没有拿它当首都，但这旧日的贵族仍是被人高看的。整个北宋，许多高官显贵都在洛阳建有别墅园林，它的特殊地位，持续到元代才渐渐淡化。

“日月神教”真的存在吗？

三人背月而立，看不清他们面貌，但每人的白袍角上赫然都绣着一个火焰之形，竟是明教中人……只听中间那身材最高之人朗声说道：“明教圣火令到，护教龙王、狮王，还不下跪迎接，更待何时？”……虬髯人道：“明教源于何土？”谢逊道：“源起波斯。”虬髯人道：“然也，然也！……”

——这是金庸小说《倚天屠龙记》里关于明教的一段，在金庸小说中，有两部都提到了明教或又称日月神教，另外一部是《笑傲江湖》。历史上有没有明教呢？如果有，是跟金庸小说写的一样吗？

明教其实就是摩尼教。根据历史记载，摩尼教在3世纪创立于波斯，唐朝时传入我国，被称为“明教”“二尊教”等。当时，中国各地都建有摩尼教寺院，称为“大云光明寺”。摩尼教源自拜火教，其教义和拜火教类似但又不同：摩尼教的教义为二宗三际论，“二宗”是指光明与黑暗两种对立的力量，分别由光明之父和黑暗魔王统治。光明王国的统治者被称为“明父”“大明尊”。人类是黑暗之魔的子孙，大明尊便派遣光明使者，来拯救人类的灵魂。“三际”是指二宗在过去、现在和未来三个发展阶段中力量对比的变化，初际光明和黑暗互不干涉，中际善恶大战，后际善战胜恶天下太平。摩尼教把善恶对立归结为精神和物质的对立，主张斋戒和禁欲，就是说物质是恶的、精神是善的，为了达到精神上的善，应该弃绝一切物质生活的享受，死后裸葬等等。摩尼教尊道教人物张角为教祖，摩尼则被奉为光明之神，就是金庸小说里所谓的“明尊”。

摩尼教在中国发展的鼎盛时期，是唐朝“安史之乱”以后的将近一百年时间。当时回鹘奉摩尼教为国教，唐朝非常需要回鹘人军事上的支持，就允许了摩尼教的推广。843年回鹘国灭亡的当年，唐武宗灭佛，顺便把摩尼教也灭了。他下令焚毁摩尼寺，处死了一批教徒，其余勒令还俗。摩尼教从此失去与国外教团的组织联系，自行在中国境内，尤其是东南沿海一带传播，上层逐步道化、佛化，下层则汇入民间秘密结社。从此，摩尼教活动彻底转入底下，成为底层百姓虽历经千年而不衰的一种信仰，每当天下大乱的时候，它都会改头换面东山再起。

摩尼教崇拜日月，教徒服色尚白，提倡素食、戒酒；讲究团结互助，称为一家；认为世上光明力量终必战胜黑暗力量。五代、宋、元农民起义常将其利用为组织的工具，最著名的有方腊起义、王念经起义。至明初，仍有该教活动的痕迹。

《倚天屠龙记》的年代是元末明初，当时的波斯，已是蒙古人、突厥人统治的伊斯兰国家。经过阿拉伯人数百年强大的改宗运动，大多数人改信伊斯兰教。小说中说明教还在和波斯总教发生抗争，波斯总教派了流云使、妙风使和辉月使，持圣火令，到中土缉拿叛教者金花婆婆，并声称此后中土明教悉奉波斯总教号令；甚至描述波斯总教到中土寻圣女，最后把小昭接回去当教主等情节，是不可能发生的。此外，明教尚白色服饰，但像金庸所描写的“白袍上绣着一个红色火焰”是不对的，摩尼教崇尚光明，但他们不拜火。

在元末的各派农民义军中，或多或少都可以找到跟明教沾边的影子，有学者甚至认为明教与明朝的建立很有关系。金庸的小说就说帮朱元璋“打下江山的都是明教中人，是以国号不得不称一个‘明’字”。这说法有没有道理不清楚，但打击明教最严厉的就是朱元璋。经过他的打压后，明教作为一个独立宗教就不存在了。

发生在清朝的种族大屠杀

图为宫廷画师郎世宁所绘《乾隆平定准部回部战图》

希特勒屠杀了500多万犹太人，被永远地钉在了耻辱柱上，这是因为他生活在了文明时代，人道主义已经成了一个基本共识。事实上，在不算很远的古代，类似的事件也发生过不少，但那时的价值观还是胜者为王，那些屠城、杀戮、种族灭绝，在当时被看作理所当然。

乾隆二十二年到二十三年（1757—1758），清帝国平定了发生在今天新疆地区的蒙古人准噶尔部叛乱。此战争迭经康雍乾三朝，前后历时70年，清廷付出了巨大的人力和财政代价。

乾隆为该部人屡降屡叛、数次成为朝廷大患而恼怒，做出了一个“厄鲁特人等反复无常，实为覆载所不容”、“以严行剿杀为要”的决定。之后，清军进行了一次有组织的种族灭绝行动，屠杀了超过100万人。

乾隆二十二年（1757）九月，负责此事的清将军之一成衮扎布在奏报中汇报他的成绩：“在图尔根河，剿杀一百余人，收其妻子器械”；“剿杀塔利雅图河口贼百余人，查克马河口贼四十余人”；“于济尔哈朗河剿杀厄鲁特七户四十人，于博多美和啰剿杀克鲁特一百五十余人”；“搜取绰和尔所种地亩，剿杀玛哈沁三百余人”。

乾隆二十三年（1758）八月，清军把在乌梁海种地的50余户蒙古农民“全行剿杀”。

《啸亭杂录》记载，清军将领二人分别从博罗布尔、赛里木两地，如同打猎一般由两地向中间地区合围，只要有人住的地方，悉搜剔无疑，“呼其壮丁出，以次斩戮，寂无一声，骈首就死。妇孺悉驱入内地赏军，多死于途”。

乾隆指示赴战清军将领，在地广人稀之处，见到蒙古人，当时就可以杀掉。但是如果遇到大批人户来投降，不要立刻剿杀，因为“难保无一二逃窜之人，泄露其事”，所以“如有到巴里坤投降者，可以把他们的头目先行送到京师，其他部众，可向内地迁移，等到过了巴里坤之后，对那些男人，都尽兴诛戮。所余妻子，酌量分别赏给官兵为奴，不得稍存姑息”。之后又一次下旨特地说：“现在两路大军接纳的投降蒙古人甚多。他们外表归顺，内心未可全信。可将他们先迁至巴里坤，然后再迁到肃州，然后进行诛戮。”

经过这次屠杀，准噶尔人的绰罗斯部和辉特部几乎全部被根除，自巴尔呼特岭到造哈岭、纳林廓勒、乌兰乌苏等地不见一人。很多年后，龚自珍途径准噶尔，写道：“准噶尔故壤，故库尔喀喇乌苏，若塔尔巴嘎台，若巴尔库勒，若乌鲁木齐，若伊犁东路西路，无一庐一帐是阿鲁台（即厄鲁特）故种者”。

12 月，鼠疫逐步蔓延至山海关内，引起京师恐慌。

1910 年 12 月 14 日，奉天王桂林死于北京打磨厂三星客栈，死时遍体黑痕，客栈伙计一看，认为是中了魔，马上报明警厢。警厅派人检验，“则谓遍体俱是伤痕，疑为他人谋毙，非得其亲属具保结不准殡殓”，并派三人轮流监守尸体。到 18 日才找到其表弟张某，到客栈出具保结，才被允许收殓。没几天，“坚守尸体之栈伙先后死于疫，其表弟归家又死于疫”。到此时警厅都没明白过来是鼠疫发了，有人询问警厅中人，“某氏答系煤气毒所致”。消息传开后，有专业人士才识别出，这是疫情已到北京了。

最早做出反应的是在京的外交使团。12 月 21 日，各国驻京外交团割断东交民巷交通，禁止华人出入。外交团还施压于清政府，“如中国官吏瞻徇情面而置人命于不顾，外交团将藉此预防鼠疫代中国官吏操卫生行政权云”。这种外力的压迫促使清政府不得不积极防疫。

在当时，古老的清政府体制根本没有防疫体系，以往遇到疫情，无非是朝廷以做善事的方式向民间派发一些药品。而对于鼠疫这种瘟疫，这种方式完全无法阻止传播。民政部意识到“来日方长，安保疫事之不再起，是非从卫生根本上着手无以绝后患于将来”，于是提出模仿西洋各国设立防疫机构。京师防疫局奉旨设立后，在内外城设立总分局四所，并于永定门外设立了防疫病室、隔离室和防疫出张所，在“右安门外设立隔离所一处，饬令内外城各区凡有身染鼠疫者，即行移入该所医治，以免传染”。此外还规定，凡京师内外城地面人民有患病者，无论病故与否，均令报告该管警区，再转报该局；由局遴派医官前往诊断检查，如有疫病嫌疑，立即将该病人送往防疫病室，原住房屋随即进行消毒、封闭，并将该处遮断交通；所有同居之人均送往隔离室，并派医官逐日诊察，以免传染。其每日寻常病故者，亦须经医官检验，实无鼠疫确据者，由该局发给执照，准其棺殓抬埋。同时封城，在进京各口对来京者进行检查。

这是中国历史上第一次采用现代科学方式进行的防疫。在那个时代，不仅官方是首次接触，民间也从未见过，因此引起了一定的恐慌。患病者匿而不报，或恃符抗拒，不令检验者日有所见。某日医生检验某区，发现有一疑似患者，“即派卫生警队，围守左近，更亲为之对病发药，细心救治”。没想到该人半夜乘人不备，翻墙逃跑。几天后有人在市场上购买棺材，店主照例报告警署。警署派警察跟着去看，发现即是当初逃跑的患者。某中堂的夫人病故，验疫医官按规矩去检验，中堂家人说其年已老迈，不可能是疫症。医官坚持要检，楞被中堂家人群殴，给打跑了。政府采取的措施也过于激烈。外城南街一贫民抱病，警长和医官将其送入隔离所，之后就要将其所住房屋焚烧，因同居者激烈反对，聚集多人，最后才将烧房之举改为消毒。

民间反应最积极的是捕鼠。鼠疫发现之处，官方发动民众捕鼠，“每活鼠给铜元二枚，死鼠给铜元一枚”。史载宣统三年（1911）正月初四一日，“内城收买活鼠一百三十二头，死鼠一百七十八头，共计三百一十头，外城收买活鼠二十九头死鼠四十头，共计六十九头”。

此次瘟疫虽然可怕，于当时中国社会却也有相当大的促进。北京政府除建立了防疫体系外，还在报刊上大力宣传卫生知识，并组织卫生警察队督促清道夫认真扫除街道，再加上民间力量的协助宣传，整个北京城面貌一新，“将曩时不洁而多疾之北京，一变而为清净宜人之北京矣。其进化之迅速，施行之敏妙，不独为中国政府所不及料，亦为治疫西医所不及料者也”。由于北京地区反应得当，在整个鼠疫期间，死亡人数远小于其他地区，只有 13 人而已。

挖眼惨剧

近段时间，新闻连续曝出几次某人被挖眼的恶性事件，每次被曝出，人们都会无比震惊，惊叹社会上怎能出现这样惨绝人寰、史无前例的恶行。

惨绝人寰确实是，但史无前例可说得太轻易了。中国的古代，人们比现在狠多了，比较起来，这个时代真的已经是文明了太多。

清末来华的英国传教士麦高温曾经在他的书《中国人生活的明与暗》里写过他遇到过的两件事，读之令人惊心动魄。有一次麦高温去一家英国医生负责的医院就诊，那里有许多从偏僻的内地农村来的乡巴佬，一个挨一个地坐在长凳上等着英国医生看病。有一位席地而坐的男子，样子非常古怪，吸引了他的注意力，仔细一看，原来这个男子的眼睛没有了。他问男子身边的小男孩："他是怎么失去双眼的？"男孩告诉他："几天前，被一位有钱的邻居挖掉了。"

这名男子的水牛几天前在河岸边吃草的时候，张着大嘴吃了几口长在临近田地里的稻子。这件事很快传到了稻田主那里，狂怒的地主召集了一帮族人，抓住了这名男子，要求他为他水牛的行为负责。他们当场挖掉了他的双眼，然后将其扔在了路旁。

麦高温了解到的另一件事也发生在乡村。一户农家的儿子品行很差，吸大麻、赌博、挥霍无度。花光了自己的钱后，他开始偷村人的东西——鸡蛋、土豆、瓜……村人早有怀疑，但一直没抓到证据。在一个黑夜，当他解开牛绳，准备把一个村民的牛牵走时，他被抓住了。第二天一早，愤怒的村民委员会绑着他，把他拖到了他父亲面前，历数了他一桩一桩罪行，最后宣布了判决——由他的父亲，亲手将其活埋，如果不动手执行这一决定，就会放火烧他的家，并把他全家驱逐出这块土地。罪犯的父亲颤巍巍地抄起了一把锄头，就在他儿子孩提时住过的房前挖了一个坑，当着全村人的面，绑了一块石头在儿子脖子上，在一阵撕心裂肺的号啕大哭中，他把儿子推进坑里，并铲土活埋了。悲剧结束后，人们在那块地方做了个记号，就兴高采烈地回家了，他们认为伸张了正义。

这类私刑最晚在几十年前在很多地方仍是很泛滥的，由于观念原因，实施的人们也不以为残忍，我们其实在很多影视作品中都看过。对生命的尊重是近些年才慢慢深入人心的，但也还没深入所有人的心。

清朝的儿童拐卖

近几年公安部搞了很多次打拐行动，但是拐卖儿童的事件还是很多，微博上常常曝出抢孩子的消息。拐卖儿童是个古老的行业，看清朝时候的史料，那时候的情况跟现在别无二致。

同治三年（1864）七月，上海城外会捕局抓获 4 名广东拐匪，解救被拐女孩 13 人。审讯得知其拐骗之法，多是用老妪在街上，遇到小孩子，就骗说带其看戏，或冒充亲戚，立刻塞入船舱，载往福建售卖。某户人家有 10 岁男孩，去村里学堂上学，老师令孩子出外购物，嘱其速归，结果出去之后就再没回来。同年，北京也时有幼孩丢失，无一人被找回。

根据有关拐匪资料分析，从事拐卖儿童的团伙一般以地域形成“帮”，如湖南帮、湖北帮，各有自己的地盘，繁华的大中城市为其主要目标。儿童的流向根据买主需要，辗转卖至全国各地乃至国外，广东多拐男孩，贵州多拐女孩。彼时很多被拐儿童并非由家庭收养，而是被卖做奴隶或者妓女。

清朝是人口拐卖情况见诸史料最为严重的一个朝代，不知道是人口增多治安恶化的原因，还是史料丰富的原因，其中有不少案情令人发指。清人吴炽昌的《客窗闲话》记载，乾隆五年（1740）江浙一带破获一起拐带人口案，罪犯陈大、俞九龄等 8 人拐带幼童，除出卖外，还杀掉食用，并将骨头锻炼成丸出卖，获利甚厚。此案破获后，据罪犯提供，江浙一带共有这种拐带、贩卖人口的船只 170 余号之多。清《刑案汇览》记载嘉庆十六年（1811）的一起案子，浙江省内年已七旬的罪犯张良璧 16 年内拐买女婴 16 人，舔吸其精髓，致毙女孩 11 人，成废一人，最后该犯被判凌迟处死。

杀婴“计划生育”

在技术革命最终改变中国之前，中国是一个纯粹的农业国家，有限的土地只能种出有限的粮食，因此能养活的人也是有限的。每当一个王朝经济发展而致人口增多到一定程度时，都会遇到瓶颈，这个问题到清朝中后期康乾盛世后尤其突出，从某种意义上说，清朝是“人多致贫”的，然后新技术、新的生产方式一冲击，就垮了。

从宋朝起，中国开始遇到人口压力的问题。当然，老百姓是认识不到这样的宏大问题的，他们只是知道多生孩子不好养，那时又没有现代计划生育办法，无法避免怀孕。于是很多地方，开始出现杀婴之风。

出现杀婴潮的地方，“以闽中为甚”，在福建路尤其以其西部山区最为严重。建宁府、南剑州、汀州、邵武军“贫乏之人，例不举子，家止一丁，纵生十子，一子之外，余尽杀之”。荆湖南北路（今湖南、湖北一带）也有同样问题，苏轼曾说是“岳鄂间田野小人，例只养二男一女，过此辄杀之”。江南东西路（今江浙一带）也有，“男多则杀其男，女多则杀其女，习俗相传，谓之薅子”。杀婴一般是用冷水浸杀，非常残酷，“其父母亦不忍，率常闭目背面，以手按之水盆中，咿嘤良久乃死”。

杀婴最主要的原因是贫困，最流行的地方往往是山区。有的富户也杀婴，主要是为了财产继承方面的问题。虽然中国传统一般认为多子多福，但在那时候也已经开始流行起“口众为累”的新认识，有文人就总结说：“多子固为人之患”。

政府方面是很反对杀婴的，法令规定凡杀婴者，无论父母、邻保与收生人都流放两年，并且不断重申；很多地方官员都大力进行宣传，劝谕百姓不要杀婴。同时，朝廷实行慈幼政策，资助贫困产妇；设慈幼局收养被遗弃的小儿；设立举子仓、举子田资助无力养子的家庭；鼓励百姓领养弃子。遗憾的是，由于这样那样的原因，这些政策都没能扭转杀婴之风。

一场群体暴力事件的发生和结果

大清光绪三年（1877）起，山西、山东、河南一带发生了持续3年的大规模旱灾，并导致严重的饥馑。由饥馑及它带来的各种灾难造成了近千万人的死亡，这场灾荒被称为“丁戊奇荒”。

“丁戊奇荒”是史料记载中最为可怕的一场灾荒，前文曾提到的来华传教士李提摩太记载的日记，描述了当时可怕的场景。

关于这场大饥荒，可讲的事情很多。本文想讲的是饥荒中发生的一起群体事件。

清朝的山西曾经是很富裕的，商业发达、城市繁华，是当时的金融中心。山西还曾是盐业大省，19世纪70年代，仅在运城南部的河东盐场，就有2000多名盐工，不少于300家盐业公司。这里生产的盐供应了山西、陕西和河南的一大部分。

1876年开始的旱灾使得河流干涸，从而影响了交通，生产的盐运不出去，近处的人又因为饥荒而无力购盐，盐业崩溃了。盐工们的生存越来越艰难，也开始挨饿。这种情况下，2000名盐工选出了一个领导者叫丁岐山，作为代表，去向盐商寻求赈济。

盐商拒绝了他们的要求，说“地主家也没余粮啊”，让他们自谋生路。丁岐山聚集了10名工人，说“我等兄弟无家无业，不能坐着等死”，决定造私盐自救。当丁岐山的几个人第二天在“边和兴”盐场开始自采的时候，2000名盐工和从周围赶来的饥民一起加入了这支队伍。这个行动立刻被汇报上去，称“不法奸民”在偷盐。

道台派来巡警管带马如飞处理这场危机，没能阻止群众抢盐的巡警情急之下对着人群开火，杀死一人，杀伤数人。愤怒的盐工用扁担反击，危机演化成暴乱，战斗中13名盐工死亡，100多人受伤；马管带和两名警察被人群打死，剩下的逃走了。

群体暴力事件的情况被反映到了钦差大臣阎敬铭那里，在阎看来，这是一场性质十分严重的暴力抗法事件。同时他也知道，饥饿的盐工不怕死，如果不回应盐工们的诉求，下一步的发展可能会更严重。于是他提出，将组织一场盐工们与盐商的谈判，并命令盐商提供赈济，解决工人们的问题。

丁岐山和他的兄弟们如约到了道台府，但盐商没有来。道台请丁岐山等人喝茶，等丁他们发现茶里下了毒的时候，一切已经太晚。未被毒死的人被道台府埋伏的官兵们杀死，失去领导人的数百名盐工在此后的清剿中接连被杀，其他人踏上了逃难的道路，不久后都饿死在路边。

官府也是“公平”的，他们处分了暴力抗法的盐工后，也逮捕了无良盐商的头目，一方水土恢复了“平静”。之后的两年中，成千上万的人在沉默中饿死。这就是清朝体制处理事情的方式。

古代也有霾

连续几日覆盖全国大部分地区的严重雾霾让大家对这个空气污染问题极为关注。雾霾成为关注点还真是近几年的事情，我关心气候问题已久，但几年前关心的点还在沙尘暴上。

霾其实不是现代社会的产物，古代文献中有过很多关于霾的记载。《诗经》里就提到过霾，《终风》里说“终风且霾，惠然肯来。莫往莫来，悠悠我思”。唐代杜甫的《秋日夔府咏怀奉寄郑监李宾客一百韵》有“拂云霾楚气，朝海蹴吴天。”宋代的《宋高僧传》卷第二有“既而昏霾大风震电，力士才及天津桥，风雨随马而骤，街中大树多拔焉。”《元史》有“至元五年二月，信州雨土。至正三年三月至四月，忻州风霾尽晦。二十六年四月乙丑，奉元路黄雾四塞。”明清的霾更多，明代成化四年（1468）初春，“近一二日来，黄雾蔽日，昼夜不见星日。”弘治十年（1497），“西直门外霾尘积聚，难见路人，官军半掩城门，以遮霾尘”。万历十一年（1583），“风霾陡作，黄沙蔽天”；“五日不见西山之踪，

图为 1902 年的北京街头

有饥民入城而乞，寺院善者施之”。清康熙六十年（1721），“今日黄雾四塞，霾沙蔽日”。

这其中大部分为风霾，其实也就是现在所说的沙尘暴。但也有雾霾的记录，比如元至元六年（1340）腊月，“雾锁大都，多日不见日光，都门隐于风霾间”。明成化二十一年（1485），“正月丁未，京师阴霾蔽日，自辰至午乃散”；“三日后阴霾又起，五日不散，致漕运舒缓，京师官仓存米告急”。嘉庆十五年（1810），“京师入腊月以后，时有雾起霾升，连宵达旦，宛平、大兴具有上报”；“琼岛（今北海）雾锁霾封，难见真容，煤山隐于风霾土雨，宫人隐于殿中，时有探望”。咸丰六年（1856），“入冬以来，雪少雾多，土雨风霾时临京师，以昌平、宛平为浓重”。

对霾的含义，史书中的解释还是沙尘暴的形态，如《尔雅·释天》言“风而雨土曰霾”，《说文》谓“风雨土也”。

古代历史文献中关于气候的记载，现在都已经被收集考订出来后编辑成了书，在这些记载中，霾的记录是相当少的，连尘霾带雾霾加在一起，占所有记录的 1% 不到。可见霾在古人生活中还没有成为一个事儿。不过这也好理解，一方面古代城市化程度不高，工业生产谈不上，光靠自然产生的颗粒物没那么容易经常形成霾；另一方面，古代城市本来就脏，很多史书中记载北京城一年四季都沙尘满天，明清时候人们外出都要戴一条长纱，从帽子前面垂下来，以遮盖面部，在这样的环境中，谁还在乎什么霾啊！

清朝时的京津有多脏

北京在1900年来京的八国联军指挥官、德国瓦德西元帅的记录中是这样的："北京街上之污浊，真是令人可怕，城中并无公家清道夫之设，所有一切残物皆随意抛在街头，以听犬鸟前来为之扫除。因此城中常有大批全野或半野之野狗，饱尝人肉。"

清朝不知名作家留下的《燕京杂记》也提到了这方面的问题，他写道："京城街道除正阳门外绝不砌石，故天晴时则沙深埋足，尘细扑面，阴雨则污泥满道，臭气蒸天。当道中人率便溺，妇女辈复倾溺器于当衢，加之牛溲马勃，有增无减，以故重污叠秽，触处皆闻。"

旅华日本人曾根俊虎笔下的1875年的天津，肮脏的程度更甚，记录更详细。在这个仅次于北京的大城市中，除富贵者外，屋内无固定的厕所，大小便任其自由，因此徘徊于路旁或屋间以拾粪营生的不少。城内外各处有粪场，想排便的行人自去粪场，抽烟聊天，悠然排便。澡堂挺多，但"简陋肮脏、不堪入内"。人们居住的房子有三等，富贵者住砖瓦房，普通人及以下者住泥土房或茅草房，皆矮屋小室，窗小且少，通风不良。行走在路上，会觉得臭气冲鼻，一堆堆污秽的垃圾让人眼睛生疾。降雨时，路面积水，深处没腰。城内地基很低，一下雨，城墙之下积水成河。一到暑日，各处污水沟臭气冲天，热气引发多种流行病，致使丧命无数。

老照片中的清末北京

卫生告示上的体己话

古代中国卫生习惯不算好，公共卫生系统也跟不上。清朝末年，人们仍习惯于随地倾倒废弃物，满街都是垃圾废土和积水；因卫生设施不足，很多城市里还有随地便溺的习惯，“北京缺乏厕屋，故居民以街巷为方便之所，每到清晨，揽衣方便者触目皆是”。

光绪末年，西方卫生观念逐步传入，政府开始建立公共卫生管理机构，并设置专人清扫街道。与此同时，政府也要纠正国民的卫生习惯。在当时，各衙门采用出告示的方式，提倡市民讲求清洁卫生。

为了做到通俗易懂、循循善诱，这些告示都写得很体己。

比如城察院出告示，要求不准乱倒灰土、污水：“目下已交春令，不免瘟疫杂灾，街道上务必要干净。派站段巡勇，认真稽查，不准各住户任意糟蹋。打扫的灰土，有官车运送城外。污水不准在街上乱倒，免得气味熏蒸。”

分巡处从细菌传播的角度告诫大家不要乱倒脏水：“近来各铺户住户都在大街道路上，或在马路沟里，常倒脏水。这个事情，很不合卫生的道理，本厅今日说说卫生的道理，给你们听，街上所倒的脏水，一有了臭味，必生出一种微生物，就是瞧不见的小活虫，飞在空中气内，人人可都看不见，要拿几千倍显微镜，才能看出来呢。这类虫儿，入了人的口鼻，到了人的肠胃，就能发作各种的时症病，如闹霍乱、得瘀症、拉痢疾、发疟子都是这类微生物闹的。本处怕商民受了病，故此出示，告诉大家趁早防备，省得大家受病。以后你们要是有了脏水，千万要找个背静地方去倒，不可倒在马路沟里，也别倒在当道上。至于葱头蒜皮，一切粪土，更要倒在旮旯里。这道儿上既是干净了，空中的气味也就正了，还能有受病的人么？并且你们商民，能在本地住着，应当大家打扫，大家干净才是。要是大家由性儿倒土倒水，那就算违背了警务章程，本处一定把他拿到局里罚办，绝不宽容一点。你们商民人等，可要仔细小心，人人遵着行，别辜负本处这一番的嘱咐哇。”

协巡营的巡警劝谕市民讲求卫生，注意厕所干净，不要随意大小便：“卫生要讲究干净，第一件不干净的事就是在街上拉屎撒尿，从此奉劝大家，院里有地方盖茅厕就盖上一个，院里没地方盖茅厕的，就买一个坐桶，以后要再到街上大便小便，我们可有言在先，查着就要论罚。据我们想，还是不受罚的好。”

外城巡捕东分局告诫各住铺户认真打扫各自门前清洁：“街道干净，于卫生事大有益的。本局安设木段，就为的是清理街道，不过地方太大、经费又少，不能处处都有木段，全仗铺户住户，各将自己门前常常打扫，别泼脏水倒脏土。”

金融危机什么样？

近期的“钱”让好多人产生了金融危机的担忧。会不会发生金融危机是未来的事，我肯定不知道。不过发生过的金融危机什么样是历史的事，可以到书中去找资料。

中国历史上最值得记录的金融危机就是抗战期间至新中国成立前的法币、金圆券崩溃了。法币是国民党政府1935年发行的一种货币，刚发行的几年里币值一直很稳定，一美元合法币差不多3.7元。抗战开始后，国民党政府打仗需要钱，于是开始大量发行钞票。1937年抗战前夕，法币发行总额不过14亿余元，到日本投降前夕，法币发行额已达5000亿元。到1947年4月，发行额又增至16万亿元以上。1948年，法币发行额竟达到660万亿元以上，等于抗日战争前的47万倍，物价上涨3492万倍，法币彻底崩溃。为了稳定币值，政府发行金圆券代替法币，这种货币只稳定了几十天，就又走上了法币的老路。

根据历史记录，1938年5月时，1美元兑换法币4158元；当年12月，1美元合法币6160元；到1939年12月，1美元合法币已达到13275元。1940年时改了一次币制，当年9月1美元合新法币18.7元，但很快就跌到深渊，1947年12月时1美元已合新法币14.9万元，到1948年8月干脆达到了1108万元这样的天文数字。

普通人在这样的金融危机中会遭遇什么呢？民国名医陈存仁在他的回忆录中写过他当时在上海的经历。

他说，20世纪40年代后期几年，他过的不知道是什么生活。早晨6点半起身，8点半开始门诊，看到下午6时，一天看140多个号，到晚间把当日挣的钱包扎起来，只够应付次日的支出。到米店去买米，还要讲人情，先把钞票放在麻袋中送到米店，才能拿到一担米，有时要三大麻袋钞票才能换一袋米。

物价高到什么程度？一根油条卖到2000元，后来涨到5000元，再后来涨到1万元。火柴一盒，要1万元。

治安倒是好了，盗窃案少得离奇，因为钞票太不值钱，抢了一袋也没多大用处。但有个风气很严重，就是在闹市买吃的，没等拿到手中，就可能被旁边的乞儿抢去塞嘴里了。

那时只有实物和黄金是值钱的，每次金行发行金条，都引来万头攒动。买米的要排队轮候，此时的人们已经难以顾及体面和卫生。有段时间上海发现了一种斑疹伤寒，很多人排队购米时被传染到，一季之中死了1000多人。汽油几年里价格涨了上万倍，号称“一滴汽油一滴血”。陈存仁无意存储的几桶汽油，甚至可以买进一块不大不小的地皮。

图为1948年底至1949年初的上海黄金风潮

到1948年，陈存仁再怎么努力看病，挣到的钱也养不起家了。在友人的建议下，他收拾了一个小包，离开上海到了香港另谋生路。以他多年名医的身份，当时他的全部积蓄，不够在香港租一间小的公寓，都是被金融危机掏空了。

陈存仁算是那场危机当中比较幸运的人了，因为他日日有收入。有很多一个月挣一份工资的人，月底拿到工资的时候，物价已涨到连一袋米也买不起了。这些人，不知道他们是怎么度过那几年时光的。

伦敦的恶臭年代

大陆小童在香港街头便溺的事情，引爆了一场旷日持久的舆论大混战，人们对于便溺的关注，从来没有这么热切过。不管是支持方，还是反对方，有个基本观念是统一的，那就是不能在公共场所便溺。不过这个现在看来显而易见的道理，其实算起来也并没多少年。不用说在发展中的中国，即便在改变了香港卫生观念的殖民者——英国，随地大小便在不太远的历史上，还是个主流观念呢。

在很长时间里，英国人大小便不注意隐私在欧洲都是很著名的。意大利冒险家贾科莫·卡萨诺瓦提到他对伦敦的观感就说，他经常看见有人在众目睽睽下站在路边或靠着建筑物“开闸放水”，而17世纪英国作家塞缪尔·佩皮斯在他的日记里说，他妻子就蹲在马路上“办她的公事”。

1851年狄更斯首次使用“slum”（贫民窟）这个词形容伦敦圣贾尔斯街道，这个地区住了54000人，其中有一条巷子的27栋住宅里挤了1100个人。这么多的住户每天产生了难以计数的粪便。在一份报告中，一位检查员说他在圣贾尔斯地区的两户人家中，发现积在地窖里的人粪有3英尺深，而外面的院子里也积着6英寸深的粪便，里面要垫起砖头作为踏脚石，住在屋子里的人才能从院子里走出去。

19世纪30年代的利兹地区，街道上污水横流，利物浦多达1/6的人住在地

图为19世纪的泰晤士河边

下室中，与粪便为伴。在伦敦，人们把各种垃圾和粪便倒进泰晤士河，以致于一位观察家称泰晤士河是“一条终年流淌着粪水的河”。由于泰晤士河积攒了太多的脏污，当一条在罗色海思挖掘的坑道裂开一条缝时，最先从缝里涌进来的竟然不是河水，而是浓缩的瓦斯气。

19 世纪 50 年代中期的伦敦，几乎没有公共厕所，不过私人已开始注重厕所问题，抽水马桶风靡伦敦的中产阶级家庭，全城安装了 20 万个。但伦敦的下水道还没做好准备接受这个新生事物，它无法处理固体粪便，很快下水道里就积满了厚厚的糊状物，导致水都流不动。于是一种叫做冲刷工和清淤工的职业应运而生，前者负责寻找堵塞的位置并加以疏通，而后者是负责在下水道和臭水浜的淤泥里寻找别人丢失的珠宝的。这项工作收入不错，但危险也很大，由于下水道系统很大，也没有记录，据说有很多清淤工在里面迷了路，再也没有出来。

1858 年，伦敦经历了一个又热又干的夏天，由于河水减少，污物如山般堆积在泰晤士河中。于是，这一年爆发了被载入史册的“伦敦大恶臭”，一家报纸报道称：“谁闻一次那种臭气，谁就终生难忘”。据《伦敦大恶臭》书中的记录，有的议员曾试图冒险走进俯瞰泰晤士河的图书馆，结果不得不马上退回来，人人都用手帕捂住鼻子。国会大厦撒了大量漂白粉溶液来缓和气味，但最后还是不得不休会。

“伦敦大恶臭”过去后，人们终于意识到公共卫生问题的重要性，政府责成市政排水工程委员会修建一个排水系统。这个排水系统解决了伦敦边上泰晤士河的污物问题，它把汹涌的污水排到了伦敦东部边缘一个叫巴尔金里奇的地方，那里的潮水比较强劲，可以把污物卷进大海。新的排污口让伦敦变干净了，但 1878 年，有一艘载满游客的游艇在海边游玩一天后返回伦敦，就在这个地方与另一艘船相撞，近 800 人落入了冰冷的污水当中，连会游泳的人也无法在黏糊糊的泥里移动。几天后，尸体浮出水面，许多尸体在细菌的作用下涨得圆鼓鼓的，棺材都放不进去。

当然，讲这个并不是为了跟伦敦比脏。只是想说，文明的进步也是需要时间的，谁都要走这一步。

历史何其相似

咱们的某些“文化”传承

最近在关于价值观传承的问题上思考比较多，在看最近的一些历史读物时，就特别注意到了这个方面。

以前愤世嫉俗，觉得当下社会上很多现象，是由于穷人乍富，而又没有信仰承托造成的；觉得没有信仰的根源，是打碎了传统价值观，又没有树立起新的……

现在想想，其实根本不是，其实某些人一直这样，其实传统价值观一直深植在某些同胞们的血里，从没有变淡。

就拿今天看的一些东西来说吧，说唐朝的。

《朝野佥载》载，安乐公主建一豪宅“饰以金银，莹以珠玉。穷天下之壮丽，言之难尽”；安禄山“为置第宇，穷极壮丽，以金银为蒡筐笊篱等”；元载造芸辉堂时将阗国出产的芸辉香草“舂之为屑，以涂其壁”，“更以沉香为梁栋，金银为户牖”；宗楚客造一新宅，“皆是文柏为梁，沉香和红粉以泥壁，开门则香气蓬勃。磨文石为阶砌及地，着吉莫靴者，行则仰仆”；长安巨豪王元宝“以金银叠为屋壁，上以红泥泥之。于宅中置一礼贤室，以沉檀为轩槛，以磺砆甃地面，以锦文石为柱础，又以铜线穿钱甃于后园花径中，贵其泥雨不滑也”。

这种奢靡浪费之风，与今天某些大款摆阔的举止，有什么区别呢？

唐朝古画《虢国夫人游春图》

“申王亦务奢侈，盖时使之然。每夜宫中与诸王、贵妃聚宴，以龙檀木雕成烛跋，童子衣以绿衣袍，系之束带，使执画烛列立于宴席之侧，目为‘烛奴’。诸官贵戚之家，皆效之。”“宁王宫中，每夜于帐前罗列木雕矮婢，饰以彩绘，各执华灯，自昏达旦。故目之为‘灯婢’。”玄宗朝宰相杨国忠，每年冬天为了避寒取暖，“常选婢妾肥大者，行列于前，令遮风，盖藉人之气相暖，故谓之‘肉阵’”。申王“每至冬月有风雪苦寒之际，使宫妓密围于坐侧以御寒气，自呼为‘妓围’”。岐王“少惑女色，每至冬寒手冷，不近于火，惟于妙妓怀中揣其肌肤，称为‘暖手’”。

这种用侮辱他人、消费他人来寻求内心的满足感，一千多年后在某些人身上又复活了！

唐时有一名杜羔的寒士累举不中名落孙山，其妻深为不满，寄诗奚落曰：“如今妾面羞君面，君到来时近夜来。”如此嫌贫爱富，竟然让其夫夜里回家。而当杜羔考取进士以后，其妻却一反常态，谄媚地又奉一诗道：“良人得意正年少，今夜醉眠何处楼。”白居易写诗：“季子憔悴时，妇见不下机。买臣负薪日，妻亦弃如遗。一朝黄金多，佩印衣锦归。去妻不敢视，妇嫂强依依。”孟郊写诗：“古人结交而重义，今人结交而重利。有财有势即相识，无财无势陌路人。”

这种拜金、势利，不是一点不变地传承给今天的个别人么？！

有些传统并没多长

很多现在被认为是“无法改变的传统”的东西其实起源都不是很远，在古代时有着完全不同的观念，比如姓氏。

中国一直被认为是个宗族社会、父权社会，很多人，包括很多中外学者都相信中国自古一直存在父系宗族的传统。实际上，这种观念比我们以为的要晚多了。

春秋以前普通人是没有姓的，贵族才有，自春秋中叶庶民才开始有姓，一直到西汉末期才做到人有一姓。刚开始有姓的时候，很多人随便取姓、随便改姓。根据音律改姓是当时的时尚之一，类似现在让算命的取名字，赶上过得不顺的时候也会改个姓消灾。西汉末慢慢固定姓氏，规矩渐多，到王莽时期就渐渐以不守姓氏为耻，但此观念传入民间仍过了几百年。

女人地位的降低也都是后世才慢慢开始的。两汉直至南北朝，女子地位都比较高，离婚再嫁很常见。一家中女人有继承权，直系亲属中的女性继承权先于非直系的男性。在西汉初年，母亲、妻子和女儿都可以被立为户主，只不过位置排在男性亲属之后。女方家属在家庭中的地位也很高，很多失母甚至失父的孩子都是由女方家属带大。舅舅出事，外甥要给他报仇，是当时很重要的社会观念，外甥作为舅舅家的继承人的情况也不少。很长一段时间里都有“子以母贵”的风气，子从母姓也是很常见的情况。

莫名其妙的“民族自尊”

红极一时的《中国合伙人》让我很无语，什么啊就“受辱”了？洗个盘子就是中国精英在美受辱，碰见个订了约会临时改辙的没礼貌的人也能上升到“美国人看不起中国人”的地步，这小心灵也忒脆弱了。脆弱就脆弱吧，别老随便代表中国人民成不？国仇家恨都你一人背身上也怪沉的。

这人是有多不自信啊，莫名其妙就能悲愤起来。1870年发生天津教案，排外的大清人民把法国人打死了，清廷派三口通商大臣崇厚去法国道歉。法国人挺热情，接待崇厚道歉的同时也给他安排了不少参观活动，其中有一项就是参观巴黎人民引以为豪的城市地下水工程。崇厚从这边进去，走过高大宽阔的地下水道，从另一头出来，看见的是热闹的街心广场。崇厚同志立时就悲愤了，他觉得法国人是故意的，通过这种安排让成千上万人的脚踩在他头顶上——这是蓄意的侮辱，是对天津教案的报复！

虽然事后有人告诉他有两位巴西王子也在同一天参观了地下水工程，但崇厚坚持认为他替中华人民做了替罪羊，背负了全中国的民族大义。他是没机会翻身解放回巴黎得瑟，否则也早拍一部《大清合伙人》了。

翰林郭嵩焘担任首任驻英国大使的时候，请了他的朋友刘锡鸿担任副使，这位刘大人也是个有民族自尊心的人。他们途中停靠马耳他，总督邀请他们视察防御工事。正参观着天降阵雨，贴心的总督赶紧脱下自己的斗篷，披在了郭嵩焘身上。刘锡鸿同志当时也悲愤了，认为这和允许英国国旗盖在大清国旗上一样，是有辱国格的行为。他写回给朝廷的报告充满了咬牙切齿的对西方的诋毁，结果这种态度反倒被认为是爱国，于是他被任命为驻德国公使了。在德国，他成功地把自己搞成了一个人人讨厌的人。

得是什么样的受迫害妄想狂，才会动不动把什么事情都看作是对自己的羞辱，进而上升到对自己所代表（也不想想自己有没有得到授权）的群体的羞辱？这就是某些人的“民族自尊”。

什么叫做变态，朱元璋告诉你

什么叫做变态？杀人多不算，那是野蛮；殴打虐待不算，那算残酷。杀人、虐待人，还能从中得到快感并且像喝酒吃菜一样享受这一切的，才叫变态。

很多人知道朱元璋的残酷与野蛮，大臣稍微犯点错就会被他砍头甚至剥皮，全国官吏被他杀得很多岗位缺员。后世人对他的“严刑峻法”有支持和反对两种态度，但都集中在“法”上，没人想过，他也许就是爱好杀人折磨人呢。

《大浩》是体现朱元璋刑法思想的一套书，里边讲了很多案例，其中有一个，看了让人毛骨悚然。说有个朝廷官员畏罪自杀，向药贩买毒药，药贩王允坚就卖给他了。朱元璋得知后，派人把王带到面前，把他卖的毒药拿给他，逼着他当场服下。王害怕得无以复加，但又躲无可躲，犹豫良久，只得吞服下去。朱元璋看着他吃下去，问他：“这毒药是用什么做成的？”王允坚回答：“是砒霜和巴豆混在一起，用米饭粘合，用朱砂做外皮。”朱元璋问：“吃下去多久会死？”王答：“半天。”说罢眼泪就流了下来。朱元璋和蔼地问他：“你这么凄凉是因为害怕死吗？是因为眷恋妻子孩子吗？”王允坚老实答道：“我有一个儿子在军中，一个儿子在外地，见不到他们了，所以感到悲伤。”朱元璋似乎是有所感念，问王：“这毒还能解吗？”王答：“可以。凉水、生豆汁、熟豆清，可以解。”朱元璋说：“这办法解毒太慢，有没有别的更快的方法？”王允坚说：“粪清插凉水。”

朱元璋的民间画像

所谓粪清，医书中说是“以空罂塞口，纳粪中，积年得汁，甚黑而苦，名为黄龙汤，疗瘟病垂死者皆瘥”。朱元璋令人取来粪清和凉水，却不给王允坚喝。他看着王允坚毒发，用手浑身上下抓挠，眼神扩散，还问："你现在什么感觉？"王答之以"五脏不宁，身热气升。"他又问："这种毒发死的时候，会是什么样？"王回答："五脏先坏，死后身体墨黑。"他接着问："拖多长时间就解不了了？"王答："三个时辰。"于是朱元璋等到快三个时辰，看着王允坚受尽痛苦，才把解药给他喝下去，又是一番折磨后，毒药解了，人才恢复正常。

不要以为他这样猫抓耗子似的玩了一番就算完了，他连最后的怜悯都没有——观赏生死表演之后的第二天，朱元璋派人将好容易从阎王殿走回来的王允坚枭首示众。

朱元璋的变态不在他的残忍刑罚上，而是在他对残忍的欣赏上。他嫌弃自己的太子朱标太柔弱，曾经令人装一大车死人骸骨从朱标面前走过。朱标看了很难受，他却在旁得意地鼓掌叫道："善哉！善哉！"他发明出剥皮、抽肠等酷刑，还将剥下的人皮放在公座上当椅垫，逼着下一任官员坐在人皮上。这些做法，很明显不只是以惩罚为目的了，而是享受残忍带来的快感，这不是变态，还能是什么呢？

就算自宫，未必心忠

五代十国的时候曾经有个皇帝，对手下所有人都不放心，除了宦官。他觉得人一旦自宫，就只能依靠他，没可能再有别的打算，因此太监是最忠心的。因为这个原因，他的国家——南汉——只有阉人才可以当官，想当官，就必先自宫才可。

太监是不是最忠心的？粗想起来是有些道理——阉人被取消了和社会的联系，没了退路，似乎只能依靠朝廷了，离开朝廷，他们就什么也不是。不过南汉的理论在当时就被证明是不可靠的。南汉灭亡前，阉人官员早就逃得干干净净，连皇帝准备撤退用的船，也被宦官盗走了。可见真到生死关头，哪怕是寄生关系也靠不住。

慈禧在庚子事变（即义和团引起的八国联军入北京）时也亲身检验了太监宫女对自己的忠诚程度。八国联军兵临城下时，慈禧和光绪决意出逃。她后来

慈禧和宫内太监们的合影

告诉德陵郡主说："我还没有决定走的时候，（太监们）就逃得无影无踪了，有的虽然不走，却不做事情，站在旁边冷眼看着。我问'你们愿意同去的就跟我去，不愿意同去的就离开我好了。'结果只有十七个太监、两个老妈子和一个宫女跟我走。"慈禧一共有 3000 个太监，此时跑得干干净净。他们乘骡车一路西行，路上遇到大雨，几个轿夫就跑了。她路上责罚 5 个太监，5 个太监又跑了。

如果不是生逢乱世，像慈禧这样的人恐怕永远也不会知道表面上依附于她的奴才内心里对她其实有多凉薄。就连她最贴心的李莲英，在慈禧出京避难的时候也首鼠两端，假装生病停留下来，后来发现慈禧势力还在，才跟了上去。而这一点，慈禧本人也未必知道，尽管宫里人早都传开了。

慈禧回宫之后，所有太监又都表现出忠心耿耿的样子。但在 1904 年，日俄在中国领土上开战，宫中为此甚为担心，不知会遭受什么样的影响。在慈禧与朝臣讨论此事的第二天，紫禁城有 50 个太监逃走，次日，又有 100 多个太监不知所终，此后每天都有太监消失。可能是有了上一次的经验，慈禧已经不存对这些人忠诚度的信心，因此令人不必追查。只有某日自己的一名贴身太监逃走时，她才有所动怒，感慨自己对其如此信任、有诸多恩情，竟仍收获不了对方的忠诚。

其实对太监的信任本身就没什么基础，一个以牺牲尊严换利益的人，怎么可能有忠诚呢？一个靠剥夺他人尊严来获取对方依附的机构，怎么可能得到对方的心呢？用贱办法只能得到贱人，这纯属两厢情愿。身体的自宫如此，精神的自宫也一样。

不作死就不会死之唐朝

唐朝后期的皇帝过得很惨，生杀予夺大政方针除了出自宦官，就是出自藩镇强帅，朝廷都是别人的朝廷，自己虽为一国之主，但权力十分有限，约等于豪华监狱里的囚徒。唐代宗时宦官李辅国公然要求皇帝“大家但内里坐，外事听老奴处置”；另一个宦官鱼朝恩因为未与朝事，竟然狂怒：“天下事有不由我者乎？！”唐后期多任皇帝人选都是宦官决定的，有两个皇帝直接被宦官杀死，还有两个间接被宦官害死，唐文宗和唐昭宗生前还被太监们虐待多年，生不如死。

不止一个皇帝跟臣子吐槽过宦官阴影下的悲惨生活，简直字字血、声声泪，听得人油然而生同情之心……

但是且慢！这一切的一切，都是谁造成的呢？

就是他们自己！

唐朝早期宦官是没什么权力的，只负责宫中杂务而已。到唐玄宗，因为宠信高力士等人，为其加官封爵，开了宦官封官爵之先例，宦官因此地位升高。不过此时宦官未有实权，因此也不敢真正干预朝事。

宦官真正有权就是从被宦官责骂的唐代宗开始，是他先令帮自己登上皇位的宦官李辅国“专掌禁兵”，之后又让宦官鱼朝恩控制神策军，并收天下精锐 15 万人于该军，给其超过所有外军的军饷。自此后，神策军就成了宦官的专门军队。

一个有军权的人谁不怕呢？何况这人还执掌着武器库！唐德宗时期，京师武器库归军器使管理，军器使就是宦官官职，同时令军民官吏不许私藏武器，自此京内捉贼都需要向宦官申请武器，朝廷自己的军队再也无法跟宦官武装抗衡。

代宗德宗这样做，是因为觉得臣子将领都不可靠，只有身边人最亲，他们就这样在身边养起了一只只猛虎。

唐朝中央库藏本来归太府寺管辖，到唐德宗时，赶上这个皇帝是个财迷。他极其缺乏安全感，多疑又雄猜，对谁都不放心，把国家的财物都转移到了皇帝私有的琼林、大盈库。这两个库都归宦官管理，于是宦官在军权外又有了财政大权。

此外，唐代宗时设宦官组成的枢密使，负责皇帝与宰相之间的上传下达，于是宦官有了插手朝政的权力。

唐玄宗时派宦官到各藩镇任监军使，于是宦官能够干预地方事务。

唐朝前、中期宫廷政变频发，此后的皇帝对亲人包括儿子都心怀防备，传位搞得像做地下工作，外臣都没机会参与，于是宦官们又得以插手皇位之争……

军权、财权、行政权……一个都不少，宰相都没这么大能量，不好好用一用，怎么能够呢？

唐朝皇帝居处深宫，除朝会外很少与外臣交往，很多皇帝都患上了“只信任身边人”的病，身边人都有谁呢？后妃没什么能力干政，那自然只有宦官了。他们派自己的心腹宦官出去执行自己的任务，去传达自己的旨意，去监视自己不信任的人，去做自己羞于出口的事。他们给心腹宦官提供的便利，养大了这些宦官的权力，使其具有了反噬的力量。他们再养大一个新的心腹，去诛除反噬的宦官，于是又养出了一个更大的……铁打的皇宫，流水的皇帝，每个上一任的皇帝都无意地给下任养出一个到几个大宦官头子，于是每个新上任的皇帝就都成了宦官的儿臣。有本事的能搞掉前代大宦官头子，又为下一任再养一个。

就这样，皇帝们都痴心不改。外臣、藩镇对宦官有所不满，皇帝全都护着宦官。唐肃宗时派心腹宦官出去办事，回来时都要问外臣给宦官送了多少礼，送得少的话就不高兴，觉得不给宦官面子就是不给自己面子。

俗话说不作死就不会死，自己养疯狗，还怪疯狗咬人，这不是活该吗？！

什么情况下会得罪小人

人们通常认为：如果我冒犯了谁，说了谁的坏话，阻碍了谁的事情，就会得罪这个人。这是常理，但并不是所有人都遵循常理。有一些人，你没有冒犯他，没说他坏话阻碍他办事情，仅仅是正常对待他，也会不知不觉地得罪他。

明武宗朱厚照时期（1505—1521），锦衣卫左都督钱宁非常受宠，权势熏天。他替宁王朱宸濠拉拢朝中重臣，主动结交当时的阁臣费宏，送他各种珍玩宝贝。费宏是个正直的人，觉得这样不合适，就没收。不收礼这个举动，就得罪了送礼的人。钱宁和朱宸濠认为费宏不收自己的礼，是看不起自己，不想跟自己站在一头，从此恨上了费宏，派人暗中收集费的各种失误，最终把费宏挤兑得告老还乡。就这样，钱宁还没觉得出气，在费宏还乡路上派人烧了他乘坐的船，家当全毁于火中。

大太监王振当权的时候，对别人尊敬不尊敬他特别看重，俗话说自己光头怕人提秃子，就是这种心态。大理少卿薛瑄有一次见王振，王上前作揖，薛瑄没有还礼。为这事，王振之后找他的茬，差点把薛瑄害死。驸马都尉石璟在家里骂自己家的阉人家丁，被王振知道了，王也认为他是拐着弯地骂自己，收集

图为清末四大太监

石爆的过失把他下狱。

太监魏忠贤在这个问题上就更明显了。他当上司礼监掌印太监，是比较心虚的，因为司礼监掌印太监职责上是为皇帝批答诏书的，要识文断字才行，而魏忠贤根本不认字。虽然他通过找人帮忙念文件等方式弥补了这个缺陷，但这事始终是他的一个心结。有一次，吏部郎周顺昌说魏忠贤“目不识丁”，由此犯了魏的大忌。魏忠贤兴起大狱，将因各种事得罪他的周顺昌等人虐待至死。周临死前，被魏的爪牙用沸水浇身、铁钉钉身，痛苦到无法说话时，监刑者还问：“此时你还敢说魏公不识一丁吗？！”可见魏忠贤对这样一句评价有多衔恨。

得罪小人，常常在不经意之间。而被小人陷害，也常是懵懵懂懂中就中招了。明英宗复辟后，帮他复辟的大臣徐有贞总揽事权，英宗朱祁镇也很信任他。但他自己不知道自己得罪了太监曹吉祥，曹躲在暗处处心积虑地想戕害他。有一次朱祁镇屏退左右，与徐有贞私密谈国事。曹吉祥令小宦官埋伏起来偷偷听到，之后的某一天，装作若无其事地跟朱祁镇讲起谈话中的内容。朱祁镇大惊，问：“你怎么知道的？”曹吉祥说：“是徐有贞告诉我的。”朱祁镇当时就对徐有贞产生了怀疑，此后即疏远了他。而这前前后后诸般情形，徐有贞始终不明就里。

解放前中国人对外国人的15种反应

1. 妖魔化

美国人是海商发达的民族，对风向敏感。晚清时期，美国驻广州总领事馆的旗杆上挂有风向标，给来往船只指示当日风向。1844年5月6日，广州爆发了一场瘟疫，广州市民中流传谣言说：正是由于美国总领事馆门前这个风向标，破坏了广州的风水，才导致了这场瘟疫的发生。谣言越传越大，以致发生了广州人猛攻美国领事馆的事件。美国领事馆决定让步屈服，撤下了风向标，事件于是平息。

2. 不理解

冯玉祥自述说："有一次，我到教堂去听福音，教堂里的洋神父说：别人打你的左脸，你把你的右脸也给他打。我和战友们听了这个之后，立即站起来，当即搬了教堂的桌子就往外走，洋神父惊讶地问我们在干吗？我说：你说打左脸，给右脸，我们搬你的桌子，你应该把你的椅子也给我们送过来！"

图为1900年，义和团冲进外国使馆杀洋人。

3. 仇外

冯玉祥自述："我年轻的时候，就有仇外的思想，当时，我总觉得外国人欺负了我们，他们都不是好东西，有一天，我们（清军）部队走到保定城的北门，我看到一所外国人的教堂，当时心里十分反感，于是，我端起枪支，瞄准教堂门匾的上半部分，'啪啪啪'地打，把门匾打坏、打黑了一块，当时，我心里面感觉非常痛快。"

4. 口水抗日

1931 年 7 月 30 日，长春市北门外的福文印刷所印制了一批有如下内容的反日宣传单：“不买日本货物，不卖东西给日本人，不帮助日本人的事业。在 24 小时内，抄写本传单 10 份以上进行散发”——“不转不是中国人”的民国版啊！

5. 以夷制夷

厦门鼓浪屿公共租界，是清政府主动送给洋人的，原因是：甲午战争之后，清政府害怕日本染指福建，故使出“以夷制夷”的老招，把西洋鬼子引入厦门，防范日本。当时的闽浙总督许应骙，在电报里说得很明白：“……引洋人来鼓浪屿，兼护厦门，东防日本……”

6. 攘外必先安内

1859 年 3 月，咸丰皇帝连续五天召见浙江按察使段光清。咸丰皇帝问他：“现在，长毛（太平军）闹事，洋鬼子（指英法联军）又来捣乱，怎么办呢？是先剿匪好呢？还是先打洋鬼子好呢？”段光清说：“依臣看，洋鬼子不过志在通商谋财，他们并没有领土野心，而长毛则不同，他们是要抢夺江山的。因此，应该先剿灭长毛，然后，洋鬼子看到我们国内政治整顿了、军民团结了，他们自然也就会有所收敛的。毕竟，洋鬼子也总有衰败的一天。”

1793 年，以英国外交官马戛尔尼为首的使团在热河行宫觐见乾隆皇帝。图中英使马戛尔尼和他的侍童小斯单膝下跪，呈送国书和接受皇帝赠品。

7. 临时抱佛脚

中俄《尼布楚条约》标准版，既不是中文，又不是满文，也不是俄文，而是拉丁文。咋回事？原来，由于当时中国没有俄文翻译，好在当时北京城有一批精通拉丁文的天主教士，于是清廷找了他们帮忙，俄国也派了一些懂拉丁文的代表，这样，中俄双方才能用拉丁语开展谈判，并最终用拉丁语签署和约。事后，清廷表扬传教士“差任俄罗斯，诚心效力”。

8.“被近代化”

1903 年 10 月 8 日，大清国和日本国签订了《通商续约》，其中第五款是关于注册商标保护的，规定是：“中国应制订法律，防止假冒日本人的商标，中国须设立商标局，外国商标需要保护的，须先注册。日本则应依照日本法律、保护中国人的注册商标免于在日本遭受假冒”。正是在与列强签订类似条约的促动下，1904 年，清政府出台《商牌挂号章程》，从此中国有了第一部商标法。

9. 挟洋自重

汪精卫拜会日本首相东条英机。

民国时期，相当多中国人的商船，喜欢花钱登记为外籍，挂外国国旗，披上一个外商的马甲。为何有这种现象呢？主要有三个原因：一是挂外国国旗，中国海关不敢刁难勒索；二是民国时代匪患遍地，挂上外国国旗，可以吓阻海盗水匪的抢劫；三是民国时期内战不断，各路军队经常抢劫商船，挂上外国国旗，可以吓阻各路兵痞的抢劫。

10.“耍赖”

大清国在甲午战争中战败，于是李鸿章到日本马关去谈判。谈到战争赔款的时候，李鸿章向日本代表伊藤博文哭穷。李鸿章说:“要不，这样吧，你们日本借钱给我们，我们再赔给你们，好不？”伊藤博文也立马哭穷，说：“我们日本是个穷得叮当响的小国，实在是没有钱可以借给你们啊！”李鸿章接着说：“不用你们给我钱，给了，我们也是给你们，等于没给。你们只管收利息好了。”伊藤博文哭笑不得。后来，靠李鸿章的软磨硬泡、讨价还价，再加上日本刺客突然刺杀李鸿章，理亏的日本人赔款要价从三万万两降到两万万两。

11. 被感动

冯玉祥有个亲戚姓刘，是个精神病患者。冯玉祥叫美国教会医生罗感恩给他医治。刘见了黄头发绿眼睛的洋人，以为是个鬼，端起枪就打，罗感恩被当场打死。事后，冯玉祥给罗感恩的家人汇了三千银元作为抚恤金，可是，他们退还不要。冯玉祥深受感动，建了一座可以活动的“思罗堂”，随军迁徙，以纪念罗感恩。

12. 见贤思齐

1919 年 2 月，蒋百里陪梁启超观光第一次世界大战的战场凡尔登。那里颓垣断壁，一片凄凉。但他发现，绝大多数炮台的穴位都建筑于地下，还有与打仗无关的教堂、音乐厅、小卖部、合作社等设施。蒋百里观罢，愧然长叹：“从这些战时设备说明，欧洲文明国家在最艰难的时刻，对士兵的待遇，无不尽力照顾啊！”他对梁启超说：“吾国军阀，驱使一群无教练之佣兵，让其受着非人的待遇，替他们表演‘成者王侯败者贼’之迷藏戏，可悲可叹！”

13. 卧薪尝胆

1915年5月8日，袁世凯宣布接受日本“二十一条”中的部分要求。5月14日，袁世凯向全国几百个位居要位的官员群发了一份密谕。密谕的主要内容，是要大家卧薪尝胆：“……日思拓地殖民……实逼处此，岌岌可危……苍赤何辜，言之流涕……如允其一，国将不国，牛马奴隶，万劫不复……乃日人利用我国乱党，各处滋扰……来日方长……日以亡国灭种四字悬诸心目……凡百职司，其密志之。此谕。”

14. 争面子

1926年，苏联顾问鲍罗廷在广州宴请李宗仁。鲍致欢迎辞后，李起立道谢。李宗仁对汪精卫、蒋介石等崇俄风气十分不爽，他说：“革命同志不可忘记革命天职，尤其不要把俄国顾问当成吾等之主人，自己反而成客人。以主人姿态来敬客，不要学洋行大班之习气来奉承上司，才对得起远道而来的友邦顾问。”李的讲话出乎意外，仅一人鼓掌。国民党元老胡汉民边鼓掌边说：“好，我鼓掌，我赞成，切中时弊。”

15. 一味怀柔

蒋介石在参加开罗会议之前，召开国防会议，讨论二战之后如何处理朝鲜、越南等问题。陈济棠说：“对于越南，应在10—15年之内，让他们独立，而在第15年左右的时间，让越南请求加入中华联邦，并入我们中国的版图。”事后，蒋介石没有采纳陈济棠的动议。

（辑自冯学荣所著《原来如此第2辑：清同治以后150年中国底本》，中国文史出版社，2014年。）

二百多年前的粮库贪污案

前两天看见一则报道，中储粮下属某粮仓腐败案宣判，总经理因受贿和巨额财产来源不明被判无期。案卷显示，在每年新粮收购前，粮库要按计划在粮食市场拍卖掉陈粮，腾出库容为收购新粮做准备。而一些基层粮库与粮商或面粉生产企业串通，让其购买粮库陈粮合约，等当年的新粮开始收购时，粮库再从企业手中把陈粮买回。实际上，陈粮在库中原地未动，账目上却显示大进大出，骗取了国家的补贴。为了通过这样的方式得到补贴，各基层粮库负责人年年都要向总经理行贿。

这事也太眼熟了，从清朝到现在 200 多年了，这些贪腐分子怎么花样也不翻新一下呢？

清乾隆年间，甘肃奏报当地屡有旱灾，需要粮食赈济灾民。由于当地粮库余粮不多，当地请求允许他们捐监筹粮。所谓捐监是清朝的一种规矩，书生们可以出一些钱粮，得到国子监监生的身份，同时解决地方政府的财政困难。一般来说，捐监只许捐粮，只有个别地方运粮不便，才允许折合成银两上缴。乾隆接此奏折，觉得有道理，就批准了此要求。同时派了一个名臣王亶望负责此事。

王赴任 6 个月，就上报收捐 19000 名，捐粮 82 万石。这是个太好的政绩，但仔细琢磨实在可疑，甘肃是个穷地方，地又贫瘠，种出来的粮食自己吃都不够，哪儿来的这么多余粮呢？乾隆把这些疑问提给了陕甘总督，总督以“报捐监生多系外省商民”等语回应，乾隆勉强相信。3 年后，捐监总数达到了 600 多万石，王亶望以其大功被擢升浙江巡抚。

再 4 年之后，甘肃爆发回民起义，乾隆派和珅、阿桂赴甘督办，阿桂上报征战之情，说甘肃多雨，用兵不便。乾隆立即生疑——不是说甘肃连年大旱么？而且年年都说要赈灾，怎么忽然间多雨起来了呢？

乾隆谕令阿桂等人仔细探查，经过许久的调查，终于得知，原来王亶望从来就没收过粮食，全都令各州县折收银两，再以各地区赈灾的名义，令州县分冒开销，“上侵国帑，下屯民膏，毫无忌惮”。他们还谎称收粮太多，仓库装不下，呈请添建新仓，又冒领银16万两。

王亶望等人几年来究竟侵冒了多少国帑民膏？在他任职的3年间，甘肃就上报“赈济灾民八百万石”，而收取监生的银两数，粗略估计有1000多万两。到王亶望被抄家时，共抄出财产300多万两。而参与此事的官员，“全省大小官员无不染指有罪”。为此一案获罪的大小官员，有102人。由于获罪的人太多，不能全部处斩，乾隆只好划了一条线，贪污超过2万两的人正法，就这样还斩了20人。最后连绞决的人加起来，一共处死了56人。

历史何其相似！

度假式打仗

清军入关是以其八旗军勇猛强悍而做到的，但清朝建立后没多少年，清军就糜烂得毫无战斗力了，到清晚期，打个白莲教起义都得花个一年半载，打太平天国更是用了十多年。并非这些白手起家的反抗者有多厉害，纯粹是清军自己太差了。

清军是怎么打仗的？讲出来让人喷饭。民国著名教育家马相伯写过自己了解的清军战斗情况。他说，有一次曾国藩同太平天国的水师打仗，大胜，写了篇奏折为水师统领彭玉麟请功，里边说彭在两军决战甚酣的时候手执大刀，跳过贼船，斩了贼首。这个彭玉麟马相伯认识，是个穷秀才出身，身单力薄，又不是生长在江湖上惯于舟楫的人，怎么可能从战船上跳到贼船上去战斗呢？后来马相伯去问了几个淮军已经卸职的军人，对方给他讲了很多淮军打仗的方式：两军在相距三里以外，便拼命骂阵，官军骂长毛（太平天国的士兵）为“贼”，

1864 年，勾结洋枪队围剿太平军、攻占上海的淮军留影铜版画。

长毛骂官军为“妖”，互相骂得声震天地。赶到越走越近的时候，只要哪一方有少数人胆怯了一点，跑了回去，其他人就会跟着往后退，于是敌方便乘机追过来，在后面杀几个落伍的士兵，这样就大获全胜了。然后封疆大吏的幕府中总有几个写奏折的好手，妙笔一铺叙，俨若一场血战！

即便如此，淮军已经是清军里最有战斗力的了，绿营兵就更差了。有人记述当年钦差大臣、江南大营统帅向荣麾下的绿营兵跟太平军作战的情形，说大战之前，将帅宣布“明天要有五成人出营作战”，底下士兵就抱怨：“天气这么热，谁愿出去打仗？就去二成吧。”镇将无奈，连哄带诱，凑了二成。到夜里点名给牌时，有的出钱雇人替，有的声称肘有疖、足生疮、身上有癣之类的，总之是不肯接牌。到天明一整队，出来的人不足一成。这样一队人，光着膀子，脖子上绕着辫子，东先西后，三十、五十的乱七八糟地出发，参差走到城下，把兵器放在一边，坐地上抽烟，还跟城上的贼兵借火、聊天，聊到天大亮，又累又饿了，就站起来大呼狂笑喊杀，鸟枪里不放炮弹往天上开枪，并装腔作势地嚷嚷“开炮”。但闻“嘭轰”声，之后群呼曰“杀贼不计其数”……

据自称“江南大营来者”的亲历，这个与太平天国作战时甚被朝廷倚重的大营里，平时如一繁华都会，“处处梨园，时时令节，文恬武嬉，每日以观剧为事；菜馆数十座，味穷山海，其他凡可快心悦志者靡不毕集”。怪不得打太平天国打那么久，这么爽的打法，要是我也巴不得多打几年啊。

战斗力只有 5 的清兵

清兵打不了仗，那简直是一定的。看看法国传教士古伯察对他所见到的清兵的描述就能了解清兵的战斗力。古伯察 1845—1847 年围着大清国国境走了半圈，见识和经历了不少人和事。他曾惊讶于清朝官方年鉴中提到的军队总数 123.2 万人这个数字，因为在他整个旅行过程中，他几乎看不见军队的踪影。曾于 1821 年到北京的俄国人腾堡斯基（M. Tembowski）收集了关于中国军队有效战斗力的信息，给出的军人总数是 74.09 万。古伯察认为即便是这个数字，也比真实情况多了至少 2/3。

清朝军队包括满人、蒙古人和汉人三部分。古伯察在蒙古地区住了很久，他熟悉了所谓的蒙古军队。他们由游牧的牧羊人组成，从来不进行军事训练。他们的帐篷里有长长的火绳枪，有时还有弓箭，但只用来射杀山羊和野鸡。蒙古军队由一家家牧人组成，这其中包括了虚弱的老人和还在吃奶的婴儿，每个人都算在内，从出生不久就开始拿军饷。

图为反映 1895 年甲午战争中国东北前线清军的铜版画

汉军的数字虚构成分也很大，他们的人数号称有 50 万，但主要是安居乐业的手工匠和苦力，平时忙于耕地或经营他们的行当，时不时地穿上类似制服的服装接受检阅，或被调去剿匪。皇帝有权在战时召集他们，他们每年可以领一小笔军饷。

古伯察在中国南方住的时候，协助管理他们教堂家务的一个裁缝和一个厨师，分别是 30 岁左右和 60 岁左右，有一天告诉古伯察他们是帝国的士兵。当时北京来了一位总巡检，很快将进行军事总检阅，他们将被要求参加，不到场的人会遭到500藤鞭的惩罚和重重的罚款。这两个身体衰弱、一辈子也没摸过枪的人，因此要去出席这个盛大的典礼。

到阅兵的那一天，古伯察也去参观了。裁缝和厨师吃饱喝足后，把自己打扮成士兵的模样，一位拿枪，一位携弓，出发去战场。这场盛大的军事表演在城外一片宽阔的沙地上举行，战士们穿得各式各样，武器也各式各样，有枪支、弓箭、铁铲、军刀、草叉和带长柄的锯子，还有藤鞭、盾牌和两个人抬的火炮。在一片杂乱之中，每个人都统一地带了一根烟管和一把扇子。

军队的总巡检和文武官员坐在台上。演习开始后，台子附近的火炮开炮了，随后，一个堡垒升起了黄旗，锣声敲响，士兵们开始进攻。他们乱七八糟地冲上前去，大声喊叫，集合在各自的旗子下面。然后他们模拟打斗，马上出现了一片大混乱。他们前进、后退、跃起、脚尖旋转、蹦跳、蹲伏在盾牌后，接着跳出来，左右出击，然后跑掉，大叫“胜利！胜利！”这支队伍的主要技能就是上蹿下跳和长时间的单腿独立，开枪的时候不是盯着枪的末端而是密切注视想要打的目标。

演习结束后，两名士兵无法确切回答古伯察关于他们演习的提问，他们自己也不知道自己在这场盛大的仪式中扮演了什么角色。他们说，2/3的士兵都跟他们一样糊里糊涂。这样的武备，可以想象到战时其作用能有多大。

阵亡九人，如何变成“斩首三千”

朋友圈里有人吐槽：“O2O 的市场到底有多大？年初的时候我看有文章说是一万亿，年中的时候说是四万亿，这几天怎么又变成十万亿了呢。这怎么算的？求解。”

哈哈一笑之余，想起读过的晚清中法战争中的一件事，颇有异曲同工之妙。

中法战争又名清法战争，是 1883 年 12 月至 1885 年 4 月，由于法国侵略越南并进而侵略中国而引起的一次战争。第一阶段战场在越南北部，第二阶段扩大到中国东南沿海。在东南沿海，清军在淡水战胜法军，是当时衰败的清王朝难得的一场胜战。

中国胜到什么程度呢？《申报》报道说“法人共死伤百余名”；同文馆战况《译报》说是“以力杀死法兵二十五名，轰死二三百名”。

战役的指挥者刘铭传自己的奏报则说是“首级二十五颗，内有兵酋二名，枪毙约三百名”。

法国驻津领事林椿从中国方面获得的消息是，法军在该役中“死亡至少有四五百人”。

到为刘铭传树碑立传的几个人口中，数字有了神奇的变化，张传耜写的《纪刘省三宫保守台湾事状》，大胆地摒弃了百位数之说，将清军歼敌数确定为“斩首逾千”；王树柟的《清史本传》则谦虚地改成“斩千余人”；陈瞻然大概担心“千余”太过笼统，指出“法兵死者千数百人”。

刘铭传的孙子刘朝望觉得“千余人”还不足以表现爷爷的英勇，在这之后又添上“登小舟相挤，舟覆死于海者无算”。

于是到了《清史稿》里，这“无算”也被换算成数字加了进去，变成“斩首三千余级”。

“这怎么算的？求解。”——嗯，就是这么算的。

那么法军到底死了多少人呢？法方资料是这样说的，淡水关税务司马士说“在阵地上遗尸二十具”，罗亚尔说“总共死十七人，伤四十九人”。黄振南著作《关于淡水战役的几个问题里》考证的结果是，法方阵亡 9 人，失踪 8 人，受伤 49 人。

广西巡抚的报捷奏折

报喜不报忧、战败报战胜是清朝官场的主要特色之一，很多时候这种特色演变到极其荒唐的地步。1851 年太平天国刚刚在广西兴起的时候，大清朝廷派去的官兵不断遭受败绩，但这不妨碍他们不断向天子告捷，这些告捷都被公布在全国发行的《邸报》上。

在许多离奇的战斗故事中，有一个是说一颗炮弹歼灭了敌军队长以下一整个纵队，该告捷奏折为这一炮的神炮手请赏。另一期《邸报》说在一次战争中，一排枪打死了 800 人，又说这些胜利者在同一天攻下三座城池。这一切奇怪的谎言都记有确实的人名和日期。

最可笑的一个奏折来自广西巡抚，他提供了一个奇幻的故事。这个离奇的文件是这样开头的："臣广西巡抚邹鸣鹤跪奏，为神明护国显著英灵恭恳恩赐加徽号以答神庥事。"

下面的文中，巡抚说这次逆匪攻扑桂林省城，每当危险的时候，他就到关帝庙中焚疏为民请命，之后他就从关帝祠后面起出了 25 尊前明旧炮，用这炮击毙贼匪多名。

这还不算最离奇的，奏折后面他又说，他抓到了一些奸细和被胁迫的民众，据这些人供述，贼营中每当攻城紧急之时，都见城上出现红光，有乘马挥刀者往来不息，所乘马匹和左右拥护人众都高大、与众不同，"贼匪望之生畏，是以每战多败"。

他接着说，贼人还供述，三月十三日四更时候，正当阴雨，敌人 40 余只船从象鼻山背驶向河口，想在黑暗中登岸。没想到忽遇北风大作，船行进不了，有人从水面乘马指挥官兵顺流将敌人击退。黑暗中忽现灯笼，上有三个大字"广福王"。

巡抚说，贼人所见的红光里乘马挥刀者，必定是关帝显灵助战，而"广福王"三个字，更说明定是关帝无疑。得此神灵庇佑，说明大清乃天意所归。因此他协同钦差大臣赛尚阿和两广总督徐广缙一起，请旨给关帝加封。

巡抚写这种荒诞不经的奏折已经够可笑了，不过更可笑的是这样的奏折能被煞有介事地放进《邸报》公之于全国，可见连皇帝对此也是深信不疑的。这就是 19 世纪 50 年代中国的战争。

清官的灰色收入

清朝官员张集鑫算得上一个清官，一生没有怎么钻营和勒索过。但在他的个人回忆录《道咸宦海见闻录》中，却有着不少这样的账目记录：

道光二十一年（1841），他在福建做道台，“郡城娼楼赌馆，每月送娼赌费三百元至道台衙门”。

道光二十五年（1845）到二十七年（1847），他在陕西任督粮道，“将军三节二寿，粮道每次送银八百两，又表礼、水礼八色，门包四十两一次；两都统每节送银二百两，水礼四色；八旗协领八元，每节每员送银二十两，上白米四石。抚台分四季致送，每季一千三百两，节寿但送表礼、水礼、门包、杂费；制台按三节致送，每节一千两，表礼、水礼八色及门包、杂费，差家人赴兰州呈送”。

道光二十七年（1847）他受任赴四川，临走的时候送“别敬：军机处大臣，每处四百金；上下两班章京，每位十六金，如有交情，或通信办折者，一百、八十金不等；六部尚书、总宪百金，侍郎、大九卿五十金，依次递减”。

……

这是一名清官的收受和送出的贿赂清单的一小部分。他敢这样列出来，证明这些事在那时都不是事，这些“行贿受贿”，不过是例行的规矩，按照《茶馆》里的话，就是“别把意思意思变成不好意思”。

整个有清一代，官场中的“意思”从发展到发达，最后到了一个名目和规格都有“章”可循的地步，这“章”虽不立文字，但要是想在官场混，或在民间要跟官打交道，就必须熟练掌握，否则简直寸步难行。随便归纳一下，这些“意思”就至少包括以下许多项：

1. 节寿礼。节日和上司家庆日，僚属为其送礼。在中央衙门，书吏给司官送“年终规礼”。

2. 程仪。招待过境官员，“凡上司委员到县，各县须送程仪”。本地官员离任，商界也要送钱。

3. 卯规。州县官上任点卯，六房书役先送钱财，表示确定隶属关系，求得主官的欢心。

4. 别敬（保官费）。为了保佑官位牢靠，地方官到中央述职，离京时，要给有关官员送礼，有师生关系的门生还要向老师、同年馈赠，名之为“别敬”。

5. 炭敬、冰敬。炭敬，是冬季地方官给京中大臣的孝敬礼；冰敬，则是为消暑而送的礼。

6. 秋审部费。各省每年必有案件呈报，为此给刑部送辛苦费，否则部中书吏就会想办法为难你。

7. 晋升部费。州县官晋升，径直赴任的，照理由吏部发出正式通知即可。但吏部若不见该员的孝敬，不给发文，以示拿捏。

8. 门生礼。清代官场盛行拜师风习，考官、学官广收门生，在拜师时送礼。

9. 富户节礼。商人富有，向本地父母官作特别孝敬：“每年有交官陋规银两，按节按季呈送，为数动逾巨万”。

10. 向百姓收税费时的各种添加，如火耗、勒折、记欠、平余、匣费、道费……名目多如牛毛，外人根本记不过来。

“意思”的名目能多到什么程度呢？乾隆二十四年（1759）审过一个广州海关官吏收受陋规案，发现一条外商船从进口到出口，需要缴纳的“意思”一共有 38 项，基本上所有过手人都要意思一下。而乾隆五十三年（1788）审的一个台湾海口向过往船户收礼的案子中，涉案官吏达到了 129 人，确实是“有福大家享”。

被审的几个案子一般都是因为有其他的原因，否则所有收“意思”的都追查，全大清就不剩什么官了。资料记载清朝一个知县，“不贪不滥，一年三万”，那稍微贪点滥点，发家当然指日可待。晚清同文馆的外国总教习丁韪良曾讲过他认识的一位清朝巡抚跟他聊天，表示“宁愿在大清当个知府，也不愿做美利坚的总统”。确实啊，有这样爽的日子过，4—8 年一换的总统怎么比得上。

收礼背后的潜规则

大清乾隆二十九年（1764），福建水师提督黄仕简给乾隆皇帝上了一封密折，内容十分详细。密折奏的是厦门进出各口船只，无论海外的，还是内地的，都要向海口（相当于海关）衙门缴纳数量不等的陋规银，一只船得交1500圆左右，这些钱都被海口文武衙门朋分收受，福建总督、厦门巡抚、布政使等各级官吏都涉其间。为证明自己所言不虚，黄仕简特地附上3份自己的调查结果，分别是各衙门收受陋规银的名目和数量，以及部分收上来的钱用去了何处的账目。这份密折，可以说是一份福建官场灰色收入大起底。

可惜皇帝本人并没感激他的忠心耿耿和正气凛然，他令人走过场查了一遍之后降旨称“福建厦门洋行陋规一案，因系旧日相沿，事与婪索败检者不同……”然后几名重要涉案人先被降职“以观后效”，没多久又异地做官了。皇帝倒是对这名实名举报人心存芥蒂——收点钱多大个事啊？！你检举这个，究竟有什么目的？

清朝陋规之发达，可以说整个大清就没有不拿灰色收入的官。官员收点钱，那是全国皆知的秘密，“民间相安已久，亦不复觉其为陋规矣”。官员们自己为此所做的开脱，也似曾相识：“为吏者，升斗之禄有限，而应酬之费无穷，若一切旧规尽为裁革，固属美事，但冰蘖之需，后此者难以为继也”；“登奏牍则力辩，而僚属相对则昌言不讳也；居局外则抵斥陋规，而及其身为外吏，则收受亦尤前人也”。言下之意：你别装道德，你当了官，比我拿的还多！而朝廷对这类案件的态度是，乾隆表态“不败露则苟免，既败露则应问”，不打馋的不打懒的，就打那些不长眼的。

连被吃拿卡要的百姓都对这些事熟视无睹。道光年间四川有个官员见属下州县送陋规甚巨，打算裁革，“州县不遵，百姓亦不遵”。百姓当然不是受虐成癖，谁挣点钱都不容易，不会犯贱到不送钱不痛快的地步。他们只是怕好容易形成了一个能接受的规矩，你现在裁了，过两年来个新官，定的名目更多、收的钱更多而已。

“民间相安已久”靠的是“官”一方的不过分和“民”一方的无奈，这种力量不对等的拉锯终究是脆弱的，手伸得长的官员早晚会突破暂时形成的潜规则，把标准越拉越高。官面上的话都能扯高调，私下的规则才是真正影响社会的力量。掀开“相安已久”的平静表面，底下不知道隐藏着什么样的溃败。

“腐都”北京

近几年英国剧集、电影中屡屡出现男同性恋的情节或暗示，大有领世界潮流的意思，以至于大不列颠被影迷们戏称为“腐国”，而伦敦则被称为“腐都”。

其实“腐都”还真轮不到伦敦，我史上大北京可比伦敦厉害多了。从晚明至清，北京男风之盛到什么程度？按明清之际文人李渔的说法是“如今世上的人，一百个之中，九十九个有这件（喜欢男人的）毛病”。到清中期，京师娱乐界干脆到了“有歌童而无名妓”的程度，妓院集中处金鱼池气象潦倒，生意萧条，“京师宴集，非优伶不欢，而甚鄙女妓。士有出入妓馆者，众皆讪之。结纳雏伶，则洋洋得意，自鸣于人”；而下酒馆不叫一个相公，“叫走堂的也瞧不起”。

明末男妓叫小唱，后来叫过小官，到了清朝，慢慢约定俗成为“相公”这个称呼。相公的人数之多，清人笔记中载“大栅栏诸伶之车遍道，几不可行”。起初小唱们集中于莲子胡同（也叫帘子胡同），后来聚居于韩家潭一带，再后来就扩展到京城各处。有本笔记里边写：“王桂官居粉坊街，又居果子巷；陈银官尝居东草场。玉皇庙、韩家潭、石夹胡同、猪毛胡同、李铁拐街、李纱帽胡同、贩子庙、陕西巷、兆顺胡同、广福斜街，每当华月照天，银筝拥夜，家有愁春，巷无闲火，门外青骢呜咽，正城头画角将阑矣……”

营业的相公分三个档次，第一等的是相公私寓，其主人多为红极一时的角儿，而其宅子也布置得十分清雅、非常浪漫，是学士文人喜欢出入的地方；第二等的是花档子，是集体营业的地方，在此卖身的相公要么是色衰音变的伶人，要么是没受过高级训练，只会唱些小曲的相公；最低一等是薙头铺的男妓，也梳洗打扮，但并不会唱曲唱戏，他们交往的，多为社会下层人，有身份的士人是不会与他们来往的。

当然不是只有京城流行男风，当时全国士人都有此类爱好。不过京中相公职业化程度之高，远超出外省。清人笔记中写道：“都中歌伶之教子弟，雅步媚行，绰有矩度；掉头掷眼，各具精神。虽雅俗不同，而一颦一笑，皆非苟作。”“京师狎优之风，冠绝天下。其优伶之善修容饰貌、眉听目语者，亦非外省所能学步。”而优秀相公们的收入也相当可观，据说“其色艺俱绝者，岁入十万……达官大估及豪门贵公子挟优童以赴酒楼，一筵之费动至数百金……（相公）日陪数筵酒，一巡即登车驰去，人不得留之也。每陪一筵，或酬十金，或酬数金，至赏赐之物，金玉珠翠，貂袍锦衣，莫知其数”。

连外国人也注意到了这一时尚。1806年，一位持基督教道德观的英国旅游者这样记录下了他的所见：“这种极其令人憎恶的犯罪和非自然的行为在他们看来却那么的没有羞耻感。甚至这个国家中的一些高级官员也都肆无忌惮地谈论此事而不觉得有什么难堪，并且几乎每个官员都会有一个俊美的嬖童，他们大都在十四至十八岁左右，衣着入时”。而一份出版于1835年的西方杂志则这样写道：“它（同性恋）存在的范围很广，几乎遍及整个帝国，尤其是在那些为民父母和作为道德表率的官员中同样存在”。

正如这两个外国人所记录的，在当时，男风之时尚主要盛行于上流社会中，士人皆以此为风流潇洒的表现，并给其取了个风雅的称号为“翰林风月”。

在这股风气中，出过好几个艳压一时的名角。明初的伶人徐紫云，与好几个名士有过感人的情事。名士瞿有仲曾有诗赞其“汉宫若得徐郎入，不把河山禅董贤”；“秦箫为歌杨枝舞，就中紫云尤妩媚”。雍正时期伶人刘三以自身资财助翰林李玉渊，连剃发铺都有赞美其的诗云“欲得刘三一片心，明珠十斛万黄金。一钱不费偏倾倒，妒杀江南李翰林”。乾隆年间的魏长生，红透半边天，“所至无不为之靡，王公大人俱物色恐后”。

同性恋之风直到民国才因为一些禁令而慢慢消退，再往后，由于西风东渐，基督教的一些观念传入中国，同性恋逐渐成为禁忌。到如今，曾经的“腐都”盛况已经让人难以想象了。

李莲英的处世之道

宫门一入深似海，得宠与得罪仅在须臾之间，一旦得罪，可不仅仅是失宠那么简单，连命都轻易就丢了。所以，在皇宫里当差，真的需要走钢丝的本领。

慈禧太后前后有过两个心爱的太监，第一个为安德海，因为太过张狂，被大臣找借口杀了。李莲英因此得机会升为大总管，从此50多年恩宠不倦。伴君如伴虎，何况宫里关系错综复杂，谁也说不清哪块云彩底下有雨。李莲英能长盛不衰，除了办事得体外，还有善于处理跟各种人的关系、处处为自己留后路的原因。《宫女谈往录》里，慈禧太后的贴身大丫头荣儿就专门回忆过李莲英的这种为人处世手段。

光绪十四年（1888），慈禧钦命七王爷奕譞视察北洋海军，让李莲英陪同。太监当钦差大臣视察海军，在大清朝还是第一次。这是“恩宠”，却也是个麻烦，皆因大清祖制太监不许过问政治，想当年安德海就是奉旨出京被砍头的。

临出发前，李莲英把自己的二品顶戴换成了四品顶戴，因祖制太监最高不得过四品。在海船上，他不住给他预备的仅次于七王爷的豪华舱舍。他说：“我怎能跟七王爷、李中堂（李鸿章）比呢？”他坚持住在七王爷的套间里，不和任何官员接触，白天只是在七王爷面前站班伺候，低眉敛目，晚上，预备好热水，要伺候七王爷洗脚，感动得七王爷连连拱手。一趟差事回来，七王爷、李鸿章争着向慈禧称赞。慈禧更是喜滋滋的，觉得他给自己露了脸、争了气，堵住了一班朝臣们的嘴。

慈禧和大总管太监李莲英（右）、二总管太监崔玉贵（左）

作为太监大总管，

李莲英对手下永远是恩威并用、暗中维护，所以太监们都服他，也愿意亲近他。

慈禧和光绪不和，对底下做事的人来说就很为难：随着太后的意，处处要得罪皇上，如果太后走得早，等太后百年之后，自己的脑袋就得搬家；如果不顺着太后的意，小命马上就有问题。戊戌变法之后，这种矛盾更明显。李莲英特意安排让另一个大太监崔玉贵得宠，到瀛台监视光绪、把珍妃推到井里，都是崔玉贵干的。李莲英不露痕迹地躲开了这些事，庚子年出逃回銮路上，又对光绪特意尽心，暗暗培养光绪对他的好感。

还有，慈禧太后万一哪天宾天，一个当近侍的后台没有了，马上会完蛋，宫廷里头一朝天子一朝臣，用不着时马上踢开。十目所视的李大总管很清醒地估计到这一点，早就有准备，他把历年太后所赏的珍宝，积攒了七大捧盒。慈禧死后 100 天，他完全献给隆裕皇后。他说："这是皇家东西，不应该流入民间。奴才我小心谨慎地替皇家保存了几十年，现在年老体衰，乞求离开宫廷，所有这些宝物，奉还给主子。"这件事让隆裕十分感动，所以太后虽死，隆裕对他还是恩眷不衰。他死后，隆裕按大臣的礼恤赏丧葬费 2000 两白银。

离开皇宫后的李莲英再没抛头露面，谁也不知道他住在哪儿，包括他的徒弟们。

大官论体制

晚清大臣琦善是个倒霉的角色。1840年林则徐在广东缴烟引起战争，他临时接任，实在是为林则徐擦屁股。他经过外交、战争的双重努力后，发觉对抗之不可行，自作主张与英国签订了求和的《穿鼻条约》，已是在当时情况下所能达到的损失最小的结果。但朝廷那时候尚不理解己方和对方的真正实力差距，认为琦善此举是卖国求荣，将其锁拿解京，查抄家产，发军台。后来英国炮舰北上，连下吴淞、上海并占领镇江。此时朝廷才知对方厉害，经反复谈判签下《南京条约》，其实与琦善之前的主张并无多大区别。

当时的皇帝道光事后明白错怪了琦善，又重新起用他，让他做了驻藏大臣，后又任过四川总督、陕甘总督等。琦善最后病死于剿灭太平天国的战争中。

琦善担任驻藏大臣期间，侦办过一个外国人擅闯藏区的案子，被扣的外国人叫古伯察，是个法国神父。古伯察后来在回忆录中写下了他与琦善的一段交往，其中提到了琦善对鸦片战争、对政局、对中外政治制度的看法，现在读起来颇有意思。

在古伯察的描述中，当时60多岁的琦善是他们“在中国人中所遇到过的最为庄重、最为和蔼可亲和最为才华横溢者”，他喜欢夸耀自己对西方文化和欧洲事务的了解，喜欢当众阐释自己关于西方的知识，但当被提到他的短暂的两广总督经历时，他表现得很不自然。

在他们彼此熟悉之后，琦善向古伯察打听义律（第一次鸦片战争期间英国的商务代表，在当时起大使的作用）的消息。他对义律颇为赞赏，也很为对方的遭遇担忧，他说：“义律心肠很好，但他不会做决定。他被处死了还是被流放了？”当古伯察告诉他英国并没有中国这样的制度，失败的官员仅仅下台即可时，琦善很感慨：“你们的官吏们比我们幸运”。“我们的皇帝不能知道一切，但他却判决一切，而任何人又从不敢对他的行为说三道四。如果皇帝说这是白的，那么我们就要跪下来说‘是，这是白色的。’如果他接着指着同一物品说‘这是黑色的。’那么我们就必须重新跪下并回答说：‘是，这是黑色的。’皇帝可能会对有胆量指出错误的人这样讲：‘你说得对。’但他同时便令人将此人绞死或者斩首。”“我们不像你们有个‘众头议’（指众议院）。如果你们的皇帝逆正义而行，那么你们的众头议会出来阻止他的旨意。”

琦善还讲了1839年皇帝如何处理与英国人的重大交涉事件。皇帝召集了包括他在内的军机处8名中堂，向他们介绍了南方发生的事情。他对他们说，有些来自西方的海上冒险家们表现出了反叛和不服皇名的事件，应缉拿他们并严惩不贷，以便对所有那些试图模仿他们不端行为的人做出儆戒……皇帝表达了其观点后，就询问军机处的意见，4名满族中堂马上跪倒奏道：“喳！主子的吩咐。”4名汉族中堂也马上跪倒并奏道：“是！皇帝的天恩。”除此之外，再未补充任何话。

琦善说，他个人坚信中国人无力抵抗欧洲人，除非能改进武器和改变古老的习惯。但他从来都小心谨慎地不敢向皇帝呈奏，因为当这一上奏不准时，他可能就会付出生命的代价。

* 真相 *

中国历史上的变冷和变暖

看历史的时候，千万不要完全以现代的体验去套历史上的事。不光是观念、习惯和现代有很多不同，就连气候、地理，不同时期都有很大差别呢。比如温度，2000 多年来就变化过多次。

中国在西周以前有过一个持续几千年的全球范围的全新世大暖期，中国大部地区平均气温比现在高 2.5℃，青藏高原比现在高 5℃以上，那时候，黄河流域有成群犀牛、野象出没。西周以后气温开始下降。春秋时回升了一个阶段。战国末期至西汉初又下降，降到比现代冷的程度。西汉中叶至东汉末年气温回升，大致升到与现代相当至高一点点的水平。魏晋南北朝是一个漫长的寒冷期，其间也有波峰波谷，冷峰时段比现代低 1.6℃—2.5℃。隋唐也很寒冷，一些年份的寒冷情况超出了现代的纪录，唐后期多次出现海水结冰现象。五代后期气温开始回暖。入宋以后，进入了全球范围内的"中世纪温暖期"，持续至元朝——当然其间也有波峰波谷，最暖的 13 世纪中叶比现代高 0.9℃—1.0℃。元代后期气温下降，从明朝永乐年间起，进入了科学界公认的"明清小冰期"，苏北沿海 5 次出现冰冻，淮河、黄浦江、太湖都数次出现冻结现象，连福州都曾出现过"河水凝结可载行人"的情况。这个时期长江流域或以南地区的寒冷程度超过了近 100 年来所能见到的寒冷冬天，而且时间出现的频率也比较高。1892 年冬季是我国东南沿海地区 300 年来最寒冷的冬季，在此之后，气候转向温暖，进入 20 世纪较温暖的时期。

由此可见，在中国大地（研究表明在世界范围内也如此），气候近万年来一直是一段冷、一段热的，目前的气温上升，符合这个波动规律，至少从目前的情况来看，尚未超出规律之外。按照规律推断，未来的一段时间很可能仍将处在温暖期，或有小幅变冷的波动，但总体温暖应该是未来一段时间的主流。

如果继续温暖下去，达到"中世纪温暖期"的水平，会发生什么呢？我们可以从宋朝找答案。北宋中叶以后华东沿海地区受气候温暖影响最大，太湖地区地势低洼，水患严重。宋神宗熙宁三年（1070），一份奏折说昆山常熟一带"皆积水而不耕之田也，其水之深不过五尺，浅者可二三尺，其间尚有古岸隐见水中”。政和六年（1116），“尝涉昆山与常熟山之巅，四顾水与天接，父老皆曰；水底，十五年前，皆良田也”。其原因为何呢？就是因为全球变暖导致海平面上升。苏北沿海一带，唐朝曾沿滨海沙堤外侧修筑海塘，名曰常丰堰，到北宋天圣元年（1023），因为“风潮泛滥，淹没田产，毁坏亭灶”，时任泰州西溪盐官的范仲淹提出“徙堰少西，以避海涛之冲”，他修的海堤就是著名的范公堤，在常丰堰以西。但到宣和至绍兴年间（1110—1162），海潮更加汹涌，范公堤受海潮冲蚀，部分堤堰沦入海中。庆元二年（1196），报告称海陵、如皋地区的土月堰70年里后退了17里，也就是说，海岸线后退了17里这么远。南宋嘉定年间（1210—1220），盐官县一带“数年以来，水失故道，早晚两朝，奔冲向北，遂致县南四十余里尽沦为海”。

如果再温暖很多，达到西周以前的全新世大暖期，会发生什么呢？我看过这张南宋时候的海岸线图，对照当时的海岸线位置，现在的海岸线，是大大地东拓了。

——变化很大吧？想一想，现在很多大城市，包括天津、上海，当时可都在海里呢。

从气候历史上看，对人类安全——至少是对中国人类的安全——影响更大的不是气温上升，而是寒冷气候。从历史上看，魏晋之后的“五胡乱华”、唐朝的“安史之乱”都与寒冷期的来临呈同步态势，北宋时的金人南侵，也始于北宋末的连续大寒。元至大二年（1309），连续的寒冷气候导致大量蒙古人流亡到长城一线，“贫民遖北而来者，四年间靡粟六十万石，钞四万余锭、渔网三千、农具二万”，到延佑年间（1314—1320），“朔漠大风雪，羊马驼畜尽死，人民流散，以子女鬻人为奴婢”。政府长年困扰于如何救济和安置这些难民，泰定元年（1324）下死令“乃禁毋擅离所部，违者斩”，才使流民问题初步得以控制。明清控制社会秩序的能力有所增强，才让寒冷气候没有导致类似南北朝时的乱局。

当然，现在救济能力和控制社会秩序的能力更强，只要没有超出历史纪录，寒冷应该也不致出现太大动乱了。

失落的世界

中国地理西高东低，以秦岭—淮河为界，北方属于寒冷干旱地区——这是我们从小学到的知识。但是你知道吗？我国的古代曾经是另外一番景象，在汉代以前，整个中原地区，曾经是遍地竹林，大象、犀牛和狮虎豹穿越其间。而如今一片沙漠的敦煌地区，曾经大河奔流、到处绿洲，是繁华的城郭呢。

翻阅商代、周代、春秋战国，乃至西汉的史料，里面很多关于大象和犀牛出没的记载。商朝繁盛于如今的河南北部，大象在那个年代曾是商朝人的坐骑。《吕氏春秋·古乐篇》有记载说："商人服象，为虐于东夷，周公以师逐之，至于江南。"《孟子·滕文公下》则记载说："及纣之身，天下又大乱。周公相武王诛纣，驱虎豹犀象而远之，天下大悦。"近代以来，考古学家从殷墟中发现大量象牙雕刻品及象牙杯，都证明当时黄河流域大象很多。

周朝灭商后的几百年，大象、犀牛仍经常出现在史籍中，《尔雅》里说"南方之美者，有梁山之犀象焉"，梁山，在现在陕西省南郑县。

然后是春秋战国，《老子》里说"盖闻善摄生者，陆行不遇虎兕"，"虎"是老虎，"兕"指的是犀牛。《诗经》里有词句"匪兕匪虎，率彼旷野"，意思是又不是犀牛又不是老虎，为什么都跑到旷野上来。类似的记录还有很多，而更多的是描述生活用品里屡屡提到"象笏""兕觥"之类用这些热带动物的器官制作的器皿。战国时的楚人，还以犀牛皮做铠甲，可见这些东西的易得。

关于中原地区大象、犀牛的记载一直持续到西汉，《西京杂记》里说西汉时皇帝的舆驾里还专门有象车。

与大象、犀牛同在的当然是植物的热带化，殷墟出土的甲骨和铜器上还雕有很多竹子的符号，可见那时北方遍地是竹子。而《诗经》中"瞻彼淇奥，绿竹猗猗。瞻彼淇奥，绿竹青青"之类的词句，也证明竹子的普遍。《史记》里多次记载西汉地区种稻米，而政府还专门设有稻米局局长一官，掌管种稻之事。

从西汉往后，大象和犀牛的踪迹就越来越往南了。唐朝时浙江一带还有过大象，北宋时一度北移，再往后期就到了云南，和我们今天了解的情况差不多了。而犀牛，现在只在非洲能见得到了。

发生这样变化的原因，当然跟人类活动范围扩大有一定关系，不过最大的原因还是气候的变化。历史气候学是一门专门的学科，学者的研究证明，从史前到西汉，曾是我国历史上一段漫长的温暖时期，汉武帝时期的平均温度，比今天高出 1.5 度。这 1.5 度的下降，就这样失落了一个世界。

中日之间的第一次大海战

提起中日海战，人们最先想起来的就是1895年发生的甲午海战，中国大败不说，还赔上了台湾岛。其实在唐朝的时候，中日之间就爆发过一次大海战，那次可是中国赢了，还大赢特赢！

战争的起因还要从唐太宗东征高句丽开始说起。东征前期，唐军一路挺进，攻到安市城时，久攻不克，被迫退兵。唐太宗死后，这任务就落到了他的儿子唐高宗身上。唐高宗紧追老爹的步伐，一直不断进攻高句丽，但每次取得的成果都很小。于是他改变策略，联合当时朝鲜半岛上“三国”之一的新罗，夹攻另外两国——高句丽和百济。经过不断征战，终于在660年灭掉百济，百济残余的王室和大臣逃到倭国（当时的日本）避难。

661年，百济大臣在倭军的帮助下潜逃回故地，迎回王子，召集旧部，宣称复国。唐军在刘仁轨的率领下屡败百济，百济不得不在663年向倭国求救。倭国自从646年开始模仿唐朝进行“大化革新”以来，逐渐建立了中央集权的封建国家体制，国力蒸蒸日上，趁着朝鲜半岛战争不断，一直在找机会扩大在朝鲜的势力范围，当初帮助百济复国，现在出兵援助自己的盟友更是不在话下。倭国当即派出4万多士兵和1000多艘战船援救百济。

那边唐军也没闲着，趁得胜之气继续攻打百济。唐军分水陆两路进发，水路1万多士兵和170多艘战船由刘仁轨亲自率领，行至白江口，忽然遭遇倭军，两军当即对阵。倭军依仗自己人多势众，蜂拥而冲向唐军。刘仁轨从容指挥，转变阵形，分船队为左右两队，从两面包抄倭军，使倭军的战船只能相互碰撞而不能旋转掉头。倭军的指挥于是大乱，唐军趁势掩杀，结果四战皆胜，焚烧倭军战船400多艘，倭军落水而死者不计其数。倭军不得不惨败而归国，倭国扩大自己在朝鲜势力的企图自然也灰飞烟灭。

这场大海战就这么结束了，影响却很深远。倭国外援被击败后，百济再次被灭，高句丽也紧接着在668年被唐朝灭亡，唐朝的版图至此达到全盛。日本从此之后老老实实向中国学习了几百年，直到丰臣秀吉侵略朝鲜，大明出兵援救朝鲜，日本才再次向自己的老师开战。

《朱元璋传》的不同版本

朱元璋画像

我读历史主要读民国以前的历史，不爱看当代史，因为觉得当代史离现在太近，很多事情还是各说各话，说不清楚。但当初读吴晗的《朱元璋传》时，不得不了解了一些当代史，因为这段当代史，极大地影响着吴晗这本书里写的古代事。

吴晗的《朱元璋传》有很多个版本，有人考证一共是7个，不过通行的说法是4个。一是1944年在重庆出版的《由僧钵到皇权》和《明太祖》；二是1947年至1948年完稿，1949年4月上海新中国书局出版的《朱元璋传》；三是1954年至1955年改写的《朱元璋传》油印本；最后是修改于1964年，1965年2月由三联书店出版的“最终本”。

现在能买到的，当然都是再版书，但再版的是哪一版，区别很大。我读的是根据1949年版重印的，后来跟1965年版比较了一下，发现几乎是两本书。

根据上海新中国书局自己的一份介绍，1948年吴晗的第一版写成时，他从北平来到延安，毛泽东在百忙中认真阅读了《朱元璋传》的原稿，对书中的问题提出自己的意见，并在给吴晗的信中指出：“……即在方法问题上，先生似尚未完全接受历史唯物主义作为观察历史的方法论。倘若先生于这方面加力用一番功夫，将来成就不可限量。”他还对书中有关彭莹玉功成不居的文字不以为然，对吴晗说：像彭和尚这样坚强有毅力的革命者，不应有逃避行为，不是他自己犯了错误，就是史料有问题。

1954年，吴晗开始对1949年出版的《朱元璋传》进行改写，用了整整一年时间，改写成《朱元璋传》的第3个本子。在这次修改中，他利用新的史料纠正了彭莹玉的结局；从官僚机构、军队和特务网几方面比较全面地介绍明初的国家机构；以历史唯物主义的态度，肯定了明初农业、工商业等社会生产力的发展。文章的理论性大大增强了。为慎重起见，这个修改本没有出版，而是油印了100多本。毛泽东看了修改稿后，明确提出：朱元璋是农民起义领袖，是应该肯定的，应该写得好点，不要写得那么坏。

到1965年，《朱元璋传》出了新版本，吴晗在《自序》中对1949年版本作了三点检讨：一、有超阶级思想，对彭莹玉和尚的评价和史料引用不当；二、当时不懂马列主义关于国家的学说，以为国家机器只是官僚机构和军队；三、以朱元璋影射蒋介石，故对朱元璋有苛评。这三点检讨，都来自于毛泽东的批评。

于是就有了1949年版和1965年版的巨大差异。下面这个表，是两个版本的目录的区别，仅从目录看，就能咂摸出很多味道来：

自序	
第一章　流浪青年	第一章　小流氓
一、小行童	一　小沙弥
二、游方僧	一　游方僧
三、红军起义	三　逼上梁山
第二章　红军大帅	第二章　红军大帅
一、九夫长	一　小亲兵
二、小军官	一　小军官
三、大元帅	三　大元帅、大丞相
第三章　从吴国到吴王	第三章　从吴国公到吴王
四、鄱阳湖决战	一　鄱阳湖决战
五、取东吴	二　取东吴
六、南征北伐	三　南征北伐
第四章　开国皇帝	第四章　大皇帝的统治术
一、国号大明	一　大明帝国和明教
二、统一南北和对外内政策	二　农民被出卖了
三、建都和北边防御	三　新官僚养成所
四、中央集权的加强	四　皇权的轮子——军队
	五　皇权的轮子——新官僚机构

	六　建都和国防
	七　大一统和分化政策
第五章　政权的支柱	第五章　恐怖政治
一、地主、官僚和人民的义务	一　大屠杀
二、常备军和特务网	二　文字狱
	三　特务网
	四　皇权的极峰
第六章　社会生产力的发展	第六章　家庭生活
一、农业生产的恢复和发展	一　马皇后
二、棉花的普遍种植和工商业	二　皇子皇孙
	三　教养和性格
	四　晚年的悲哀
第七章　统治阶级的内部矛盾	
一、胡蓝党案	
二、空印案和郭恒案	
三、文字狱	
第八章　家庭生活	
一、多妻多子孙	
二、思想和生活	
三、辛勤的一生	
朱元璋年表	附录　朱元璋年表
	编辑本段序言

不过，尽管吴晗努力跟上新时代，他后来还是被批斗死了。

杨家将真相

前几天有人问我杨家将是不是真的，佘太君、穆桂英等一干女将是否都真有其人。恰好我还真看过这方面的资料。

概括地说吧：杨继业（真名杨业）是真的，他卫国阵亡是真的；杨延昭是真的，但不是六郎；杨宗保不存在，佘太君不存在，穆桂英、杨排风什么的也都不存在；潘仁美（真名潘美）不是奸臣，是大宋忠臣、开国元勋，他与杨家没有私怨，嫉妒杨业是有的，但说是他害了杨业也不完全公平。

杨业本是麟州人，也就是现在陕西神木那一带的，曾是北汉的将领。大宋建立后，宋太宗亲征北汉，围太原多日。杨业一直率军守城，连主帅都投降了他仍苦战。宋太宗爱他的才能，派他的原主帅劝降，他终于降了宋。因为他习知边事，太宗让他知代州兼三交驻泊兵马部署，做潘美的手下。驻边期间，他多次带兵打退辽军的侵犯，斩首多人，威名远播辽朝。辽军一见他的旗帜就胆战心惊、退避三舍。

据《续资治通鉴长编》记录，因为他太有才，“主将戍边者多嫉之，或潜上谤书，斥言其短”。这个“潜上谤书”的人是谁，书里没说，估计有潘美。

雍熙三年（986），宋太宗举全国兵力，分三路总攻辽国，想一举拿回燕云16州。但此时辽国国力正强，而宋太宗却又不是个军事能力很强的人，还很爱指挥，因此宋国大败。其他两路军都溃败或撤退后，潘美、杨业率领的西路军负责掩护四州居民迁入内地。因为当时形势不利，杨业认为不可正面接战。但监军王侁却指斥杨业怯懦，说“领数万精兵，而怯懦如此！”杨业只好出战。

临行前，杨业与王侁、潘美约定，让二人在陈家谷口两侧埋伏强弩步兵接应，自己抱了必死之心出战。王侁派人登高瞭望，不见契丹队伍，误以为敌人败走，欲争战功，便领兵离开谷口，前进20里。后听说杨业战败，干脆引兵撤退了。作为主帅，潘美完全知道擅离防地的严重后果，却未努力阻拦，要说没责任绝对是说不过去的。

杨业引兵出朔州30里，遇辽军伏兵，宋军大溃。此时杨业麾下还有百余人，他说：“你们都有父母妻子，与我一起死不值得，还可以突围报效天子。”众人感动流泪，但没一人离去。杨业且战且退，转战到陈家谷口，见空无一人，抚胸大哭，后堕马被俘。被俘后他拒绝饮食，3 日后去世。他的儿子杨延玉也死于此战，将士无一生还。

此战之后，王侁被除名发配金州，潘美降官三级，不过后来又都恢复了。

杨业的儿子见诸史籍的有 7 人，评书《杨家将》中谈到的杨六郎杨延昭，其实应该排老大或老二，他后来也是一代名将。史书中没有杨宗保其人，而佘太君、穆桂英等就更不用说了。

潘美是大宋忠臣名将，一生勇敢善战，多次建功，“平南汉、收南唐、灭北汉，所向披靡，功勋彪炳”。他曾拥立宋太祖上位，因此是开国元勋。他对大宋的功劳，肯定是比杨业多的，陈家谷之败，是他一生中唯一的污点。

杨家将的故事虽然在北宋就开始流传，但成为后来那个样子却是在宋室南渡以后，“时经丧败，民不聊生，恨金人之侵扰，痛国耻之不复”，追念起太宗时“倘能重用杨无敌以取燕云，则女真蕞尔小夷，远隔塞外，何敢侵凌上国”。于是，杨家将的故事，就这么出来了。其实不过是拿别人的酒，浇自己的胸中块垒罢了。现在出现很多被歪曲被美化的历史，原因也都跟这个差不多。

宋朝前后，两个中国

网上喜欢流传一句“宋亡之后无华夏，明亡之后无中国”，还有一句“崖山之后，已无中国”，很多人对此发表过感慨。其实这话是日本人说的，是当年为侵略中国营造的舆论而已，拿它当真就比较可笑了。

不过从某个程度来说，“崖山之后已无中国”有一点道理——不是说中华文明真的断裂了，而是宋之后至新中国成立之前的中国，确实已是另一个中国，一个与汉唐时期完全不同的中国，而我们今天继承的中华文明，基本来自宋之后的这些。

宋以前的中国是很有血性和义气的，樊於期为一句话就可以割下头颅赠人，尾生为了遵守跟人的约定抱柱而死——这都不仅仅是先古时代的传说。唐朝时候的文人都有武功，像李白“十步杀一人，千里不留行”，像王昌龄“仗剑行千里，微躯敢一言”……唐朝的风气是“及第不必读书，做官何须事业”，汉朝像班超带十几个兄弟拿下一个国家的事情史不绝书。那时人的精气神和独立性，都和后世有着极大的不同。汉唐的社会风气也比后代开放很多，直到北宋时期仍沿袭着同样的观念，宋真宗的刘皇后嫁他之前是别人的老婆，宋哲宗的妈有过三任丈夫，社会不仅没对她们有过半点歧视，哲宗甚至还给三个父亲都追封了谥号。

改变这一切的就是宋，或者说得更精确一点的话，是南宋。

宋朝从开国起就崇文抑武，这种风气自唯一的武将出身的皇帝太祖死后就更明显了。从官僚等级上，文科科举进士授职正八品，三四年一升迁，武将科举优等授职正九品，七年才一升迁。边防大事不到万不得已都不派武官而派文臣，相当于军委主席的枢密使一职也多由文臣担当。从社会心理上，宋朝儿童启蒙读物《神童诗》，第一句就是“天子重英豪，文章教尔曹，万般皆下品，惟有读书高”，民间流行的俗语则是“做人莫从军，做铁莫做针”。从风气上，武将再优秀、再努力也受鄙视：狄青为北宋立下赫赫战功，却在朝堂上不断受诽谤，年纪轻轻郁郁而死；杨继业对国家忠心耿耿，却被一个太监逼死；至于岳飞就更不用说了……汉唐时期从军报国、建功立业的英雄气概就这样成了过去。到明清，这种风气更向极端化发展，学点武艺变成了不务正业，连亲妈都会揍他，生生把一个民族从尚武之族变成了东亚病夫。

改变中国民族性的另外一个重要节点就是理学的出现和官方化。宋朝学术蓬勃发展，对儒学进行了多方位的探索和发扬，出现了很多流派。这本来是件好事，但到南宋末年，官方独尊了朱熹学派一种，并将其官方化。程朱学派后世称为理学，他们的研究不可谓不好，他们本人的人格也是很崇高的。遗憾的是一种学术一旦官方化，总会取其有利于统治的那些部分予以强调，而后世的所谓传承者又往往把其中的只言片语极端化，这种做法产生的影响，是研究者所始料不及的。

程朱理学在他们提出的宋朝并没有影响到普通百姓，他们的影响，到明清时才逐渐深入到社会的每个单元。“饿死事小失节事大”“存天理灭人欲”之类的说法慢慢成为教条，尊卑有序成为普遍标准，本来个性张扬的民族被框进了“礼法”的窄条当中，谁也不敢越雷池一步，不仅害己，还积极害人。宋朝本来是个“妇女多能诗”的社会，到了明朝就开始尊奉“女子无才便是德”。而“一仆不侍二主，一女不嫁二夫”这类观念，又把人彻底奴化，知识分子慢慢就成了一姓家奴，还以此为荣。宋以前没有多少人会为了某个朝代的灭亡而死，宋以后，每个朝代都有大批人自杀殉国。这一点，不知道算是好事还是坏事。

真实后宫的《甄嬛传》

人民群众喜闻乐见的《甄嬛传》写后宫争斗中，落败的嫔妃危险万状，沈眉庄偶尔失宠一次，太监就一天才送一顿饭，菜里竟然还下了毒；甄嬛惹皇帝生了次气被禁足，御膳房送来的饭就都是馊的，生病了也被侍卫百般阻拦不让请太医，险些病死。贵为皇妃，却随时生活在生死边缘，还不如老百姓过得好。

《甄嬛传》是个虚构的剧，但这些情节却都很真实。历史里的后宫，就是这么残酷。以下的情节你完全可以代入到剧中去。

明熹宗朱由校的皇后张氏，就曾差点死于宫斗当中，害她的还不是嫔妃，而是皇帝的乳母客氏。

朱由校是个软弱的皇帝，童年常受虐待，因此很依赖自己的乳母。他当皇帝后，封乳母客氏为奉圣夫人，后宫很多事都由客氏主持。客氏与大太监魏忠贤内外勾结，把持国政，皇后张氏很看不惯，常常在皇帝面前汇报两人的过失，因此得罪了两个人。

天启三年（1623），张皇后怀孕了。客氏和魏忠贤以侍候皇后为名，将皇后身边宫人驱逐一空，安插上自己的人，寻找各种机会暗害张皇后，最后终于使其流产。用的什么方法史书没说，不过肯定不是《甄嬛传》里的麝香——那是虚构的，麝香没那么大的功效。

皇后与客氏等人的梁子是结下了。一次皇帝到皇后宫中，看到桌上放着一卷书，就问："是什么书？"皇后说："《赵高传》。"赵高是史上著名的祸国宦官，

皇后放此书的意义自然明显。魏忠贤等人听说之后大怒，第二天就设下诡计，埋伏了几个身怀利刃的武士在便殿，令皇上发现，之后自然押送到魏忠贤负责的东厂审理。魏等人希望通

过此举兴起大狱，诬陷皇后。不过此举被魏忠贤的属下王体乾阻止了，他的理由是“主上凡事愦愦，独于夫妇兄弟间不薄，脱有变，吾辈无噍类矣”。意思是说当朝皇帝虽然糊涂，但对夫妇和兄弟特别亲，谋害皇后万一不成功，会把自己栽进去。魏忠贤仔细一琢磨确实如此，赶紧把几个武士都给灭口了。

张皇后跟皇帝夫妇和睦，处境都如此危殆，下面的嫔妃就更不要说了。有个裕妃张氏，得罪了客氏，被幽禁于宫中，宦官就不给她送饮食。这个妃子可怜到天下雨时，趴在地上喝屋檐淌下来的水，但后来还是死了。惠妃范氏失宠，李成妃侍寝的时候替她向皇帝求情，也被幽禁到宫中，遭到跟裕妃一样的待遇。幸好李成妃心眼多些，早早在屋檐的瓦缝里藏了很多食物，靠这些食物活了半个多月没死，最后被贬为宫人。

终熹宗一朝，7 年的时间，多名嫔妃被废掉、被害死，由于深宫事秘，连具体数字都统计不出，史书中只能说了个“甚众”“莫详也”。而熹宗朝也并不是特殊的时代，熹宗自己的生母王才人，就是被其先帝的另一位级别低于她的宠妃害死的。

《甄嬛传》里有哪些事是真实的

前几天上网查图片，在搜索提示中发现很多人搜过“清朝皇妃甄嬛老照片”，差点没把我笑死。且不说甄嬛故事发生的雍正年照相术还没发明，单说甄嬛，那也是个虚构的人物，历史上哪儿有这个叫“甄嬛”的皇妃啊？！

小说《后宫·甄嬛传》没有写明事件的发生时间，由小说改编的电视连续剧将它安排到了清朝雍正年间，并且把史实和故事巧妙地融合在了一起，生生在历史中插进去一个不存在的人，而且没什么违和感。

真实历史中没有甄嬛，但熹贵妃是有的，就是四皇子弘历，也就是后来的乾隆皇帝的生母，姓钮祜禄氏。和电视剧里说的不一样，她出身不佳，进王府时只是个粗使丫头，长得也不漂亮。19 岁时被还是王爷的雍正临幸了一次，就怀了孕，生下了弘历，而且也并没因此得到宠爱。命运的改变起始于弘历 12 岁时，爷爷康熙皇帝第一次见到弘历，就大为喜爱，将其带到宫中养育，并特意看了钮祜禄氏一眼，赞其“果然是有福之人”。从此，这个普通的丫头就命运扭转，先被封为熹妃，后晋封为熹贵妃。等儿子当了皇帝，她顺理成章当了太后，并又健康愉快地活了 40 多年。

雍正的皇后确实如《甄嬛传》中所说，姓乌拉那拉氏。但剧中所描述的皇帝对首任皇后纯元心心念念矢志不忘，纯元皇后早夭后乌拉那拉氏接位上岗这段情节，却是取自雍正的儿子乾隆皇帝的经历。乾隆皇帝 17 岁时，雍正为其选妃富察氏。她比乾隆小 1 岁，聪明绝顶又天真烂漫，温柔又善良，与年轻的乾隆情深意笃。虽然后来进宫的妃子不断，但乾隆对她的感情却始终不渝。她为乾隆生了一个女儿、两个儿子，但两个儿子都先后夭折，这样的经历不仅打击了她的情绪，也摧毁了她的身体。乾隆十三年（1748），她陪乾隆出巡时，病死在路上，被追封为孝贤皇后。乾隆对此非常伤心，终其一生，都不断写诗怀念孝贤纯皇后，皇后寝宫里所有的陈设，也始终如她在时一样摆设，直到乾隆退位。为了使后宫不致空虚，乾隆十五年（1750），他册封另一位妃子乌拉那拉氏为皇后，但新皇后始终有名无实，乾隆并不喜欢她。十几年后，一直备受冷落的新皇后与乾隆发生冲突，被打入冷宫。

电视剧中的年羹尧之妹华妃，在历史中也是存在的，她在雍正尚为王爷时进藩，被封侧福晋，跟雍正关系一直很好。她为雍正生过三个皇子、一个皇女，不过遗憾的是这几个孩子全都早夭了。雍正登基后的第三年她就病倒了。为了让她好起来，雍正在病床前册封她为皇贵妃，但 7 天后，还没来得急行册封礼的年氏就去世了。

弘历的弟弟弘瞻出继果亲王允礼的事也是真实的，只不过和剧中情节不同的是，弘瞻是谦妃刘氏生的，不是熹贵妃；乾隆登基时弘瞻才两岁，不可能有机会和乾隆竞争皇位。

水乡北京

现在的北京是个严重缺水的城市，人均水资源占有量不足 300 立方米，远远低于国际公认的 1000 立方米的缺水下限，为全国人均年占有量的八分之一。

但北京又是辽、金、元、明、清五个朝代的都城。世界上许多古都均是傍水而生，难道北京是个例外？

“春湖落日水拖蓝，天影楼台上下涵。十里青山行画里，双飞白鸟似江南。”这是明代“吴中四才子”之一的文征明在北京生活的一段真实感受，在他眼里，北京仿佛拥有似江南的家乡美景。

北京特殊的地理环境，造就了丰富的水资源

北京城，已经诞生了 3052 年，作为都城，已有 1288 年的历史。

北京西北三面环山，东南是朝海接阳的沃野平原。

护城河

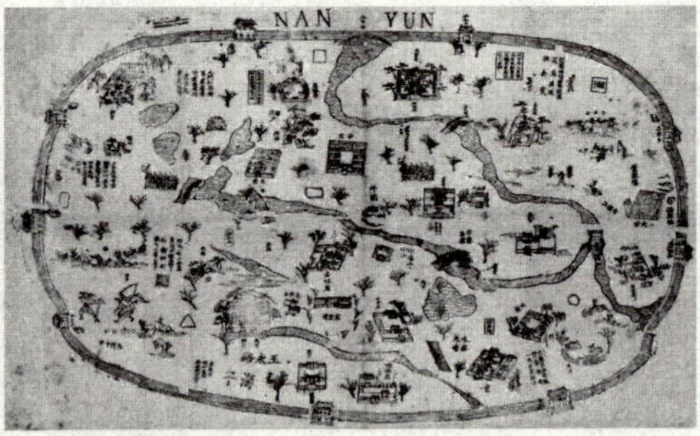

南海子老地图

运河

长河老照片

北京特殊的地理环境，造就了丰富的水资源和秀美的山河。永定河、拒马河、潮白河、沟河四条自然水系，穿山越野咆哮而来，沟通了北京200多条小河大渠和湖泊坑塘后，滋润了北京的万物生灵。

一代代君王，在这里修筑高大城墙的同时，也挖掘了宽大的护城河。自有资料可查的辽代开始，至明清北京城止，护城河，总长度达130多里，河渠纵横的北京大地上，形成了一道道网格线，在这些水乡网格中，又有无数个坑塘洼淀，与郊区大大小小的湿地和山泉，组成了一幅胜似仙境的巨幅立体水景图。

“运河般宽阔的护城河，是这幅风景画的主体，岸坡下有幼童在芦苇中像青蛙一样玩耍，水面上浮游着群群白鸭，溅着水花，发出嘎嘎的声音回答着主人的呼唤。提着洋铁桶下到岸边打水的人往往要蹲上一会儿，静静地欣赏这幅田园般的景致……”这是瑞典人奥斯伍尔德·喜仁龙的游记《北京的城门与城墙》中描述的20世纪初的前三门护城河。

辽金元明清以至民国各朝各代，都把都城选在北京，就是因为北京有得天独厚的山水地理环境。

萧太后指挥开挖了北京第一条人工运河

契丹人的辽代大后方，在今内蒙古的东部一带，为了解决陪都燕京的城市供应，每年将大量粮草物资，从渤海湾水运到天津附近，然后走大运河，运抵通州的张家湾。从通州到燕京城里，还有40多里的路程，若靠车载人拉，费时费力，效率很低。

辽圣宗时期，在萧太后的指挥下，挖修了一条从张家湾到迎春门（约在今南横街东段附近）的人工运河，这是北京都城历史上第一条漕运河道。当年，张家湾以南的漷县一带，是方圆百里的延芳淀，《辽史》记载：“延芳淀方数百里，春时鹅鹜所聚，夏秋多菱芡”。

现如今，昔日的延芳淀早已变成洼地农田，只有老迈龙钟的萧太后桥还在。

为忽必烈解忧，郭守敬修了北京第二条运河

蒙古人的大元朝，人马需求，比辽金时期更多，但辽代的运粮河道其时已淤塞断流。为了支撑庞大的中央政府和对外战争，每年南方的粮食、木材和丝织品等走大运河水道，货物运到通州后，只能陆路运进京。元代水利学家郭守敬向皇帝提出六项治水建议，第一条就是修复中都城到通州的漕运河道。

根据当时的水源情况，郭守敬认为，高粱河东北部的一条支流上承玉泉之水，中途又汇白莲潭水，如果把这些水灌入高粱河东段的旧河道，就会重新打通这条漕运路线。郭守敬的建议得到皇帝批准。至元十六年（1279），从光熙门到通州 50 多里长的漕运河道，重被疏浚通航，称为坝河。为了控制因地势高差形成的湍急水流，沿途修建了王村坝、郑村坝、西阳坝、郭村坝、常庆坝、千斯坝等七座闸坝，形成梯级水面，分段行船。还安排了 8377 户维护和控制闸坝的夫户，950 户船户，这些夫户，不分冬夏寒暑，整日劳作在坝河两岸，每天 190 多条大小船只，来往于这条漕运河道上，其势颇为壮观。

第三条运河——通惠河，有北京的生命河之称

若论数漕运功劳，堪立头功的当数通惠河。在十里长安街东段的建国门路南，有一处古观象台遗址，它就在元大都城的东南拐角处，通惠河从南侧流出城。

当年通惠河上的船队，就是从观象台南侧向西，经北京站和苏州胡同继续向西又向北，接通从积水潭流出的水道。

今天积水潭边的郭守敬纪念馆南侧水面，原先就是元代的积水潭码头。西直门立交桥中心东侧，就是积水潭的西岸，北岸在地铁车辆段以北，东边和南边的水面也比现在大得多，这片水面与二环路北边的水面是连通的，到了明初，水势仍很大。明清时期，许多名人富户，都在码头周围修建豪庭名园。

郭守敬为了解决大都城的供水和漕运水源问题，踏遍北京西北郊，终于在昌平找到了有十几条泉眼的白浮泉。

在郭守敬的主持下，于至元二十九年（1292）春动工修建这条漕运河道。次年秋天，上自白浮泉，下至通州高丽庄入白河口的济漕工程全线贯通，全长 160 里零 140 步。琼浆玉液似的河水，从瓮山泊南出口流出，经长河引入今紫竹院湖继续东流，一部分水注入大都护城河，主要水量由西海（积水潭）南折入城，晶莹清澈的山泉水，经后海、前海，沿萧墙东侧（今南北河沿）南流，在今长安街南侧，汇入元代南护城河，然后经今东单、船板胡同、北京站，出东城流向通州大运河方向。

漕运之外，皇家苑囿受益更丰

今天驱车行进在东二环路上，一点儿漕运的影子都看不见，因为早在20世纪70年代初，护城河就被填埋在二环路下。但东直门和朝阳门内的禄米仓、南新仓、北新仓等古老建筑，见证了这段漕运史。

明清时期，城外的通惠河两岸仍是杨柳拥堤、风光旖旎，清纯的河水里鱼虾畅游，水禽时飞时落。

由于通惠河上水源的开辟，使得北京西郊水环境得以极大改善，清代开辟的西郊园林，受益更丰。古老的长河，因水源充足，也焕发出生机。长河，是清代帝后们前往颐和园的主要水上通道。乾隆曾用“柳荫深处是蓬莱”来比喻长河观柳的意境。初夏一到，慈禧太后就带着光绪皇帝到颐和园避暑，并处理朝政。他们坐轿到西直门外的倚虹堂，换乘船只一路西行。

今天在北京被视为偏僻落后的南苑，曾经是水域广阔的南海子，有凉水河、小龙河、凤河，到清代仍有“水泉72处”的记载。辽金时起帝王就在这里渔猎，并修建行宫。明代将南海子围成皇家园林。清朝修建旧衙门行宫、新衙门行宫和南红门行宫及寺院。1900年，南苑被八国联军烧毁。

（叶文龙撰文）

关于北京的风水传说

风水大师堪定北京龙脉

1421 年，明成祖朱棣决定迁都北京，当时遭到了许多大臣的反对，如河南布政史就上疏“建都北京非便”。因此，必须舆论先行，为迁都北京树立“理论自信”。

一天，永乐帝朱棣于南京宫中把礼部尚书赵羾叫到跟前，交给他一项重大任务：我们马上就要迁都北京，北京虽然“地脉厚重，山峰拱顾，可为长久之计”，但至今仍未找到王气所在之山。你去寻访一位精通风水的先生卜得山陵，我愿足矣！

赵羾找到江西术士廖均卿到北京堪定山陵。这位风水大师最后所选择的山陵，形势完备，左有青龙蜿蜒，右有白虎恭降，前有朱雀朝贡，内有河流环抱，穴居中央。

“永乐帝车驾临视，果见山势尊贵，天然秀丽，遂封其山为天寿山，定为自己的万年之地。”（《明太宗实录》）

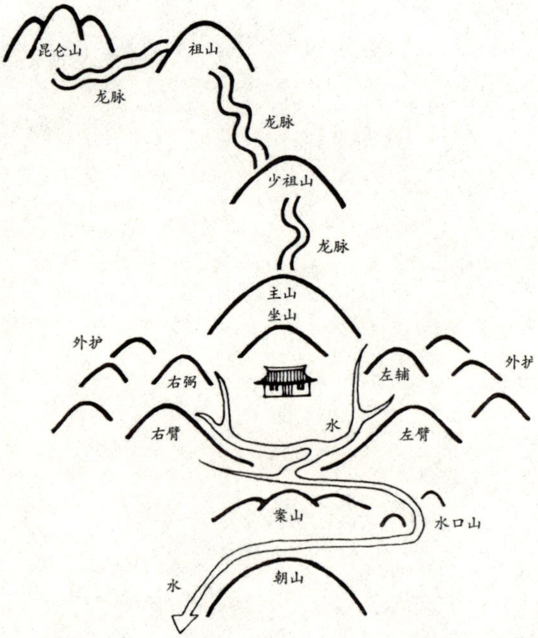

龙脉祖山、主山布局图

天寿山是北京城的龙脉主山

朱棣的智囊，还建立了一套完整的理论体系，以支持迁都北京的正统性。

中国大地上，分布着众多的山脉，大禹治水时，对全国的山川进行了一次大规模的勘察，定山脉为三列，这三列山脉后人称为三大干龙，三大干龙与风水相结合，称为中国的龙脉。

永乐皇帝的太子的老师徐善述从明王朝的角度出发，认为北干龙所在地理最广，燕山最高，其龙发脉于昆仑山，历经万里而结于天寿山。巍巍太行山从西南向东北，蜿蜒逶迤，奔腾而来；浩浩燕山山脉，重峦叠嶂，自西向东罗列簇拥，形成西、北、东三面合围之势，像一座屏风置于北京城的背后。北京城就像一把宝座，端端正正地摆在正中，谁坐在这把宝座上，向北可以控制漠北，向南则可俯视中原，实现“南面而听天下”的梦想。正如唐代杜牧所说，此为“王不得不王，霸不得不霸”之地。

天寿山被定为永乐皇帝的万年之山，成为北京城的龙脉主山。后来的明十三陵就建在天寿山。

从天下中心说到风水中心说

中国即“中央之国”，国人自古就以自己为世界中心。但明之前的国都，可不都是按照风水确定的。

周成王继位后，派周公到洛邑相土。周公采取古代测日影的“土圭之法”，测量东西南北到洛阳的距离，之后向成王报告说：“此天下之中，四方入贡道里均。”从此，洛邑被确定为天下的中心。

秦始皇统一中国后，立咸阳为都。但天下的中心不在关中，而在洛邑，怎么办？

秦始皇抬头仰望星空，想起一个办法，说咸阳是“宇宙的中心”。

秦始皇的信宫、阿房宫就是按照“宇宙中心说”建造的，就是以人工方式指定某宫殿为北极星的象征，再以此为起点建一条南北向的中轴以象征天轴，那么这座宫殿就成为大地的中心，它所在的都城也就被看成是天下的中心。

汉朝长安城、北魏洛阳城、隋唐长安城和北宋东京汴梁城，都是沿袭秦始皇的“宇宙中心说”营造的。

到了南宋，一位伟大的学问家朱熹站了出来，他称，“冀都是正天地中间，好个风水”。为什么呢？他从冀都（北京）画了一条线，前面有黄河环绕，正对泰山是为前案，淮南诸山是第二重案，江南诸山及五岭为第三、四重案，冀都恰好居天地中间。一根贯穿大地的全新的中轴诞生了。显然朱熹是从风水的角度来画这根中轴的，而且冀都的四象即玄武、青龙、白虎、朱雀完备；也就是说，朱熹提供了一个重建大地中心的理论——风水中心说。

于是，“风水中心说”成为建都的首要原则。元世祖忽必烈统一全国后，决定建大都城于燕京。刘秉忠是大都城的设计者，据《析津志》记载，他就是从风水角度来设计大都城的。

最好的风水在北京

明北京城的营建遵循了元大都的“生王脉络”之说，引进了风水理论。

北京的中轴起自奉天殿（清称太和殿），向北直抵鼓楼，向南则直达正阳门，后延长至永定门。全城重要建筑均布置于中轴上，其他次要建筑则都严格遵守对称排列的原则，配置在中轴的左右两边，以增强中轴及中轴上的建筑至高无上的地位。

中轴上的建筑之多、体量之大，远远超越了历代中轴上的设置。但紫禁城的中轴并没就此结束，而是向南一直延伸至五岭，而成为全中国的中轴。

明代的风水大师们，完全采用了朱熹的“冀都是正天地中间”之说，也就是说紫禁城中轴的延长，使泰山、淮南诸山、江南诸山成为紫禁城中轴延长线上的三个点，即为北京城的三重案山。这根中轴，把中国的万里江山统贯了起来，实现了唐人杨筠松所说的“千山万水皆入朝”的理想。

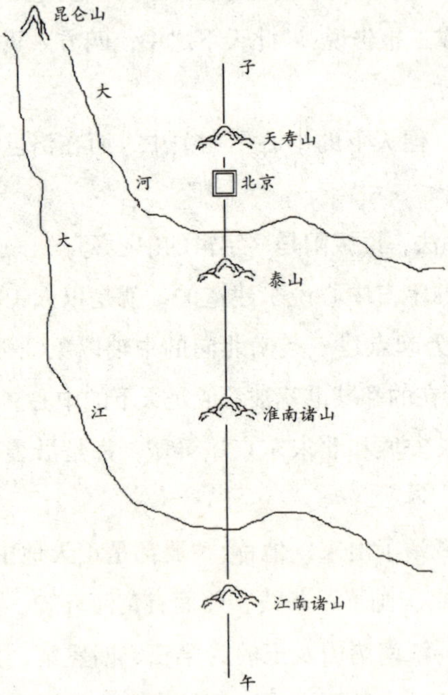

根据朱熹假想轴绘制的北京中轴图

紫禁城大中轴确定了，就确定了天下最好的风水在北京，北京也像北极星那样，“居其所而众星共之”。

风水塑造紫禁城

按徐善述的说法，龙脉聚结于天寿山后，便潜入地中，即“龙落平洋”，前面是一望无际的大平原。要在“方广千余里”的平原上定龙穴建紫禁城，按风水原则，还必须要有山相助。平原上倒是有一座山叫万寿山（今北海公园的琼岛），但不能用，因为它是元朝的镇山。紫禁城只能另建镇山，作为宫殿的山峰屏障。于是明人以人工方式利用开挖紫禁城筒子河的泥土在北海琼岛之东累筑万岁山（即景山）。

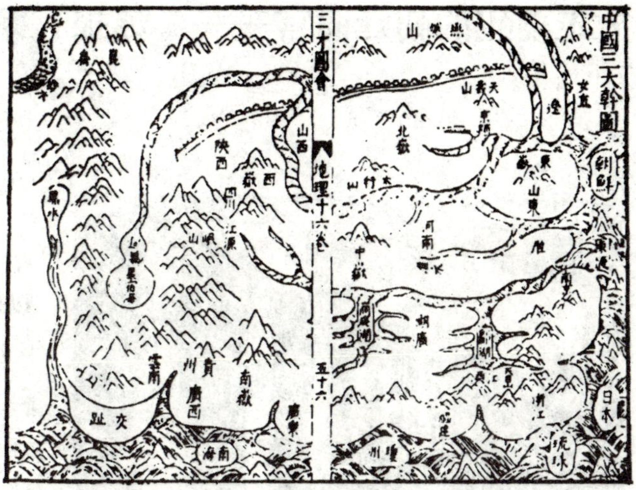

中国三大干龙图

金水河是人工开凿的一条河，明人完全按照风水思想塑造了它的形状和流向。金水河从西北方向引进来，按照周易八卦，西北属于乾位，乾位属于天门，这条河就是从天门进来的，它要向东南方向流出。为什么从东南方向流出？东南方向在周易八卦里面属于巽位，巽位属于地户。金水河把天和地连在一起，天地沟通，生气就流动其间。

金水河从西北进来的时候，一泻千里，没有任何建筑阻拦它，就希望它快一点流进紫禁城。但当它流经东华门即将从东南方向流出去的时候，弯道增加，河道变窄，还有数座石桥像带子一样系住它，让它流得慢一点，让生气永远留在紫禁城里。

金水河流过太和门时，形状像一张弓，一是象征固若金汤，一是象征朝拜，经过皇帝面前的时候，顿了一下，表示远道来朝。

要风有风，要雨有雨，阴阳和谐，刚柔相济，天地之气荡漾，这是中国古人的居住理想，紫禁城、万岁山和金水河完美地实现了这一理想。

（本文据故宫博物院研究员王子林《紫禁城的龙脉》一书编写。）

放走要犯的朝廷命官——《苏报》案里的人情

图为当时关押章太炎等的提篮桥监狱

《苏报》是清末上海租界的一张小报，戊戌政变后，“以鼓吹革命为已任”。1903年5月，该报约请当时还是学生的章行严（章士钊）做主编，章太炎、蔡元培、吴稚晖等7人轮流为该报撰文，言辞激烈，大骂光绪为“载湉小丑”、慈禧为“卖淫妇那拉氏”。清政府决定镇压，他们封闭报馆，逮捕了章太炎、邹容等7人，后章太炎被判刑两年，邹容被判3年，邹不幸于1905年出狱前病死，章太炎第二年出狱后即东渡日本。

被清政府上海道点名要逮捕的革命党人章太炎、吴稚晖、蔡元培、邹容4人，蔡元培闻风逃往青岛，吴稚晖和主编章行严竟然也逍遥法外，而且在章、邹抓进去数日后，吴、蔡还能自由自在地去探监，这是为什么？

原来，在清政府准备对《苏报》下手之前，两江总督魏光焘拟派一干员，赴沪会同上海道袁树勋主持其事，候补道俞明震自告奋勇，讨了这个差事。就是这个俞明震放了章行严、吴稚晖和蔡元培。

章行严后来在《苏报案始末记叙》中，解释了他所以未被捕的原因，因为他曾是江南陆师学堂的学生，而俞明震是该学堂的总办（校长）。章行严在校时，颇为俞明震所赏识，后来他与30多名同学，因参加革命活动被开除，到上海投奔了章太炎、蔡元培等成立的爱国社。

“……又本案初起，查办员未定，先生恐伤士类，竟争取此案入手。到沪之后，即命大纯（俞子）招吴敬恒参谒。蔡（元培）吴之逃，皆先生故意纵之。凡此种种，皆足说明先生之不肯名捕及余。”

吴稚晖（吴敬恒）在后来的回忆文章中，也详细记述了俞明震到沪后，让儿子俞大纯招吴稚晖来约谈的情景：

> 至大兴里（约在今三马路浙江路附近）七号，……彼等即让余等上楼梯，既登楼，即见靠窗坐一老官僚，面目依稀俞大纯，心知必系俞明恪士，彼起立笑面相迎曰："是稚晖先生乎？"余想既客气，或无危险，即应之。……俞开口即曰："苏报闹得太利害了，……太炎先生似乎闹得亦太凶。"余曰："二人脾气，恪士先生所知。但朝政如此，亦难怪出言愤激。"彼皱眉曰："话如此说，太利害，亦叫当道受不了。"即起至窗前案上，抽下一公文示余，即两江总督部堂魏（光焘）所发："照得逆犯蔡元培、吴敬恒，畅言革命，煽乱谋逆，着俞道会同上海道密拿，即行审实正法。"看至此，彼即抽回，压入书堆曰："笑话，笑话，我们吃面。"其时下面着青布长衫之先生，托一木盘，有面三碗，浇头两碗。俞先生坐下，且每碗先吃一筷曰："我们不客气"。若表示面与菜皆未下毒。余等亦泰然而吃，且曰："请先生照公事而行可也。"……彼又曰："笑话笑话，我想最好多到外国去留学，可帮国家革新。"……余等见无话，即起身告辞。彼送至楼梯头不下，曰："我住南京芝麻营六号，我们可以常通信，称我俞燕，你叫吴谦好了。"我莫名其妙，唯唯而别。

吴稚晖就这样漏网了。虽然后来有证据证明吴稚晖隐瞒了献策卖友的罪行，但俞明震徇情"枉法"，也是实情。而这漏网的和放人的，日后都成就了对中国近现代史甚至当代史有大影响的大家族。

先看章行严，即章士钊，后来与毛泽东相识，彼此成为故交，19 世纪 20 年代资助过毛两万元，他的养女章含之嫁给了新中国的外交部部长乔冠华。而吴稚晖后成为国民党元老，蒋介石毕生待之以师礼，亦被蒋经国视为老师。

俞明震，曾当过南京路矿学堂的监督，是鲁迅的老师，鲁迅称之为"恪士先生"。鲁迅在《朝花夕拾·琐记》一文中回忆他入江南陆师学堂附设矿路学堂读书时的情形，说："但第二年的总办是一个新党，他坐在马车上的时候大抵看着《时务报》，考汉文也自己出题目，和教员出的很不同。有一次是《华盛顿论》，汉文教员反而惴惴地来问我们道：'华盛顿是什么东西呀？……'"

被鲁迅目为"新党"的俞明震，字恪士，祖籍绍兴山阴，因父辈到湖南当官，成为湖南人；因三弟俞明颐与湖南最负盛名的曾国藩家族联姻，而被徐铸成称之为“湖南望族”。俞明震在光绪十六年（1890）中进士，曾于甲午战争前在台湾参加抗击日本侵略的战斗。他倾向变法维新，在陆师总办任内，两次带领陆师学生赴日留学，其中包括鲁迅和他的儿子俞大纯。

国民党后期的国防部部长俞大维，是他的侄辈，后俞大维之子与蒋家联姻，还娶了蒋经国的爱女。

俞明震的长子俞大纯，先后留学日本和德国，19 世纪 30 年代初曾任交通部陇海铁路局局长。俞大纯之子俞启威（即黄敬），20 世纪 30 年代从学运而参加革命，新中国成立初期任天津市市长、第一机械工业部部长。

（叶文龙撰文）

日本史料中的金日成

“打疯了”的复仇之战

1940年2月23日，东北抗日联军第一路军总司令杨靖宇在吉林濛江三道河子壮烈殉国。由于杨靖宇深得军心，得知这一噩耗的抗联各部在极端困难的情况下依然纷纷向日军发起复仇的反击，被敌人惊呼为“打疯了”。

发生在3月25日的大马鹿沟之战便是这“打疯了”的一场战斗。根据日方《满洲国警察小史》记载，这一天，间岛省警政长前田武市率领的日军警混合讨伐队进至大马鹿沟，即吉林省延边州的和龙一带，遭到一支抗联部队的伏击。

此时，日军组织的联合大讨伐正在顶峰，抗日武装遭到极大的困难。而这支抗联部队却以凶狠刁钻的作战风格在大马鹿沟包围了前田所部，并在连续的攻击中给敌造成重大伤亡。日军指挥官前田武市在要求谈判不成后绝望自杀，所部“全灭”，即遭到全歼。日方记录中标明姓名的前田部下阵亡人员包括“间岛省”警正山下精等56名（包括伪满即中国籍警察两名）。这56人的阵亡名单只标示了日伪警方的损失，此战关东军也有一部队参战，从总共被缴枪100支以上（日方承认数字）判断，关东军的伤亡也应该在数十人。

这场战斗发生在抗联斗争正遭遇低谷的时刻，在当时引发了极大震动，战后收拾战场的伪警察因为讽刺日本人，双方还差点发生斗殴。

是哪一位抗联将领打出了这样精彩的一场战斗呢？

指挥这场战斗的，便是当时的东北抗日联军第一路军第二方面（军）总指挥金日成。

图中左一为金日成

杨靖宇的部下

20世纪30年代中期以后，东北抗日联军第一路军是南满抗日游击作战的主力。

1938年7月前，在总司令杨靖宇麾下共辖第一和第二两个军，金日成担任第二军第六师师长。为了消除第一师师长程斌叛变的影响，1938年7月第一路军进行了改编，编成三个方面（军）和一个与之同级的警卫旅。实际上，每个方面（军）的兵力不过千人，但多为百战精兵，战斗力极强，故此给日军造成很大威胁。金日成担任第二方面（军）总指挥，活动于和龙、安图、东宁等地。从战斗序列而言，杨靖宇是他在抗联之中的直接上级，故此才有为杨复仇的大马鹿沟之战。

作为一名朝鲜抵抗者，金日成怎么会成为东北抗日联军的将领呢？

金日成在自述中解答了这一问题。金日成本名金成柱，曾用名金一星，在抗日战争中改名金日成。他1912年4月15日出生于平壤万景台一个有着反日传统的朝鲜家庭，1925年随父移居中国，后进入吉林市毓文中学学习。和很多朝鲜有志之士一样，金日成自幼关注朝鲜争取独立自由和反抗日本侵略的斗争，思想比较激进，加入了朝鲜共产青年同盟。毓文中学的校长李光汉是周恩来总理的同学，对于金颇多庇护。金日成到晚年对其仍十分感激。

1928年，朝鲜共产党因为各种原因解散，共产国际要求朝鲜的共产主义者以个人身份加入中国共产党。因此，1931年“九一八事变”爆发后，金日成加入中国共产党，投身抗日，并在1932年在吉林安图县明月沟创建了安图县抗日

金日成（左一）、季青（左二）、崔贤（右二）、安吉（右一）的合影

图为抗联教导旅官兵在苏期间的合影。前排右侧坐者为金日成，一排右二李淑英（七军战士）、右三金贞淑、右四黄顺姬（二军战士）、右五金哲镐，二排右一沈风山（第一军警卫旅战士），三排右一柴世荣、右二季青，摄于 1941 年。

游击队，自己担任队长，从此成为东北抗日联军中的一员。

日本人定点清除的抗日悍将

据《宝清县县志》记载，1938 年 7 月金日成曾指挥抗联骑兵在黑龙江省宝清县二甲沟与日军接战，并成功地全身而退。这段记载中保留了普通中国民众对这名年轻抗日将领的印象："个头不很高，长得很英俊，穿着很朴素"；"头脑非常精明，眼睛看啥事看得也准"；"队伍纪律非常严明，不许进女眷住处，不许与妇女说笑，不许向百姓索要东西"。

而在日本关东军的作战挂图上，也常年可以找到"金日成"的名字及其活动区域。根据日本《独立守备第八大队战史》中记载，该大队在 1939 年到 1940 年的"联合大讨伐"（即致杨靖宇于死地的那次扫荡）中，除刚遭重创的第二中队外，其余三个中队均配备电台，分别追击三个目标，以将目标个人击毙或消灭为目的。这三个目标，便是杨靖宇将军麾下最能打的三名将领：第二方面总指挥金日成、第三方面总指挥陈翰章和警卫旅旅长朴德范。其中，日军给金日成的代号是“熊”，陈翰章是“虎”，而朴德范是“狼”。三人中，朴德范后被俘叛变，陈翰章壮烈殉国，只有金日成始终让日军可望而不可即，得以一直战斗到抗战胜利。

由以上中日双方的记录可以看出，金日成在当时的抗日战场上堪称悍将。

苏联红军88旅特种兵军官

不过，东北战场是日军作为“帝国生命线”经营的，敌我兵力过于悬殊。日本关东军在投降之时，仍有百万兵力，而抗联在全盛时期兵力也不超过五万名。由于日军的残酷镇压，抗联部队在1940年前后陷入了极端的困难。金日成在极度困难之中，奉第一路军政委魏拯民的命令撤过边境，退入苏联境内进行休整，驻扎在乌苏里斯克附近。

1942年，经整编，退入苏联境内的抗联部队编为东北抗日联军教导旅，驻扎在维亚斯克附近。该部共编为四个步兵营和一个无线电营，指挥机构由旅长周保中、政治副旅长李兆麟，以及苏联联络官王新林等组成。金日成在其中担任第一营营长职务。这支部队是东北抗日联军的火种，也是中国第一支使用苏式装备的特种部队，此后的数年中不断以袭扰、破坏、侦察等手段入境作战，在东北境内显示着中国抵抗力量的存在。

入苏后，金日成也曾多次率部入境作战，包括执行寻找魏拯民等任务（证实魏拯民已经牺牲后撤回），以及化妆侦查日军边境要塞等。1945年8月，盟军对东北境内的关东军发起全面反攻，金日成等抗联教导旅官兵也参加了这次反攻，且金日成战后因此役抗日功绩卓著荣获苏联红旗勋章。

第二次世界大战结束后，金日成率领部分部队返回朝鲜，在盟军支持下建立政府，后成为朝鲜国家领导人。但他在世之日时时惦念在中国的老战友，并经常邀请他们到朝鲜访问。看来，在抗联的对日作战岁月，是金日成心中一段难以忘怀的记忆。

（本文为萨苏专供《时拾史事》特稿。）

戴笠死于军队腐败

图为戴笠葬礼现场

1946年3月17日上午，号称“蒋介石的佩剑”、国民党军统局副局长戴笠踏上青岛飞往上海的飞机。飞机刚起飞，天气就开始变坏。戴笠只好临时决定改飞南京。然而，南京依然是乌云密布、雷电交加，飞机在南京也无法降落。下午1点13分，戴笠乘坐的专机在南京郊县江宁县的岱山坠毁，机上人员无一幸免。此后，关于戴笠死亡的真正原因一直众说纷纭，有N种推测和说法，有人说是因为戴笠日益跋扈，蒋介石担心其将来尾大不掉，妨碍蒋经国，被蒋害死的；也有说他的得力干将马汉三因贪污之事败露，担心被戴笠制裁，派心腹在飞机上放了定时炸弹的……不一而足。

流传甚广的民间迷信传说则是，戴笠死于岱山，岱与“戴”同音；戴笠遗体散落在南京岱山山头的“困雨沟”，且戴笠字“雨农”，冥冥中似乎注定了他的人生终点就在这“困雨沟”。

那么，戴笠的死亡原因到底是什么？曾在当年国民党空军航空队里工作，并且亲历了戴笠摔死事件的赵新，透露了这样一个鲜为人知的事实：当天，原本计划是赵新为戴笠驾驶飞机（飞上海）的，但是，航空队队长临时下令，换了技术较差的张远仁去替代赵新驾驶飞机。为什么呢？原来，抗战胜利之后，国民党军政界兴起了一股到上海做炒卖黄金、美钞生意的歪风，国民党空军，也不能免俗。飞行员张远仁听说有去上海的任务，赚钱心切，立即给队长送礼，一再要求队长派他飞上海，好顺带做一笔黄金美钞生意。平时张远仁与队长同住一院，关系也好，在队长考虑张的技术水平不高，正犹豫不定时，张远仁说：请队长也出些本钱，入一股，一定能赚回大钱，给队长分红。张把队长说动了心，

1946 年 3 月 26 日国民党政府公葬戴笠，图为蒋介石亲往致祭情形。

于是，他们两人在 222 号飞机起飞前夕，连夜准备妥当，由张远仁赶到机场，并以队长的命令，将赵新撤换了下来。结果，技术不过硬的飞行员张远仁，驾驶着飞机，搭载着戴笠，不幸又遇上了恶劣天气，结果飞机失事，戴笠因此而摔死。

1946 年 3 月 26 日，蒋介石着特级上将制服，率军政大员为戴笠送葬。蒋介石亲笔为戴笠题写挽联：“雄才冠群英，山河澄清仗汝迹；奇祸从天降，风云变幻痛予心。”

公祭戴笠之时，蒋介石更是数度落泪。后来蒋介石又专门抽出时间与宋美龄到灵谷寺凭吊。凭吊之后，颇信风水的蒋介石还亲自为戴笠选择了安葬之地。

1949 年，国民党从大陆败退台湾，痛定思痛后，蒋介石曾经说过这样一句话，他说：“戴雨农同志不死，我们今天不会撤退到台湾”。

1953 年年初，一直不能忘怀于戴笠的蒋介石，命令毛人凤不惜代价将戴笠遗属和后裔从大陆接到台湾。毛人凤奉蒋的指示，派保密局特工从台湾潜至上海，与潜伏在上海市公安局的特务接上关系，找到了戴笠的儿媳郑锡英一家，并为四人办好了去香港的出境证。1954 年年初，因前来接应的特工必须带领她们出境赴台，郑锡英只好将次子送给别人，让特工顶替次子之名，带她和另外两个儿子，同至香港，再至台湾定居。

（冯学荣撰文）

湖南代表贿选始末

委员长不支持，我也能当选

1948 年 3 月 29 日，国民党“行宪国民代表大会”召开，主要议程是竞选“总统”“副总统”。4 月 19 日，国民大会选举蒋介石为中华民国总统。其后，国民党内部各派围绕“副总统”的竞选展开了激烈的争夺。参加“副总统”竞选的，计有孙科、李宗仁、程潜、莫德惠、于右任和徐傅霖六人。

孙科原是蒋介石预定的接班人。然而抗战期间，孙科主张亲苏，发表过若干反对独裁的言论，使蒋极为不满，加之孙科贪钱爱色，蒋介石骨子里看不上他。但是，孙科是文人，尚能听话，不像李宗仁、程潜，手头有军队，易于别树一帜，甚至反叛。因此，蒋介石决定劝退李宗仁和程潜。至于于右任，蒋介石不认为他会对自己、对孙科形成威胁，没有当回事。

开会期间，4 月 3 日，蒋介石就约见李宗仁，劝其停止竞选副总统。这次会见，两人都极不愉快，李明确表示“很难从命”。对此，李宗仁回忆说：“蒋说：‘我是不支持你的。我不支持你，你还选得到？’这话使我恼火了，便说‘这倒很难说。’‘你一定选不到。’蒋先生似乎也动气了。‘你看吧！’我又不客气地反驳他说，‘我可能选得到！’”

图为 1948 年春，国民党“行宪国大”期间，“副总统”候选人李宗仁（左二）、孙科（左三），与“国大”代表薛岳（左一）等走出会场。

接着，李宗仁便说明自己虽“天时”“地利”都不利，但“我有一项长处，便是我是个诚实人，我又很易与人相处，我得一‘人和’。我数十年来走遍中国，各界人士对我都很好，所以纵使委员长不支持我，我还是有希望当选的”。

蒋介石与李宗仁谈话后，继续会见程潜，劝其退出竞选。程潜不肯退出，但蒋介石认为“其态度较佳”。

贿选湖南代表

每个“副总统”候选人都有自己的“助选团”。据湖南籍“国大”代表王进三和程潜“助选团”成员文强回忆，由于程潜时任武汉行辕主任，自己又是湖南人，湖北、湖南的一些“国大”代表最为活跃，都想帮助程潜坐上第二把交椅，将来跟着封官晋爵。比如，湖北省参议会议长何成浚从省库拨出 200 亿法币；湖南省参议会议长赵恒惕运作，从省库拨款 50 亿法币；李默庵、黄杰等赠送几十万法币及汽车等物，送给程潜作为助选经费。据估计，程潜所得助选费在 1000 亿法币以上。结余下来就有 500 亿法币，程潜在南京的一处西式别墅，就是事后从结余款中开支兴建的（1000 万法币，合今人民币约 500 元。1 亿法币，合今人民币约 5000 元。据史学家陈明远计算，当时的 1000 万法币，可买 5 袋面粉）。

各“副总统”候选人都设有招待所，专门招待“国大”代表，如李宗仁的设在“安乐酒家”，孙科的设在“龙门酒家”，程潜的设在“中央饭店”。这些招待所门前车水马龙，络绎不绝。招待代表的宴会歌舞，夜以继日。

会上，湖南籍的女“国代”，打扮得花枝招展，她们的任务就是拉人拉票，其手段不外乎牺牲色相，把代表们拉到国府路昌达公司楼上彻夜跳舞、赌博，寻欢作乐。

程潜的“助选团”把“潇湘酒家”和“曲园”包了下来，然后发给代表餐证，代表只需签个名就可以白吃。“曲园”湘菜馆从底楼到三楼，十日之内座无虚席。南京市民里平日爱吃湘菜的顾客，那些天都定不上位，只好望楼兴叹。据程潜的另一位助选人杨继荣透露，两处的开支加上其他招待费用，总数达 300 多亿法币。

第二轮投票结果，因所获选票太少，程潜宣布放弃竞选“副总统”。另两个“副总统”候选人孙科、李宗仁赶紧到原属程潜的“粉丝”中去拉选票。由于这些“国大”代表们自己选举时就花了不少钱，所以他们最感兴趣的还是金钱，现在正是捞回本钱的机会。于是孙、李便大肆宣传“要钱有钱、要官有官”，大搞支票与选票的交易。据王进三所知的市价行情，当时一亿到两亿法币才能购买一票。如湖南的“国大”代表舒泽、陈国钧替孙科在湖南代表中，用 18 亿法币购买了 18 票。李宗仁一方也不示弱，也对湖南代表进行收买，提出选李宗仁 2 亿元 1 票。

最后，原投程潜的票，大部分还是投了李宗仁，李宗仁终于以 1438 票压倒孙科的 1295 票，当选“副总统”。据李宗仁回忆：

> 当第四次投票达最高潮时，蒋先生在官邸内屏息静听电台广播选举情形，并随时以电话听取报告。当广播员报告我的票数已超过半数依法当选时，蒋先生盛怒之下，竟一脚把收音机踢翻，气喘如牛，拿起手杖和披风，立刻命令侍从备车。上车之后，侍卫忙问：“委员长，开到哪里去？”蒋仍一言不发，司机因蒋先生烦闷时总喜欢到陵园去，乃向中山陵开去。刚刚驶进陵园道上，蒋先生忽高叫：“掉转头，掉转头！”司机乃开回官邸。蒋先生才下车，立刻又上车，再度吩咐开车出去。随从侍卫见蒋先生如发疯一般，恐怕他自杀，乃加派车辆随行。蒋先生的座车刚进入陵园，他又吩咐掉转头。转回之后，又令司机开向汤山去。

（编自《李宗仁回忆录》、《文史资料选辑》、杨天石《蒋介石提议胡适参选总统前后》。）

男友原来是同志

60 多年前的 1949 年 1 月底，傅作义将军在古都北平率部和平起义，不仅保全了北平这座历史名城，还使数百万北平人民免遭战火涂炭。在促成傅作义将军和平起义的诸多因素中，中共地下党员、傅作义将军的女儿傅冬菊起了极为关键的作用。

傅冬菊，1941 年在重庆就加入了中共领导的进步青年组织。1946 年夏，傅冬菊从西南联大毕业，来到天津大公报社担任副刊编辑。在身边的中共地下党的感染和熏陶下，傅冬菊提交了加入中国共产党的申请。党的代表叫她写一份简历，并说：第二天下午，党组织会派人到她住所去取她的简历。次日，傅冬菊写好简历之后，在住所静候党的代表来会见。人来了，开门一看，党组织派来取简历的人，竟然是她的现任男友，当场把傅冬菊吓了一跳。她这个时候才知道：原来自己的男友，一直以来就是一名共产党员。

1947 年 11 月 15 日，傅冬菊正式加入中国共产党。

入党之后，她很快就开始工作。她每次回到北平的家中，都偷偷地收集她父亲傅作义办公桌上的抬头信纸。为何要收集这些信纸呢？因为，傅作义所用的抬头信纸，上面有“华北剿总”的印刷字样。傅冬菊收集了父亲的抬头信纸之后，经常用这些信纸，给共产党的情报人员写放行条。国军的士兵一看“华北剿总”四个字的抬头纸，往往问都不问，直接就放行了。

傅作义的长女傅冬菊

1948 年，辽沈战役紧张进行时，晋察冀中央局城工部部长刘仁派人秘密进入天津会见傅冬菊，传达党的指示，要求她做傅作义的工作。傅冬菊立即来到北平，和傅作义谈话，明确告诉父亲，她是共产党派来的代表。平津战役期间，傅冬菊和父亲谈过多次，不时把解放区出版的报刊和小册子放到傅作义的办公桌上。同时，傅冬菊将了解到的情况，及时报告给中共北平地下党组织，为解放军统帅部作出正确判断、制定正确决策提供了重要依据。

北平解放以后，傅冬菊先后在《进步日报》《云南日报》《人民日报》任记者和编辑。“文革”期间，傅冬菊被作为“反党”的“阶级异己分子”给揪出来，遭到残酷批斗。

1995年，傅冬菊从人民日报社离休。晚年的傅冬菊生活十分平淡，甚至可以用窘迫、困顿这样的词汇来形容。她微薄的退休金几乎让她看不起病，住不起院。那些年房改，需要个人将公房买下来，而这象征性的不多的钱，她都拿不出，以致有关部门多次向她催逼房款。

平时，傅冬菊深居简出，从不向人提及自己对和平解放北平做出的贡献。有时，她还把省吃俭用存下的零钱，捐献给希望工程。她曾联系各方人士捐款，在父亲当年起家的山西省建了两所希望学校。2007年7月2日，傅冬菊因病医治无效，在北京逝世。

（冯学荣撰文）

一款饮料在中国经历的政治风波

可口可乐 1927 年进入中国，到 1948 年，上海的可口可乐销量已经突破 100 万箱，是当时美国境外第一个创下如此辉煌业绩的城市。新中国成立前，可口可乐撤离了中国，这一走，再回来就费尽了周折。

1988 年，普通中国人手持可口可乐登上美国《时代周刊》封面。

引进风波

20 世纪 70 年代末，尚未打开大门的中国还相当保守，引进外资在当时曾被视为洪水猛兽。这使可口可乐重返中国之路变得充满变数。

可口可乐找到了时任中国驻美联络处商务秘书的佟志广，佟告诉他们时机不宜。他解释说，新

1948 年，上海龙华寺前可口可乐的售卖车。

中国成立后，中国人只是在电影中见过可口可乐，而电影里的可口可乐又总是和美国士兵联系在一起。朝鲜战争以后，可口可乐的形象已经不是一种饮料那么简单了。在这样复杂的局面下，可口可乐要进入中国是不可能的。

1978年，中美关系出现新的转机。当时的中粮总经理张建华在十一届三中全会前建议引进可口可乐，得到了当时外经贸部部长李强的支持。12月13日，可口可乐与中粮终于在北京饭店签订协议。同一时刻，在北京饭店同一层楼的另一间会议室里，中美两国正进行恢复邦交的谈判。4天后，也就是1978年12月17日，中美双方发表《中美建交联合公报》，宣布“自1979年1月1日起，建立大使级外交关系”。在可口可乐与中粮签订协议的5天后，中共十一届三中全会在北京召开，中国进入改革开放的新时代。

建厂风波

早在1927年，可口可乐就曾在上海设立工厂。在选择中国大陆第一家装瓶厂的厂址时，可口可乐顺理成章地想到了上海。

出乎可口可乐意料的是，当中粮与上海有关部门联系时，遇到了强烈的抵制和抗议。上海的一些单位和个人在报刊上公开发表文章，指责中粮引进可口

1978年12月19日，中美宣布建交第二天，可口可乐公司在美国召开新闻发布会，宣布重返中国。

可乐是“卖国主义”、“洋奴哲学”、“引进美国生活方式”和“打击民族工业”，种种声音一起涌来。上海市财政局的一位干部还给中央领导写信，把事情上升到了中央层面。

最终，可口可乐不得不放弃落足上海的打算。当时的北京市市委书记对此相当支持，最终可口可乐改为在北京建厂。

促销风波

1982 年初，可口可乐将供应涉外场所之后剩余的部分产品投放北京市内销售。1982 年冬天，圣诞节前的一个周末，可口可乐公司根据国外传统，在北京各大商场进行促销——买一瓶可口可乐，送一个气球或一双包装精美的筷子。这是中国当代市场上首次卖场促销活动。

北京各大媒体作出激烈反应:《新观察》批评“喝可口可乐是卖国主义，是洋奴”;《北京日报》的内参以“可口未必可乐”为题发表文章，认为引进可口可乐浪费国家大量外汇资源……政治局常委在内参上批示:“(可口可乐)只准卖给外国人，不准卖给中国人一瓶”，其他中央领导也进行了圈阅。一夜之间，所有可口可乐都从商场的柜台中撤下。之后半年多的时间，工厂处于半停产状态。

后来，中粮以“人民来信”的形式向上反映，通过外经贸部送交中央，后得到时任委员长的万里的支持。中粮随后上报国务院提出申请，希望中央批准内销。当时总理在报告上批了两个字:“同意”。姚依林、谷牧、李先念、陈云等中央领导都在报告上圈阅。可口可乐因此方恢复了内销。

咖啡因风波

接踵而至的咖啡因风波使可口可乐所面临的形势更加严峻。1983 年，有些地方以“可口可乐含有咖啡因，不符合卫生标准要求”为由，阻止可口可乐在市场销售。他们的根据是，东北一个研究所给白鼠喂了可口可乐之后，白鼠十分兴奋。为了反驳这个说法，可口可乐拿着从全世界 200 多个国家和地区搜集的关于咖啡因的资料去游说中国政府。理由是:中国的传统饮料“茶”，所含的咖啡因是同等浓度可乐的 6 倍，但中国人照常喝;咖啡所含的咖啡因则是可口可乐的几十倍，但没有一个国家禁止卖咖啡。之后中粮出面，指出北京生产的可口可乐 96% 是国产原材料，可口可乐公司供应的浓缩液只占成本的 4%。北京内

1986年10月可口可乐第一支中国电视广告同时在中央电视台及全国18家电视台播出。

销的可口可乐不仅没有花国家一分外汇，反而为国家赚回了大量外汇。在事实面前，可口可乐峰回路转，得到了可以内销的批示。

最终的解决竟然是靠央视

尽管如此，各地经销商仍处于观望状态，还是不敢卖。可口可乐真正打开销售渠道是在中央电视台播放广告之后。

1986年10月，英国女王首次访华，英国广播公司BBC就此拍了一部纪录片。中央电视台想买这个片子播放，但缺乏经费，于是找到了可口可乐，希望对方能提供20万元的赞助费，回报则是在播放片子前后播放可口可乐广告。20万元在当时简直是个天文数字，可口可乐在中国卖汽水一年也挣不到这个数目。然而，当时的央视不允许播外资企业广告，一旦答应此次赞助，即可获得通过权威媒体直接面对消费者和经销商的机会，实属难得。权衡利弊之后，可口可乐作了一个决定——用一年多的利润来交换一次在央视露面的机会。事实证明，这也是可口可乐历史上一个十分英明的决定。这则广告向包括经销商在内的全中国人民传递出这样一个信息：从此，可口可乐可以在中国市场光明正大地销售了！

告诉你一个真实的共济会

在中国，共济会出名靠的是后来出走美国使馆的王立军，他的一篇“学术论文”使得共济会在中国火了一把。不过，与在欧洲想要了解共济会信息的人群大多属于社会精英不同，在我国对共济会有好奇的人群绝大多数分布在“三低”，即收入低、社会地位低、受教育程度低。这些人群没有可靠严谨的信息渠道，没有独立思考的能力，对事物的分析严重依赖于旁人的灌输。但在网络时代，往往这样的人却想要并且能够发出强大的声音。

作为一个与共济会渊源颇深的人，看到这个寻求光明与真理的组织在自己的祖国被抹黑成这样，尽可能地做一些科普，是我应尽的义务。

共济会宗旨的来源其实恰恰隐藏在最显著的地方——《圣经》。《圣经·创世纪》第十一章：“那时天下人的口音、语言，都是一样的。他们往东迁移的时候，在示拿地遇见一片平原，就住在那里。他们彼此商量说：‘来吧！我们要作砖，把砖烧透了。’他们就拿砖当石头，又拿石漆当灰泥。他们说：‘来吧！我们要建造一座城，和一座塔，塔顶通天，为要传扬我们的名，免得我们分散在世界上。’耶和华降临，要看看世人所建造的城和塔。耶和华说：‘看哪！他们成为一样的人民，都是一样的语言，如今既做起这事来，以后他们所要作的事就没有不成就的了。我们下去，在那里变乱他们的口音，使他们的言语彼此不通。’于是，耶和华使他们从那里分散在全地上，他们就停工不造那城了。”

这段话和共济会有什么关系？为什么共济会自称自由的石匠？为什么他们会被人误解成石匠的后代？就是因为绝大多数不了解但是带有好奇的人看到有关共济会的只言片语，于是就以讹传讹，共济会就成了脱胎于18世纪石匠同业公会的组织了。

首先，今天的共济会并非如抹黑它的人所说的那样是一个秘密组织。共济会不是一个秘密组织，它是一个有秘密的组织。它的宗旨也不是统治世界，而是追求真理和博爱。共济会会员资格的获得是一个非常简单却艰难的过程，时长不定，短则半年，上不封顶。共济会内部设 33 个度作为级别，其中 1° 到 3° 涉及等级，从 3° 到 33° 都是平等的。从组织上，共济会分为会所和总会所两级，没有世界中心，各总会所平等。世界上许多国家都有共济会的身影，无一不起到积极的作用。例如不需掩饰，美国就是一个共济会建立的国家。据《大不列颠百科全书》的记载，一个名叫哈杨所罗门的人提供了美国独立运动所需的绝大部分资金，总计约当时的 60 万美元，折算成现在美元的汇率相当于今天的 400 亿美元，但如果将利息计入，则总数超过了 1 万亿美元。显然哈杨所罗门是共济会派出的替身，因为在当时，即使拥有这样庞大财富的人，也不可能在如此短时间内调集这么多的现金。

共济会在 1730 年出现在北美的英国殖民地。每个州都建立起自己的总会所，但当时由于没有美国这个概念，所以并没有一个统一的美国总会所。一度有人主张由乔治·华盛顿出面组织全美总会所并担任首任大师，但由于各种原因，最终没有成功。1733 年圣约翰会所成立，这被视为美国的第一个美国共济会总会所。历届美国总统中至少有 15 位公开自己的共济会会员身份。而在美国的立国先贤中，美国《独立宣言》的 56 位签署者中有 8 位共济会成员，1789 年美国宪法的 40 位签署者中至少 9 位，乔治·华盛顿的 63 位将领中至少 31 位。应该说，这些共济会的成员将共济会追求理性、期待建立一个公平新秩序的信仰贯彻到了美国的建国理念中。至于伟大的乔治·华盛顿本人，就是一位公开身份的共济会成员，想必大家都知道华盛顿总统伟大光辉的人格，而共济会，就是由很多如华盛顿这样具备伟大人格的人组成的。

但共济会总是守护着一些秘密的，这就给它带来了很多的神秘色彩，也正因为此，加上许多人一知半解的猜测，共济会的形象诡秘起来，似乎带有一些阴谋论的色彩。那我们就来看看共济会从何而来，向何方去。

如果你在百度百科搜索共济会，将会得到一篇非常长的文字，可惜的是，这里面几乎没有属实的内容。共济会从哪里来？百度百科说来自于 18 世纪的石匠工会，事实上，这是最大的误解。共济会来源于圣殿骑士团，创建于 1096 年，共济会大师的象征就是流传至今的圣殿骑士盔甲、盾牌和剑。共济会守护的秘密是所有人最想要探究的，但实际上在当今世界，这个秘密并不是共济会强大力量的来源。共济会强大力量的来源非常现实，就是财富。最早的圣殿骑士团由于获得了由教会赋予的大量特权，完成了原始的资本积累，创建了银行业。然而，圣殿骑士的犹太属性与生俱来，这成为教会宣布其为教会敌人的原因之一。基于对圣殿骑士团财富的觊觎，1307 年 10 月 13 日星期五，教会密令全欧洲的教会武装实施对圣殿骑士团的剿杀。由于教会的命令秘密传达，圣殿骑士团毫无防备，被屠戮殆尽。也正因为此，每逢星期五又逢 13 日，在西方被称为黑色星期五。但一些圣殿骑士团的成员从这场屠杀中逃脱，他们将仅剩的一批财富（其实也相当可观），装船从欧洲大陆转移到了苏格兰和爱尔兰，并在那里重建了组织。这也是为什么共济会始建于英国，且成立之初乃秘密结社的原因。

如果我们不去蝇营狗苟地追踪共济会的来源和秘密，只是放眼共济会的一些成就，或许我们会更明白这个组织在当今世界有多么强大的影响力，但这影响力显然并没有被引导到恶的方向。

共济会最大的成就就是它强大的凝聚力，其理性的魅力，使得全世界最优秀的人都以加入共济会作为自己人生的一项荣耀。由于共济会大多数成员并不公开自己的身份，就已经公开身份的共济会成员中，被公认是整个人类精英的有这样一些人：牛顿、达芬奇、孟德斯鸠、维克多·雨果、歌德、莫扎特、海顿、沃尔特·斯科特爵士、温斯顿·丘吉尔爵士、爱德华七世、奥斯卡·王尔德、威灵顿公爵、乔治·华盛顿、本杰明·富兰克林、托马斯·杰弗逊、哈里·杜鲁门、富兰克林·罗斯福、罗伯特·伯恩斯（彭斯）、西奥多·罗斯福、亨利·福特、约翰·埃德加·胡佛、乔治·赫伯特·沃克·布什、乔治·沃克·布什、巴斯·奥尔德林、马克·吐温、托马斯·爱迪生、柯南·道尔、腓特烈大帝、加里波第、拉法耶特侯爵、穆斯塔法·凯末尔、摩的拉尔·尼赫鲁、李嘉诚、朗朗。

其实，在今天，虽然名义上共济会被禁止进入中国大陆，但是在中国大陆依然有共济会成员活动的踪迹，起码在大陆留下了很多共济会的建筑。如果大家对这个组织感兴趣，除了走出国门，近距离地接触，大家还可以从共济会留在中国大陆各大城市中的建筑遗迹中寻找历史的线索。

一美元钞票上的背面图案中，金字塔上的眼睛就是共济会的另一个象征——全知之眼。

（博芒特·张撰文）

护国主的头颅

如今，英国作为君主立宪政体的表率成为我国历史教育的重要内容，但只要是具备初中文化的人都知道，英国漫长的君主制历史中，却有且仅有非常短暂的一段共和时期。而造就这短短的共和时期的主要人物，就是著名的护国主——奥利弗·克伦威尔。

对克伦威尔统治的评价不在此文讨论范围，虽然在生活中，我，无论是作为一个"爱尔兰人"，还是以我自己的眼光去看待那段历史，都对克伦威尔无甚好感。

我们来回顾一下克伦威尔的生平。奥利弗·克伦威尔，出生在亨廷顿的一个农民家庭，从小接受的教育充斥着新教的影响。17 岁的克伦威尔来到剑桥，就读于西德尼苏萨克斯学院，这在当时是整个英国培养新教理论人才的大本营。1628 年，29 岁的克伦威尔成为他的家乡亨廷顿郡的议员，以此身份进入了政坛。

这里省略掉王军与议会军战争期间克伦威尔的赫赫战功，因为这实在是太著名了。终于，在 1646 年战争结束，以克伦威尔为首领的议会军大获全胜，并且斩下了国王查理一世的头颅。

1649 年 5 月 19 日，英国宣布成立共和国，克伦威尔被授予护国主。相信在高中每一个历史老师讲到这段都会加一句：为什么克伦威尔不自己当国王呢？因为英国有《大宪章》约束国王的权利，但是英国传统上没有法律能约束护国主，所以这比当国王实在多了。的确，刚刚成了共和国护国主的克伦威尔，掉转头来就收拾了在圣乔治山上垦荒的掘地派，并且在 1649 年的 9 月率军入侵爱尔兰。直到现在，爱尔兰人说起这段历史眼泪都在眼眶里打转。当然倒霉的不只爱尔兰，苏格兰也差不多同时被团灭。1651 年的 9 月 3 日，护国主大人在苏格兰杀死了最后一个效忠国王查理一世的天主教军士，惨无人道的是，他还掠走了爱丁堡的国徽。按照 BBC 的纪录片《不列颠史》的说法：“英格兰和苏格兰的合并是当时世界上最强大的两个国家明智妥协的产物，这是一个无比伟大、光荣、正确而且有洞察力的决定，这决定确保了大不列颠在之后的几百年领跑全世界。”看了这些评论我当时脑袋里的想法是：首先，1651 年大清顺治爷亲政，世界最牛的国家肯定还轮不到这俩北海上的蕞尔小国；其次，苏格兰请想想，要不是克伦威尔的马刀架在你脖子上，没准你们还打算重组军队和英格兰人来劲呢。

不说那些，护国主大人就这样牛哄哄地横扫了英伦三岛，并且在接下去的几年依旧这么牛哄哄，终于，在 1658 年的 9 月 3 日，因为疟疾，在白金汉宫病逝。这距离他征服苏格兰，有整整 7 年。

克伦威尔的一辈子结束了，但我今天要讲的故事才刚开始。因为这个故事，是关于他的头。

1658 年 11 月 23 日，克伦威尔被葬在了伦敦的威斯敏斯特大教堂。但是，他没有在那里躺多久，因为那个被克伦威尔砍掉头颅的国王查理一世的儿子——查理二世，被议会请回来了，这年是 1660 年。查理二世没有客气，立即开始了反攻倒算。他下令把护国主克伦威尔的遗体从威斯敏斯特大教堂的墓地里掘了出来，并命人拖着穿过伦敦城。然后，遗体被送到了日常处决普通犯人的泰伯恩行刑场，在那里被吊上绞刑架，与其他两具尸体一同示众一整天。执刑者把吊尸体的绳子砍断以后，就把克伦威尔的头颅砍了下来，并把那颗头颅挑在长矛（还有人说是棍子或铁叉）上游街示众，而尸身则被扔进了坑里草草掩埋。伟大的护国主自此和前国王一样身首分离，再难团聚。克伦威尔的头颅被钉在长矛上四处游街，复辟的天主教君主用这样的行动告诉老百姓：这就是弑君者的下场！最后，克伦威尔的脑袋被一根长钉子钉在了威斯敏斯特教堂的房顶上，在上面一待就是 25 年。后来一场风暴把它刮了下来，这时它已经完全干燥，胡子仍然长在下颌上。之后克伦威尔的头颅流落民间，成了私人收藏品，并且被视光荣革命为民族骄傲的英国人拿去作了古董辗转贩卖。18 世纪后期，罗塞尔家族开办了一个小小的博物馆，克伦威尔的头颅成了这个小小博物馆的中心展品。1814 年，一个名叫约西亚·亨利·威尔金森的人花 230 英镑买下了这颗头颅，并开始抱着它到处展示。当时看过这个人头的玛利亚·艾吉沃斯写道：“威尔金森先生是这个人头现在的持有人，他一直以此为荣。那是个极可怕的人头，头上面盖着干透的黄皮，就跟别的木乃伊一样，上面还有栗色的头发、眉毛和胡须都保存得很好，那颗头依然插在一个铁杆上。”艾吉沃斯还描述说，客人们可以排着队轮流到窗边抱一抱那个东西。人们可以在它的脑后部位看到笨手笨脚的刽子手留下的“斧砍的痕迹”，“有一只耳朵已经按要求砍掉了，他头颅左眼上面还有克伦威尔的独特标志——一个硕大肉疣的痕迹”。

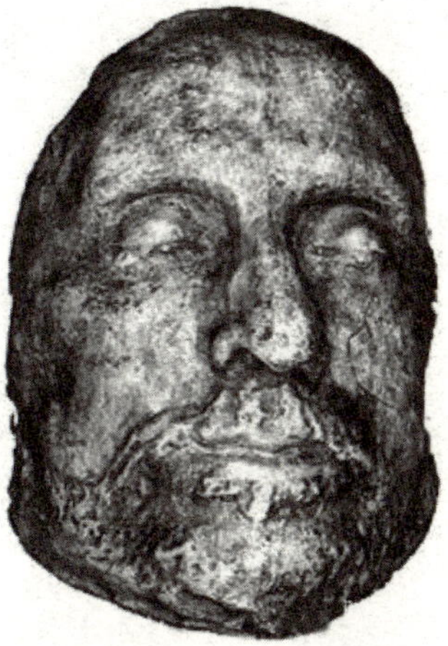

让人吃惊的是，奥利弗·克伦威尔的头颅归葬教堂是300年后的1960年，这个年代距离现在实在太近了。克伦威尔的头颅终于离开了聚会上的巡回展览，由克伦威尔的母校剑桥大学的西德尼苏萨克斯学院收回，埋葬在牛津地区的一座小教堂之旁，一个流浪的灵魂总算有了一片栖身之地。现在这座教堂还有一块非同一般的匾，上书：“英国、苏格兰及北爱尔兰之贵族保护者，本校1616—1617年校友，奥列弗·克伦威尔之头颅。”

故事讲完了，讲到这里，我想即使作为一个保守主义知识分子，我不得不承认改革有这样那样的不好，但是，最起码，改革可以少掉甚至不掉脑袋。

（博芒特·张撰文）

* 言事 *

雍正：用生命辟谣

雍正六年（1782），陕甘总督岳钟琪收到一封劝他造反的信，信中除了鼓励他追随先祖岳武穆的意志，乘时反叛，为朱明复仇外，还列举了雍正皇帝的十大罪状，包括谋父、逼母、弑兄、屠弟、贪财、好杀、酗酒、淫色、怀疑诛忠、好谀任佞，证据都来自乡野流言。信的最后还引用了最近的时事作为真实性的佐证，“天昏地暗，日月无光”。作者称，这就是为何孔庙日前遭遇火灾，过往的五六年间洪涝旱灾不绝于中国各地，以致农作颗粒无收，寒暑节季失调，竟致“山崩川竭”“五星聚”“黄河清”“阴尽阳生”的原因。

岳钟琪不敢怠慢，马上通过密折上奏皇帝，并将送信人当场拿下审问，查出信的撰写人是远在湖南山里的一名秀才——曾静。在震怒的皇帝亲自主导下，全国上下通力合作，很快将曾静、曾静的学生和亲属、曾静读的“反书”的作者及其亲属，曾静听到的流言来源——某年某月某日他路遇的押解犯人的兵丁、某年某月某日与曾静一起吃饭喝茶的路人、某年某月他在客店里碰到过的过路举人，以及曾静散布谣言时听到的人等一一捉拿到案。

导致雍正怒不可遏的流言都有什么呢？内容非常驳杂，五花八门。其中既包含民间编排的宫闱秘事，如先帝病重，雍正进了一碗人参汤，先帝就驾崩了；皇太后要见被囚的儿子皇十四子，皇上不允，皇太后头触铁柱而亡；另一位圣祖皇帝的贵妃因其子被囚禁而自缢身死；雍正在杭州等地大肆兴建奢华行宫；雍正色欲、酗酒及贪财等等。也包括一些更为离奇的都市传说，如雍正密诏宣某总督进京，打算夺其兵权并将其处死，总督在正直大臣的帮助下脱逃并指责雍正背信弃义；还有如某年冬日长城以北发生地震，引发洪水，淹死两万多满人，此为朱三太子显灵等等。大部分谣言都荒诞不经不值一哂，也只有无见无识的乡野小民会相信并热衷传布，而雍正，将其看作是一场严重的煽动颠覆事件。

这个案子前后共审理查办了12年，造成的结果是许多人人头落地，更多的人莫名其妙地被拘——仅仅因为很多年前可能随口跟着人议论了一句玩笑话。它还有一个重要成果，就是产生了一本长达几十万字、包含了许多重要文件的辟谣书籍——《大义觉迷录》。

《大义觉迷录》里收录了此案的办案经过，收录了所有供词，包括曾静等人听到过、传布过的流言，还收录了雍正亲笔写的对众多谣言的批驳。雍正追忆在他缵承大统之前对皇考康熙敬爱孝顺，以及康熙于畅春园病重、弥留期间的种种细节，包括康熙龙驭上宾之际祗候于寝宫的王公大臣的姓名及时辰。他还描述了其他一些皇阿哥在此期间与此前的种种不端行为，以及先帝对他们的责难和排斥。雍正辩解道，他之所以要圈禁那几个皇弟，并非因一己之私，或出于残忍或报复之心，而是敬奉祖宗基业的责任所在。他不仅未置那些不安分的觊觎大位者于死地，反而在他们生病时遣医送药。同样恶毒的谣言说他逼母，又将废太子妃嫔收归已有。雍正气愤地指出，他本人以及众多目睹他前往后宫问安的太监皆可作证，他对后宫所有的女眷相待有礼，从未逾制。

雍正还澄清了关于他酗酒、色欲的谣言。他说，他的身体状况从不允许他多喝几杯，何况酗酒？至于性和妇女，他自幼即对色欲兴趣乏乏，自登基以来从未广置后宫妃嫔。

他甚至还批驳了关于朱三太子显灵的荒谬故事。他说，康熙某年热河地区确实发生过大洪灾，但其因由并非什么面流鲜血的朱三太子让神祇释放黑水，而是由于豪雨不断，致使河位上涨，而且治河臣工对此早已有预估，河情始终在监控之下。当时，圣祖康熙正在该地区巡幸，所以其大营早已移置高地以免受洪水之害。

……

《大义觉迷录》编印完毕后，按照雍正的御旨，它被分发到全国各个地区、各个乡镇，免费分发给所有官吏、乡绅、生员，并要求各地要在每月朔望两日的地方宣讲上讨论，务必让每个百姓都晓谕。雍正还组织了包括曾静在内的宣讲团，赴西部几省的乡村，一个乡村一个乡村地进行宣讲。

雍正的心思，是期望通过一边大力镇压、一边晓之以理的方式彻底消灭所有的流言。但结果却与他的希望南辕北辙。普通百姓始终是拿它当《清宫秘史》

看的，此书提供了如此多的细节、如此细致的政务操作讲解，远远超出小民编造流言所能想象到的内容。而其中提供的那些谣言原文，不仅没有被百姓唾弃，反而造成了新一轮谣言的流行，并发展出一个又一个新的传说。

雍正在时，宣讲按照他的要求月月进行。他死后的当年，刑部尚书徐本就上了一本，提出了很多官员都有同感但一直无人敢说的话："此书之中颇多悖逆污蔑之词，实为天下臣民所不忍听闻者"，提议终止此书的宣讲。

此本表达了乾隆本人的意思，他马上颁旨停止宣讲并将此书收回，很快又将此书查禁销毁，私藏《大义觉迷录》属于灭门大罪。不过仍有极少数印本成为漏网之鱼，保存下来。藏下来的这些多年后都奇货可居，甚至远销到日本。因为人们认为，官方如此大动干戈，肯定是因为此书泄露了太多真相的缘故。

新闻不死

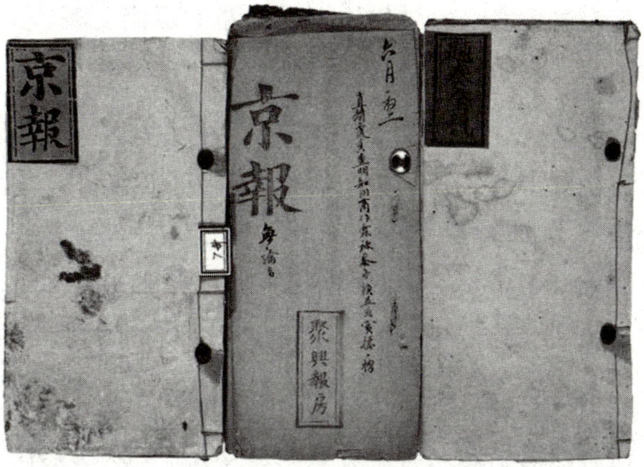

《邸报》在清朝曾被称为《京报》，此图即是清代《京报》。

传统媒体现在日薄西山了，连《华盛顿邮报》都被低价收购了，真是报业的黄昏。

报纸，大众媒体的代表，它的诞生完全出于人类信息流通的需要。它的发展史，不仅记录着信息对受众的帮助和影响，也记录着从业者对信息传播的热爱与奋斗。对有些人来说，传播信息，是一种近似于本能的需要，是为之献身都不惜的事业。

中国最早的报纸出现于唐代。唐代“朝廷与藩镇共天下”，地方政权都操控在藩镇将领手中。各藩镇为了与中央联络，都在首都建有进奏院。进奏院的一项任务，就是收集关于朝廷的各种信息，抄写成集，定期送回所属藩镇，好让藩镇随时掌握朝廷动向。这东西当时叫“进奏院状”，也名为《邸报》，到后世有过很多不同的名字，但都是同一种东西。

到宋代，大权都集中到中央手中，进奏院失去了往日的作用。朝廷就成立了都进奏院，专门负责编辑传送《邸报》，送往各地方机构和官员，同时允许人们传抄和复制并在社会上公开发售。《邸报》从此时起，成为真正的大众新闻媒介。

刊载皇帝的诏令谕旨、臣僚的奏章以及官吏的升迁贬黜等朝廷政令信息，一直是《邸报》最基本、最主要的内容。内容的采集，除了靠进奏官们从门下省抄录公文外，中书省的起居舍人、门下省的起居郎、宫内的女官都会给他们提供皇帝起居言行等动态信息。自宋至清，各级政府官员和士人是《邸报》的主要读者。

《邸报》由于是官媒，维护王朝利益、巩固统治秩序也就成了它的义务。因此，历朝历代都对一些不利于朝廷的传报活动加以限制。对于水灾、旱灾、蝗灾、日食、地震等灾害和异常天象，《邸报》一般很少报道，因为这些都被认为是上天对天子的不满和警告，有损皇帝的威望。对涉及军事行动，特别是兵变、镇压农民起义等，一般也是不准《邸报》报道的，因为这些消息会扰乱民心，对政权构成威胁。与朝廷观点相左的臣僚上疏，一般也是不登的。为了保证内容控制，宋代从真宗时起，建立了“定本”制度，规定《邸报》在发稿前送枢密院做最后审核。明代控制了《邸报》的传抄环节，天启以后，禁止传抄《邸报》上涉及军事、刑狱和朝廷机密等方面的材料，尤以涉及军事方面的文件限制最多，“满城人皆以边事为讳”。清代皇权高度集中，《邸报》哪些可以发、哪些不能发，往往都由皇帝做最后的决定。大臣们呈递上来的奏章，最后能发出去的不到三分之一。

新闻审核使信息的流通受到了限制，出版时间也受到了拖延，而人们对于信息的渴求却是客观存在的。于是从北宋后期，就出现了假冒朝报的形式、私自发行的“小报”，“京城印行，绕街叫卖”。编辑出版小报的人员，其实大多就是《邸报》的采编人员，他们有渠道、有出版能力，但限于审核制度，传播愿望得不到满足，同时大众又对信息有需求，于是暗地出版小报。而他们的消息来源，就是宫廷和各级政府的工作人员。“所谓内探、省探、衙探之类，皆私衷小报，率有漏泄之禁，故隐而号之曰‘新闻’”。这是“新闻”一词在中国历史上的首次出现。

不愿被人知道的信息泄露出去，朝廷很恼火。从小报出现的那天起，政府就将其视作非法出版物，始终在查禁之中。宋孝宗淳熙十五年（1188）诏令：“近闻不逞之徒，撰造无根之语，名曰小报，传播中外，骇惑听闻。今后除进奏院合行关报已施行事外，如有似此之人，当重决配。”宁宗嘉泰三年（1203）诏令：“诸听探传报漏泄朝廷机密事者，若差除，流二千五百里。主行人有犯加一等，并配千里。即传报实封申奏应密之文书，并撰造事端誊报惑众者，并以违制论。”朝廷还禁止进奏官私下向小报提供信息，并命进奏官以五人为一组作连环保，互相监督。此外还加强了宫廷和政府机关的门禁，加强文书保管，禁止近侍人员和省、部、寺、监等官署当差人员泄露朝廷机事，以堵塞小报的新闻来源。

尽管政府严厉查禁，小报却越来越繁盛。南宋一朝时局纷纭，人们都急于了解局势的发展、政府的对策，官报上消息闭塞，人们就更需要小报。即使是在清代言论管理那样严厉的时代，小报也始终存在。康熙五十一年（1712），左都御史揆叙上疏："近闻外省塘报，故摭拾大小事件，名曰'小报'，骇人耳目。请饬严禁。"乾隆十五年（1750），"京报传抄伪稿案"，凡抄写、传阅和查案不力者均受到牵连，杀的杀，关的关。

传播信息的后果如此危险，依然有人前赴后继，就是因为人民有需求、传播者有收获。可见信息是人们的"刚需"，而没有什么"刚需"的满足不会成为职业的。时局越动荡，需求越高涨；控制越严厉，人们越好奇。不管传播介质变成什么，不管改成什么样的传播形式，"新闻"这个行业，不会消失。

政府断掉“杂音”之后

顺治十八年（1661）二月初四，清政府有力地处置了一起寻衅滋事的群体事件，抓获了制造谣言、煽动群众闹事的名流倪用宾等11人，两个月后，又捕获此次群体事件的幕后策划者、著名文人金圣叹。

此次群体事件事后被称为“哭庙案”。起因是有人举报苏州府吴县县令任惟初为了完成上级下达的征税任务，不恤民情，将不按时交税的民众拉到县衙打板子，以致打死了一个人。消息传出后，又有人证实，任惟初自己盗卖官米，中饱私囊。于是，民情汹汹，士子愤慨，纷纷表示：“自明太祖立法至我朝定鼎以来，未有如惟初之典守自盗者也”。

此时正值顺治驾崩，按诏府衙应设灵举哀痛哭三日。二月初四这天，100多名当地生员学子纷纷来到文庙，以哭先帝为由聚集，旋即来到府堂，鸣钟击鼓，跪进揭帖，要求驱逐任县令。随同而至者达千余人。

江南学子此举是有传承的，从明末以来，府县学宫的明伦堂就是生员士子们聚集、讨论地方事务的空间，在很多地方，士子们通过这样的聚集、公评，甚至组织行动，参与、干涉了许多地方政治事务，成为抗衡官府的一个不可小觑的力量。万历四十四年（1616），松江府华亭县学生范昶被时已退居在家的湖广提学副使董其昌逼死，松江府府学、华亭县学、上海县学、青浦县学、金山卫学五学同袍齐发讨伐檄，讨伐董其昌“藐视诸生，复无状于学校”，引起社会普遍共鸣。随后接连数日，各处飞章投揭，布满街衢，儿童妇女竞传“若要柴米强，先杀董其昌”的歌谣。半月后，五学生员鸣冤于府，次日引起百姓拥挤街道两旁，不下百万，骂声如沸。当日，聚集的群众拆毁董其昌家丁的房宅，晚上乘风势焚抢了董其昌的住宅，到后来事态不断扩大，民众普遍参与，连城外的白龙潭书园楼居也被焚烧抢掠。

士子利用民众情绪对抗官方，有有利于地方发展的一面，也有持吏长短、破坏地方管理秩序的一面，同时不排除某些“学蠹”利用舆论达到个人目的的情况。像哭庙案的所谓“幕后策划人”金圣叹，即是个并不关心时事，只是抓住机会炒作自己的人，经常发极端言论，以吸引世人注意，在当时是个很有争议性的人物，有人特别喜欢他，有人极其厌恶他。他并没有参与哭庙案，只写了篇文章，以保持自己的名气。

官府对这种清议的态度是可以想见的——巴不得除之而后快。但在明朝，当局对此还相当宽容。上述董其昌案最后一直震动到皇庭，但处理结果，也不过是将参与焚抢的骚乱者加以处斩，几名生员遭到杖革而已，从中央到地方，都不太希望得罪士子，只求大事化小小事化了。士子的清议，成为一种制约皇权的舆论势力，时人总结“吴下士子，好持公论，见官府有贪残不法者，即集众倡言，为孚号扬庭之举，上合亦往往采纳其言”。

由明入清，当局态度为之一变，大大收紧了对言论的控制，规定“军民一切利病，不许生员上书陈言，如有一言建白，以违制论”；“生员不许纠党多人，立盟结社，把持官府，武断乡曲，所作文字不许妄行刊刻”……这次哭庙案，就成为新政实施后的首次大案。

哭庙案被官方定性为一场意识形态斗争，他们认为这是清定鼎后江南士子不满其统治的表现。这一案100多人被处死，凡是伐鼓聚众、撰写哭庙文、参与请愿示威活动的人员均遭到处斩，妻子家产籍没入官。仅仅写了篇哭庙文、甚至都没有到过现场的金圣叹被当作此案的主犯，阴差阳错地当了“异议分子”。

金圣叹被当作异议分子确实是冤死了，他不仅无异议，还对新朝颇心向往之。曾有人告诉他顺治看过他的书，评价他是“古文高手，莫以时文看他”，他听后当场泪下，向北叩首致敬，并写了一大堆肉麻到吐的诗。顺治死后，8岁的小皇帝康熙临朝登基，他又写了首《纪瑞诗》献媚，以期得到赏识，北上“进身”。他平时虽然表现得很狂傲率性，但他也很识时务，为好几个地方官写过颂扬之词。金圣叹何止不反体制，而且很盼望得到体制的宠幸呢。

金的“被主犯”并非地方官无意中办的错案，而实在是金圣叹多年来总是危言耸听、哗众取宠，正统人士早就看他不爽，当他是个“坏货”，此案牵连出他，官府自然“意料之中”。

离经叛道的金圣叹被杀，泥沙俱下的清议被禁，想必在那个时候是有不少人觉得大快人心的，至少对政务的执行、对一方秩序是有一定好处的，然而此案的影响却不止这一点。此案之后，士人反地方官的行为很难再有，士风“文藻盛而实行衰”，更重要的是，公共空间里对公共事务的讨论很难再实现。公共事务得不到公开讨论的后果，是私底下谣言更容易流行。因为无人启蒙，信息又不透明，种种荒诞不经的说法都很容易被人信以为真。整个有清一代，邪教特别盛行，谣言引发的群体事件史无前例的多。乾隆三十三年（1768），一种叫做“叫魂”的妖术恐惧席卷了大半个中国，从春天到秋天的大半年时间里，整个帝国都沉浸在恐慌当中，为查缴此案付出了许多无辜的生命。嘉庆十八年（1813），北方三个省十多个城市的几千人因为相信千年末世的到来，组织起了一场叛乱，在叛乱和随后的剿灭中，共有 8 万人丧生。到晚清，种种离奇的说法在排外的民众中传播，导致了多起教案的发生，成千上万的中国人和外国人丧命。

清廷查禁清议的目的，是不允许有人跟它分享对舆论的控制。然而它不明白的是，舆论是不会被完全控制的。人类社会是个复杂的组织，杂音是它必然有的形态。当表面听上去只有一个声音的时候，必有杂音在私下流传。

说“谬误”的权利

1995年，美国发生了俄克拉荷马大爆炸，160多人死于恐怖袭击，举国上下沉浸在悲痛之中。但是却有媒体大量报道有利于犯罪嫌疑人的偏激言论。当时的美国总统克林顿抑制不住满腔的义愤，公开质问：“近年来有人不断攻击政府，把政府形容成人民的敌人，是否有助于这个惨案的发生？”“你们以为你们是什么人？”

克林顿的诘难，引起了媒体和反对者的强烈反弹，因为作为总统说这些话，有号召人们压制政治反对派言论的嫌疑，这在美国是犯忌的。反对派在广播里发出“愤怒的声音”：“我们是什么人？克林顿先生居然问我们是什么人！我们是纳税人！我们是你的选民！我们原来是指望你为老百姓服务的，你倒反过来问我们是什么人！”

为什么在美国，公然挑战社会正义感的“捣蛋者”竟然这样理直气壮？

不是因为别的，是因为美国宪法第一修正案。

“国会不得立法……限制言论、出版自由……”

这句话，便是美国宪法第一修正案的核心内容。围绕这短短14个字，两百年来美国上演了无数令人扼腕的故事，而美国联邦最高法院则扮演了言论自由保护神的角色。

20世纪60年代末的一天，正是美国民权运动的高潮时期，俄亥俄州一个叫勃兰登堡的人，参加了一个白人种族主义者的集会。他还叫来当地电视台的记者，拍下了整个集会过程，这段视频在一个全国性电视节目上播放了。集会者发表了一通辱骂黑人和犹太人的言论后，把十字架用火点着，威胁说：“如果总统、国会和最高法院继续压制白色人种，那么采取一些报复行动很可能是必要的。”节目播放时，勃兰登堡还有一段解说词：“依个人之见，我认为应该把黑人赶回非洲，把犹太人赶回以色列去。”

检察官对勃兰登堡提出起诉，指控他违反了俄亥俄州1919年通过的反犯罪组织法，勃兰登堡在地方法庭上被认定有罪，被判罚款1000美元和有期徒刑。勃兰登堡不服，先后上诉到俄亥俄中级上诉法院和最高法院，均被驳回。

无奈之下，勃兰登堡上诉到联邦最高法院，代表他出庭的是美国公民自由联盟的律师。消息传出，大批美国公民自由联盟的成员宣布退出联盟，因为联盟的成员大多是自由派人士，而歧视黑人和少数族裔，正是他们一直竭力反对的。美国公民自由联盟的领导坚持自己的宗旨，毅然继续为自己所反对的人的言论、结社、集会自由提供辩护。

最终，联邦最高法院大法官一致裁决，推翻了俄亥俄州法庭对勃兰登堡的有罪判决。大法官们认为，言论自由和新闻自由受宪法保障，法庭不能因为其“鼓吹”暴力或“鼓吹”犯法就判定其犯法，除非它将引起“迫在眉睫”的危险。

布兰克大法官还指出，有些行动经常是表达意见的方法，应该在宪法第一修正案的保护范围内。他还指出，人们的个人信念是政府不可闯入的禁区。

从 1918 年开始，美国最高法院通过一系列案例，在解释宪法第一修正案有关言论自由的条款时，强调判定言论构成违法的标准是——必须有“清楚和现实的危险”，而且这种“危险”必须“迫在眉睫”。

如此保护言论自由，是否有点极端？因为在我们的意识当中，言论自由，是为了保护少数人的意见中有可能存在的“潜在真理”，所以，才不给任何人以绝对真理自居，并且迫使别人服从的权力，用中国人熟悉的一句话，“真理往往掌握在少数人手里”，或者“真理越辩越明”。

其实，这是一个天大的误解。美国人心中的言论自由，与真理不真理根本不沾边。宪法第一修正案的关键就是：言论自由与真理完全无关。

那么，在美国，言论自由是什么呢？说白了，它的意思就是不管你说什么、写什么，只要不真做，都无人干涉。因此，在有复杂移民背景的美国，你不仅永远可以听到不同的声音，而且，可以听到超出你想象的千奇百怪的无数种不同声音，包括滥用言论自由的“捣蛋者”发出的不和谐音。

结果，这个社会不仅仅获得了自由，还有一个意外的收获，就是美国几乎没有什么地下的秘密政党，因为不再有这个必要。“政党们”发现自己都可以堂而皇之地站在大街上，宣传自己哪怕是要求大家起来“暴力革命”的主张。这样，也就没有了某个“地下政党”和美国联邦政府作“地下斗争”的所有惊险故事。所有与这种故事有关的血腥气也就都不存在了。当然，美国联邦政府也因此省了很多力气，它乐得摆出一副“无为而治”的样子。大大小小的政党们也就全凭自己的“本事”了。民众是任凭你去“呼唤”的，就看你“唤”得起“唤”不起了。

（本文编辑自《历史深处的忧虑》《美国宪政历程：影响美国的 25 个司法大案》《言论的边界：美国宪法第一修正案简史》。）

失实广告与诽谤

媒体和民众批评公权力的不公，甚至举报官员的违法，若有不实之词，言论自由的界线在哪里呢？

1954 年，美国联邦最高法院作出了著名的布朗案判决，宣布南方公立学校中的种族隔离制度违反了美国宪法的平等保护原则。此后，美国南方的黑人民权运动风起云涌。1960 年 3 月 29 日，民权领袖马丁 · 路德 · 金等 4 名牧师联络 64 位著名民权人士购买了《纽约时报》的一个整版篇幅，刊登了题为《请倾听他们的呐喊》的政治宣传广告，为民权运动募集基金。广告猛烈抨击美国南方各级政府镇压民权示威的行径，其中特别谴责阿拉巴马州蒙哥马利市警方以“恐怖浪潮”对待非暴力示威群众的行为。

可是，后来发现广告中有个别细节不实。比如，广告中说有几位黑人学生因领导和平示威而被警察驱出大学校园。实际上这几位学生是因在一家仅供白人就餐的餐厅前静坐抗议，使餐厅无法正常营业，违反了当时阿拉巴马州的种族隔离法和社会治安法而被驱。警察的行为基本上属于依法行事。又比如，广告称阿拉巴马州立学院的“全体学生”都抗议警察的这一行动，实际上只是大部分学生。还有，马丁 · 路德 · 金被捕过 4 次，但广告上却说有 7 次。而且，有 4 名黑人牧师的名字是在本人不知情的情况下被列入广告的署名中的。

沙利文（L. B. Sullivan）是蒙哥马利市的民选市政专员，负责当地的警察局。虽然政治广告并无一处提及他的尊姓大名，但他却自动对号入座，先是写信给《纽约时报》抗议，继之干脆上法庭，控告 4 名在广告中署名的黑人牧师和《纽约时报》严重损害了他作为警方首脑的名誉，犯有诽谤罪，要求 50 万美元的名誉赔偿费。在他的带头下，其他一些被批评的官员也纷纷效法，控告北方自由派的新闻媒体，要求巨额赔偿。一时间，《纽约时报》总计被要求索赔达 500 万美元之巨。

蒙哥马利市地方法院陪审团（由清一色的白人组成）判决被告《纽约时报》犯诽谤罪，应付原告 50 万美元名誉损失费。《纽约时报》不服，以法院裁决违反了宪法第一修正案为由，把官司一直打到了联邦最高法院。联邦最高法院认为这一官司事关重大，涉及对公职人员的舆论监督，更涉及美国宪法第一修正案中言论自由和新闻自由这样的基本公众自由问题，遂接下了这一案子。

1964年3月，最高法院以9票对0票一致否决了地方法院的判决。大法官威廉·布伦南（William J. Brennan，Jr.）宣读的判决书中郑重指出：如果阿拉巴马州的做法"适用于公职人员起诉那些评判其执行公务行为的批评者的话，那么，由第一和第十四条修正案保护的言论自由和新闻自由是否会因此受到损害？"回答是肯定的。因为在大法官们看来，美国宪政史上没有任何判决"赞成以诽谤罪压制对公职人员执行公务行为的批评"。他们裁定，让新闻媒体保证每一条新闻报道都真实无错是一件不可能的事。

"美国上下普遍认同的一项原则是，对于公众事务的辩论应当是毫无拘束、富有活力和广泛公开的，它可以是针对政府和公职官员的一些言词激烈、语调尖刻有时甚至令人极不愉快的尖锐抨击。"判决还进一步引用以前的有关判例，指出"本案涉及的政治广告，就是对当今一个重大的公共问题表示不满和抗议，它显然有权得到保护"。即使它的个别细节失实，有损当事官员名誉，也不能成为压制新闻和言论自由的理由，仍然应该得到宪法第一修正案的保护，只有这样，"言论自由才有存在所需的呼吸的空间（breathing space）"。

"如果以法规强迫官方行为的批评者保证其所述全部情况属实，否则动辄即判有诽谤罪，处以不限量的赔偿，则可能导致'新闻自我检查'（self-censorship）。如果要求由被告负责举证，证明其所述情况属实，被禁锢的则将不仅仅是不实之词……更令官员行为的潜在批评者噤若寒蝉。即便他们相信自己的批判并无不实之词，也会因为他们无法确定自己在法庭上能否证明所述情况属实，或是担心付不起诉讼费用，而在发表言论时多半会'远离非法禁区'。这种法规阻碍公共辩论的力度，限制公共辩论的广度。"

值得注意的是，最高法院不仅否决了地方法院的判决，而且针对公职官员提出的诽谤案，第一次申明了一条非常重要的原则，即政府公职官员不但要在法庭上证明新闻媒体的报道失实，而且还要同时证明新闻媒体怀有"真正的恶意"（actual malice），以及它的确对自己造成了具体的伤害，才能谈得上诽谤罪。这实际上使政府官员几乎无法打赢这种诽谤官司。在补充意见中，大法官布莱克再次表达了他对言论自由的坚定信念："我认为，一项随心所欲言说公共事务的无条件权利，是第一项修正案的最低保证。"言下之意，即便批评者有"恶意"，其言论自由也应当得到保护。

早在1923年，美国中西部一家最有影响的报纸《芝加哥论坛报》，曾因报道芝加哥市政府破产的一篇新闻内容失实而被当地政府告上法庭。伊利诺伊州法院坚持新闻和言论自由原则，判决《芝加哥论坛报》无罪。判决书中说："宁可让一个人或报纸在报道偶尔失实时不受惩罚，也不得使全体公民因担心受惩罚而不敢批评一个无能和腐败的政府。"

因为美国是判例法国家，最高法院在《纽约时报》诉沙利文案中确立的原则成为其后类似案件必须遵循的原则，也就是宪法原则。正如美国著名哲学家、教育家、言论自由理论家米克尔约翰所说："这是值得当街起舞的时刻"；"对公开事务的讨论不只是一种自我表达，更是人民自治的基础"；"人民才是宪法的主人，人民对政府的任何评论，都享有免责权"。

此案在美国司法史和宪法发展史上具有里程碑式的意义，直到今天，中国大学的新闻系和法律系，都将此案作为经典案例。联邦最高法院在《纽约时报》诉沙利文案中的立场，对美国新闻业的发展起到了至关重要的作用。之后，新闻界接连出手，挖掘政府决策的幕后真相。其中最有名的例子就是关于越战内幕的报道，新闻界已不再相信政客、军方的官话，开始通过非官方途径探求事实真相。也正因为如此，记者挖掘出了"水门事件"的真相，直接导致了尼克松总统下台。1984年，美国召开了"《纽约时报》诉沙利文案"20周年纪念研讨会，对该案的判决和布伦南大法官作出了如下评价："这是一份伟大的判决，这种能主导美国历史的判决实属罕见。它提醒我们：我们还与这个国家一样年轻。"

（本文编辑自《美国宪政历程：影响美国的25个司法大案》《言论的边界：美国宪法第一修正案简史》《批评官员的尺度》。）

官谣与民谣

天津望海楼教堂旧影，在“天津教案”中被烧毁。

清朝末年，清廷签订条约开放外国传教，很多传教士深入内地，建教堂、收教民、代词讼，引发了许多教案。这些教案往往是由一些荒谬的谣言导致的，比如“教士骗小孩挖眼剖心做药引子”、“教士们与女人淫乱生了很多私生子”之类的。这些谣言固然是因为民众不开化而盛传，但不能不说，其中也有官府暗中推广的功劳。

光绪十七年（1891），宜昌谣传天主教挖眼剖心，各属教堂均被焚毁。两湖总督张之洞命当地政府查明滋事原因，地方官电告：“查验大小女孩，两名两眼无珠；又男孩一名，两眼无珠，无肾子”。同年十月，热河金丹教仇杀天主教，烧毁教堂68间，杀死教民800多人，平泉知府奏称赴教堂验看，“见地窖内有幼孩尸身无数，均系无眼珠、无心。并有童男女十六人，亦各昏迷不醒”。同治八年（1869），贵州遵义县民众打毁教堂、学堂，抢掠物品，并杀死一名传教士，贵州巡抚引用当地闲官证词称“拆毁教士居，得见夹墙内奸生私孩甚多，臭气秽天”。以今天我们的科学知识，自然了解这些说法的荒诞不经，但当时的地方官，就敢编造这样的官证。

同治元年（1862），江西南昌发生教案，民众以教堂育婴堂收孩子挖眼剖心、采处女红丸为由将教堂砸毁。朝廷要求知府沈葆桢“将为首滋事之人查拿究办”。沈查了一番，回奏说传教士“所收幼孩女多男少，自五六岁至十一二岁不等，亦无怀抱乳哺者”，虽未明说，但暗示了谣言的真实性，此后又编造“民众出于正义要与天主教拼命”的“坊间闲谈”，来庇护闹事民众。

如果没有这些“官谣”，闹教民众不会如此笃定，教案也不可能这样屡屡发生。这些官谣很大程度上起到了煽动民众的作用，当时内心仇视外洋的官方也乐见它的广为流传。不过同样是谣言，当它不符合官方期望时，就是另外一番情形了。

光绪二十八年（1902），湖南邵阳贺金声具名揭帖，称“夷人残害我湘省，挖眼割肾者有之，肆放毒药，死亡相籍者有之，敲击我髓肤而又籍踏我性命……”这个谣言过去几十年里流传过无数遍了，并无新鲜，而且当时的湖南巡抚俞廉三对洋人素来“嫉恨如仇”，极端同情义和团，因此应是这种谣言的热爱者。倒霉的是贺金声在传谣之后多加了几句话：“奉札招勇二十营……用除夷患，自带军装火药者格外重赏”，一二日渐即得数千人，准备要捕捉洋人。这还了得？这不仅是传谣问题，这是真的“危害社会稳定”了。俞廉三毫不犹豫，果断以造谣惑众抓了贺金声，就地惩办，枭首示众。可见奉旨造谣，也得跟官方统一口径才行。

晚清报纸开过的“天窗”

图为《国风日报》的总编景梅九

1911 年 10 月，震撼中外的武昌起义消息传到北京，新闻媒体当然要抢发新闻。当时京内景梅九办的《国风日报》马上把这个消息抢先刊载出去。而清政府当然不愿意人们知道此事，欲图封杀，派警察出面干涉，禁止报纸刊登和武昌起义有关的任何消息。报馆灵机一动，第二天报纸出街，正面一版一整版的空白，只在版下写了一行二号字：“本报从各方面得到消息甚多，因警察干涉，一律削去，阅者恕之。”

这个白版的效果，竟然比正常报道的效果还要热闹。据景梅九自己写的《罪案》记载，“这纸白报一出，人心更加汹汹不定，都乱猜起来嚷嚷着说：‘大概革命军完全胜利了！清兵大失败了！各省都响应起来了罢！不然那（哪）有一版禁登的消息呢？’呵呵！警察先生觉得不妙，又赶紧来馆告诉编辑说：‘除过靠不住的谣言，准你们登载就是！’自然是照常登载起来。”

《国风日报》的白版，一时间成为京城议论的热词。北京有份画报为此特意画了张漫画，画面上四个人搓麻将，一个打出一张光亮的白板，博人眼球。画面上有一行题字，是疑问的语气：“你为什么打出一张白板呢？”

越暧昧，越容易引人猜测。报纸在当时是新生事物，清政府管理媒体显然缺乏经验。

大明的日落（上）

作者　杨清筠

从万历开始的悲剧

40多年前的北京城郊，一扇沉重的石门缓缓移动，伴随着众人的惊叹，神秘的明定陵向世界打开了！作为当时新中国政府主动挖掘的唯一一座帝王陵，定陵有着非同一般的意义。其价值不仅在于墓中旷世绝伦的文物珍宝，更在于它背后带着的一个时代的故事，这个时代，就是墓主的统治时期开始的晚明时代。晚明，即整个大明王朝日落的全过程，混乱不堪却也异彩纷呈。现在，就让我们把目光投向那时，看看大明的余晖是怎样淡去的吧！

故事就从定陵墓主万历皇帝讲起。万历皇帝，明神宗朱翊钧，著名的不上班的懒蛋，长年不上朝而被冠以“怠政”之名。在位48年之久，其间张居正的改革着实掀起了一场“中兴”的波澜，可惜的是张居正死后不久，那些改革措施就被万历皇帝都废掉了，于是说好的“中兴”变成了明亡的回光返照。他在位时，发起的“万历三大征”让明朝在中国历史上都亮了，过程爽了一把，却让明朝内部亏得几乎吐血；商业开放，GDP飘红，却因土地兼并严重，导致阶级矛盾尖锐……万历一朝充满了纠结矛盾，就像他本人一样，喜怒无形，腹黑而懒惰，淫逸而忧郁，结果被史学家送了个“明亡自神宗始”的五星“好评”，也算是为孙辈崇祯分担些背负亡国之名的辛苦。万历是怎样得到这样评价的呢？我们先翻开他的万年臭名，从头计较，看看他不怎么美好的成长历程。

万历的童年是比较多舛的，因为痴迷道教的爷爷嘉靖皇帝一心求长生不老，又坚信道士告诫的“二龙不可相见”的歪理，竟真避着不与儿孙见面，也没有给孙子万历起名。这倒霉孩子直到怪爷爷死后，即太子之位时才拥有了自己的名字——朱翊钧。然而没过几年，父亲隆庆皇帝也因靡乱的酒色生活掏空了身体，早早晏驾了。年仅9岁的小朱正式君临天下，年号万历。

小万历虽年幼，但很聪明、很有主见。有个故事讲，他刚继位时，有个先帝的妃子，犯罪了，因为她偷偷让人带着一只金壶出宫，在当时，皇上赏赐的东西是要记录在案的，妃子有使用权但不能据为私人所有，更不能带出宫。面对此事万历的处理是：不予治罪，且赏银与她救急，但叮嘱她，缺钱我给你，先帝赏的器物不可带出宫的。这孩子有思想啊！处理得十分巧妙，法、情两不误，还博了个仁德的名！可见他是很聪慧的，那这聪慧的娃后来怎就为明的覆灭剪了彩呢？

登基后的万历立刻受到三位一体的捆绑教育，分别来自母亲李太后、太监冯保及首辅大臣张居正。史料记载李太后“教帝颇严”，若万历犯了错，便严厉训斥，甚至要罚跪，小万历对母亲又恭敬又惧怕。而太后是怎样知道儿子的表现的呢？来自照顾皇帝起居生活的太监冯保，万历喊他“大伴”，“大伴”形影不离地伴在万历左右，也监督他的一举一动。学习与工作，则是精明强干的首辅大臣张居正亲自管理，教他治国之道、统治之术。在这样强大的团队管理下，万历逐渐长成一个遵听教导、熟知礼法的好少年。

然而，乖乖好少年万历在学会听长辈话的同时，也形成了一种内敛、柔韧的性格，母亲、先生长年的捆绑式教育使他修炼成一个不愠不火、中庸安然的淡定哥，这，决定了他在亲政之后的态度也是忍让温和的，所以在前朝大臣纷争、口水乱溅的乌烟瘴气的惊吓逼迫下，烦死了的万历干脆给自己放假了——“惹不得还躲不得乎”！

万历十五年（1587），他正式宣布“静摄”，即不上朝，与骚扰他的群臣说“拜拜”了。

昙花一现的“万历中兴”

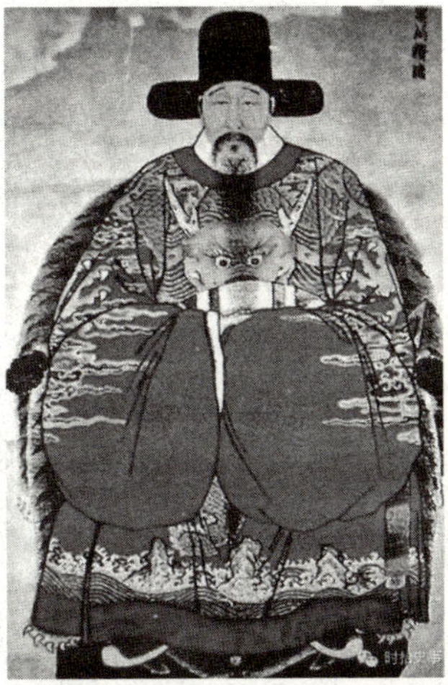
张居正画像

《明史》中有这样一句话形容某个时期的国情：“中外乂安，海内殷阜”。乍看应是出现在王朝早期的太平恢弘的景象，而事实上，这是描述晚明万历年间的一句话。是的，在明末暮气沉沉的最后生命里，还有过这么一段辉煌灿烂的“回光返照”，让行将就木的朱明王朝又奇迹般地矍铄了一把。可惜的是仅仅是回光返照，并没有起死回生，这场发生在万历年间昙花一现的短暂繁荣，就称为“万历中兴”。

万历年间大明得以这般“中兴”，必须要归功于张居正改革。张居正，万历朝初期的内阁首辅大臣，同时也是年幼登基的万历小皇帝学习与工作的严师，《明史》评价此人“勇敢任事，豪杰自许，然沉深有城府，莫能测也”，就是说他精明能干，且城府极深——乃一代政客的必备素质。张居正正是凭着自己如此的精明和过人的才智，得到了小皇帝的敬畏和皇帝母亲李太后的尊重支持。小万历即位后，随着高拱的倒台罢官，雄心勃勃而强悍能干的张居正正式登上内阁首辅大位，掌控了朝廷政治中心的运作大权。针对明末国库空虚、政治废弛、朝政混乱的无数弊病，他迫不及待地开始了一场大刀阔斧的改革。

张居正改革，简单说来就是经济上重新丈量土地，改善土地兼并严重的状况，颁布“一条鞭法”，将赋税和徭役合并，统一征收银两；政治上严格考察官员政绩，辞陈用新；军事上任用戚继光等优秀将领，平外患固边防。关键的是，这番脱胎换骨一般的诊治，疗效很不错。官员队伍更新，官僚系统升级成功，强大的CPU带动国库的积银成函数增长，有钱了的大明帝国出门第一件事就是挺直腰杆，把以前欺负自己软弱而常来门口抢剩饭的邻居小倭一脚踹回他的蜗居。朝政又清明起来了！社会又繁荣起来了！

看似日子又要美好了，然而有一帮人出现了，这个帮派的成员在每一场改革中都会准时上镜，名曰“反对派”。因为不管怎样的改革，都会触动未改前受益者的既得利益，这些人就会想方设法破坏，理由无非就是“祖宗之法”不可变之类的，而张居正改革时，这些人还抓住了张居正的小辫子。其实也怪张居正为人不够居正，修齐治平的同时还不忘兴致勃勃地贪污纳贿，而且他还有个致命的软肋，即在他老爹过世时候没有回家守孝，仍热火朝天地奋战在改革第一线，这在那个礼教盛行的年代简直不可容忍。反对张居正的声音纷杂于朝野。其实这也并没什么，惹了一群人嘛，最可怕的一点是，他还惹了一个人。这个人，就是万历。

我们好像好久没有顾及这位小皇帝了，他在我们讲张居正红火改革的时候已经悄悄长大了，我们忽略了倒不要紧，可张居正也忽略了，他的皇帝学生已经走出幼年，进入到了“青春期”。按照科学的教育方法，这个年龄的孩子最容易叛逆，需要鼓励和沟通，张老师显然没学过师范，仍旧以严厉约束的方式管教万历。最出名的是在一次“日讲”课上，这个课翰林院学士和内阁学士也是要在场参加的，少年万历在讲官的引领下读论语，有一句“色勃如也”的“勃”

字，应读入声而万历读成了“悖”，这时有个严厉的声音破空响起：“当做‘勃’”！敢这样大庭广众斥责皇帝的，非张老师莫属。这也太不给人面子了，何况人家还是一国之君！这只是其中一件事而已，说明张居正已然把训斥皇帝当成习惯，这在青春期逆反的小皇帝心里，不能说不留下阴影。何况万历是谁？腹黑老道嘉靖皇帝之孙，基因里也很狡猾，贵为天子的他心里恨了谁，早晚会讨回来。

用不了太久，万历十年（1582），张大人积劳成疾，浊气淤血而生了痔疮，这貌似也不是要命的大病，但改革一线宵衣旰食的张大人怎能让这个阻碍了他的步伐呢！勇毅而敢于冒险的他令医生给他割除病根，放到现在就是个很小的外科手术而已，但在当时，由一个望闻问切的中医操刀上了手术台，割掉痔疮，张大人的胆识着实令人钦佩。手术应该是不太理想，因为他术后一直卧床直到去世。其实根据记载，我猜想他的病没有痔疮那么简单，应该是肠病，痔疮为一并发症。多病齐发而要了命。

张居正死了！他改革时结的仇开始被疯狂清算，举国上下揭发的奏折雪片一样飞向大权收回的万历，顺便弹劾张居正的盟友——万历的监督太监冯保，罪罪当诛。《明史》说万历对张居正和冯保的收拾是早酝酿好的，其实我觉得并不如此，万历虽然对他的教育团队有意见，但大明江山的兴盛一直是张居正鞠躬尽瘁支持的，他一死万历难免心慌复杂。不过肯定的一点是，万历这厮绝对是个腹黑的主儿，有记载说一次张居正腹痛难忍，万历亲手给老师做了一碗辣面，劝其以辣攻毒。这是表扬万历尊师懂事的例子，我却相当怀疑这孩子的动机，上文也推断过张居正有肠炎之类的病，又引起了痔疮，肠炎、痔疮，吃辣椒以毒攻毒，个人认为万历是故意的！本就对折磨束缚自己的张老师怀恨的万历，在各种弹劾声中下令查抄张居正家，张居正一家下场悲惨，连死了的他都差点被开棺戮尸，一代功臣瞬间变成乱臣贼子，改革大部分措施也逐渐被废殆，这一场可能会拯救大明社稷的“万历中兴”啊，让我想起来一首歌：“全都是泡沫……虽然一刹花火……”

摆脱张老师管教的万历得意万分，母亲李太后也渐渐退居后宫，他要独立了。独立之后接着就要“怠政”，我们也马上就要看到他龟缩进皇宫的瘪三奇景了。

明朝“名嘴”，气有浩然

有明一朝，光怪陆离而异彩纷呈，辉煌灿烂却也饱受争议。提起明代，很多人会想起它那十几位性格各异的君主，他们的生活轶事被一代一代人津津乐道，宣宗斗蛐蛐；成化恋“阿姨”；正德一生游龙戏凤，还自封了个大将军的名号；嘉靖痴迷悟道，炼丹以求长生不老大业；万历死活不想上班；天启沉浸在做木匠活的漩涡中不可自拔……似乎明朝的大部分皇帝，若让他们选择，他们宁可做点别的什么也不愿做皇帝。这样一个天子不敬业的朝代，却也一步一步走过了300年的历程。这是为什么呢？简单来说，一方面大明天子虽然表面看起来特别不靠谱，但实际上还是一群很精明、很有心机的领导，不然在大明君主专制极盛的时代，皇帝真的啥也不管是不大可能的，《明史》的描述因为政治的原因是有一些曲解的。另一个重要方面就是，明代强大坚固的文官系统的支持，中国古代中央集权的官制到明代的时候就已经是很完善了，各个部门的配合使得强大的国家机器可以正常运行。

在明代，朝堂之上，那一个又一个天才的文臣都不是好惹的主儿，他们不仅才华横溢、熟知理学，更重要的一点是，他们惊人一致地秉承了前唐名臣魏征大人“直言敢谏”的优良品质，大概是宋明理学的成熟教育，使他们形成了一种讲政治、讲正气、讲名节的官场文化，为了国家社稷敢于不顾一切诤谏于君王，且晚明更盛。这就为明朝培养了一批会说、敢说、能说的“名嘴”大臣。

戴儒巾、穿大袖衫的士人（明人肖像画）

我们的万历皇帝受“名嘴”之折磨是十分深的，跟他自幼形成的软弱性格也有关，他越软，大臣们就越是“猖狂”地向他进言提议，尤其是在张居正死后，朝政变得愈发乌烟瘴气，从“国本”之争到万历怠政，加上后来党争纷起，前朝就和菜市场一样，越吵越乱。大臣们都是有文化的“名嘴”啊，口水像箭一样射向无辜的万历，挑他的各种问题，这种语言暴力是很可怕的，气死人不偿命啊！有人可能会说，万历是皇帝啊，干嘛不用权力靠暴力使他们强行闭嘴呢？第一,万历，他是个有素质的领导，从小张居正教得很到位，不可做暴君以塞忠谏之路也。第二，就算使用暴力，这些大臣也不怕，这些“名嘴”会无所畏惧地前仆后继，他们维护正义的精神是很执着的，最终倒霉的还是万历。皇帝很郁闷，但是没办法。

大明臣子有这样无下限地唠叨皇帝的勇气，是有制度保障的，那就是发展完备的言官制度。记得学明史政治部分的时候，言官制度就有好几十页。“言官”，顾名思义就是靠“言”为主要职责的官员，他们是负责监察、上书提议的，说白了也就是挑毛病的，明朝的言官主要是都察院御史和六科给事中。御史主要负责的是监督官员、机构、一般决策等，监督范围较广，六科给事中则是专门针对六部监督，专业性强一些，不过在实际工作中二者常有交叉，也没太大分别。御史同时要负责监察地方，又被叫做“道官”，六科主管六部，也就是中央的监察，还有，给事中有封驳的权力，可以否认皇帝的决策，又叫做“科臣”，我们通常知道的言官又称为“科道”就是这么来的。这么强大的言官制度是怎么出炉的呢？是明代开国老祖朱元璋在对前朝的监察制度取其精华去其糟粕之后创立的。这位苦心孤诣的老祖为了防止在废了丞相大权独揽、可以专制的同时，却容易导致一旦皇帝决策失误会使大政方针错误的问题，而且他看到，不可能保证自己的子孙后代能和他一样宵衣旰食、雄才大略，所以创立了这样的言官制度，鼓励大臣们直言进谏，毕竟人多了，“群众”的眼睛是雪亮的嘛，保证皇帝若有错误了能及时被纠正。他还不放心，又立了《祖训》，告诫后代不可随意处死言官，这个力量是很大的，言官可以大胆地抱着《祖训》向皇上进谏。

除了客观条件的保证，明代官员还有主观因素的动力，那就是明朝那个时代十分讲求的“气节”“名誉”。宋明理学在那个时代已达到鼎盛，靠科举走上官位的学子们，自然是受“富贵不能淫，贫贱不能移，威武不能屈”“浩然正气留清风”这样的思想熏陶很深的。这些明朝“名嘴”，现在看来一些行为似乎有些迂腐愚蠢，也有意见错误给朝政添乱的，而且真的让万岁爷很火大，但不可否认的是他们的气自浩然、正义十足。我个人十分钦佩明代言臣这士气之盛、死节之盛的精神风貌。他们不怕受罚，不怕丢官，甚至不惜以自己的生命去维护内心执念的“正义”，著名的廉官于谦就曾以“粉身碎骨浑不怕，要留清白在人间”的诗句作誓死的捍卫。这些官员，他们执着倔强得惊人，却真的以一身不可磨灭的浩然之气，引领华夏民族特有的气节，在青史上画下一笔气贯长虹的精神曲线。

只有明代，才孕育得出这样一群刚正不阿的士大夫，而也只有这些刚烈之士，才谱写出了泱泱大明这样一首荡气回肠的正气之歌！这是“天子守国门”的大明，是“君王死社稷”的朱明王朝。

万历人生的失意——“国本之争”

万历九年（1581）的某一天，平淡得像白开水一样的一天。

慈宁宫，像往常一样，万历皇帝来这里向他的母后请安。可是碰巧李太后不在，万历就坐在一边歇息，这时一个年轻乖巧的宫女来给万历倒茶，19岁的万历，正值青春，精力极旺，看到这个宫女突然一时冲动，然后……和狗血剧里演的相似，浪荡少年一次不负责的行为，可怜女子要空承受。

但这不是电视剧，是历史；万历也不是个普通的浪荡少年，是大明天子。各种巧合酿成了大明王朝著名的事件——万历朝“国本之争”，也构成了万历人生

图为大明皇帝平番得胜图

的一大失意。

万历一时冲动临幸了那位宫女后，有些后悔，因为这事实在不怎么地道，时间是在他向母后请安的当口儿，地点在慈宁宫，随便找了个卑微的宫女，干的是淫事。这让从小熟读圣贤书的万历很是羞愧，关键是他真是出于一个冲动，并不喜欢那宫女，于是告诫身边的人把这事瞒了下来。过了不久，出人意料的事发生了，那个宫女居然怀上了！这可不得了，龙种啊！事情很快传到了李太后耳中，瞒不下去了，李太后当即查了近来的“起居注”（起居注是源自汉代的一种专门记录皇帝起居详细细节、尤其是后宫生活具体日期的资料，在史学研究中有很强的可信度），虽然没有声张但这件事被记录下了，确定这肚子里的确实是帝王血脉。李太后对儿子在自己宫里做下的这荒唐事倒没怎么生气批评，估计经历惯了万历他爹隆庆的荒淫，这点小冲动在她眼里嘛也不算什么。她反而是很高兴，自己可能要有孙子了！接下来便催促儿子赶紧给这个宫女名分。万历郁闷啊！这等阴暗之事要被公诸天下，女主还是个普通的小宫女。但不承认不行，老娘逼着呢，他只好不情愿地册封了这位幸运的宫女，号恭妃。恭妃娘娘不负众望，于八月诞下皇长子，起名朱常洛。

不爽的万历唯一一件开心事，就是他不久之后找到了他的真爱！这年三月，一名年仅 14 岁的姑娘郑氏被选入宫，走进了万历的生活。这个女孩不仅聪明漂亮，而且能歌善舞、通文晓墨，在生活上给了万历充分的精神陪伴，相比起后宫多数唯唯诺诺、谨慎小心的嫔妃，郑氏大胆活泼，甚至敢挑逗嘲笑万历，这让长期受捆绑教育的万历有着耳目一新的感觉，他们幸福地享受着美好的生活。万历十四年（1586），郑氏生下了他们的皇子，起名朱常洵。万历特别高兴，比起长子朱常洛是次意外的冲动，常洵是真正的爱情结晶。他打算立刻晋封郑氏为皇贵妃，却遭到了一致反对，因为当时的皇后没有生育，所以按规矩是要立皇长子，也就是恭妃生下的朱常洛为太子的，而皇帝却要生下幼子的郑氏拥有比恭妃更高的地位，这不摆明了也很可能准备让偏爱的小儿子入主东宫嘛！于礼不符！立太子那是“国本”的问题，怎么能由着万历胡来呢！

于是，万历十四年（1586）二月，前廷的名嘴们开始行动了，内阁大臣申时行直接上疏，要求皇上册立皇长子为太子，满朝文武也纷纷响应，指责万历专宠郑贵妃什么的，拉开了“国本之争”的帷幕。

万历对群臣的攻击采取敌进我退的策略，他装傻，避而不谈，以长子年幼为由一味推脱，大臣一看，完了，万历真的想玩儿废长立幼的事儿了。前一章我们讲到了大明这些不惜死的名嘴有多厉害，这时候就是他们一展风采的大好机会！户科给事中姜应麟出场，他给出的奏疏大致是说，皇上你要立郑氏为皇贵妃，这不合理啊，皇长子他娘还没有这位分呢，皇长子才是国之根本啊，再者长子年幼就不立太子了？没这先例！皇上还是弄清道理为妙！万历看见了这陈词十分火大，大呼“科臣奈何讪朕！”（你个小言官凭啥骂我！），一挥手就把姜大人贬到地方去了。首战失利，刑部主事孙如法再上，这货更硬，直接质问皇帝，恭妃生长子这么久了也不见给她封赏，郑氏生了幼子你就要给她皇贵妃之尊，你这是按祖法办事吗？不怀疑你的动机都会遭雷劈！——这话着实狠了点，万历阴笑着说，遭雷劈啊，潮阳雷雨倒挺多呢，你滚去那里思过吧！孙如法也败了。类似一系列上疏的官员都被清理，这反而激起了大明士大夫“粉身碎骨浑不怕”的刚烈精神，前廷沸腾了！名嘴奋起了！他们携着一身的浩然正气跟万历不屈不挠地抗争，一个言官倒下了，千万个言官站起来！满朝上下口水飞溅，喷出一条标语：立太子！万历郁闷得要死，他就是想给心爱的女人一个荣耀的名分，或许还想给二人的宝宝以自己最好的衣钵，作为一国之君的他却怎么也做不到。失意万分的他同时病魔缠身，又胖又懒不想动弹，更不想搭理前廷那堆嘴巴，也许换个暴君直接砍了所有反动臣子，诏告天下朕就是爱郑氏，要立她的儿子做太子！别问为啥，因为老子是皇帝！可万历不可能，从小的教育和天生的性格决定了他的软弱，他选择了龟缩在后宫一天到晚睡觉，大臣闹去吧，我就是不理你。

前廷躲了，后宫难防，李太后也在催促儿子赶紧办事，一方面恭妃一直不受宠，听话老实，而郑氏活泼迷人，万历最爱，典型的太后讨厌的“狐媚子”。另一方面呢有个故事，万历有一次搪塞不立长子的理由，给太后来了一句“彼都人子也”，意思是他是宫女的儿子，显然看不起恭妃的出身，太后一听火冒三丈：“尔亦都人子！”（你小子也是宫女生的）嘿，这李太后出身原来也是王府的侍女，万历犯忌了吧？连你亲娘都敢鄙视？与恭妃同病相怜的李太后必然也是支持长子的。还有一件故事记载，万历倦懒卧病的时候，恭妃一直守候，面容凄哀，而郑氏只是不时来点个卯且没什么担心的样子，据传万历病中脆弱的小心灵一下就动摇了，一举封了朱常洛为太子。不过我个人有些相信是万历烦得崩溃了，再加上郑氏母族过于嚣张，这个懒惰但是绝对腹黑的皇帝深思过后下了诏书。

万历二十九年（1601），恭妃之子皇长子朱常洛正式入主东宫，漫长的15年“国本之争”尘埃落定，却因为这事引了无穷后患，比如万历烦心“怠政”，比如大臣党争涌起……溯源到事件最开始——年轻冲动真是魔鬼啊！

从此君王不早朝

上文我们讲到了万历被“国本之争”搞得失意至极，他喜欢的妃子没有如愿上位，他偏爱的皇子也没有入主东宫，这不得不说成了他人生中的一大遗憾。而“国本之争”引发的一系列问题也并没有因为长子朱常洛被立而解决，反而顺势愈演愈烈，比如前廷官员汹涌的唾沫。这些才华横溢的大臣上了瘾似的奋战，在口诛笔伐抨击各种朝政的第一线，吃了炫迈一般根本停不下来。神烦啊！万历的精神本来就很沮丧，被这些名嘴逼迫折磨，就临近崩溃了，同时崩溃的还有他的身体，才30岁就暮气沉沉、了无活力，据记载后来的万历大腹便便，需要太监帮他抬着肚子才能蹒跚前行。

万历画像

吵声骂声唠叨声声声入耳，
家事国事天下事事事烦心。

万历身心俱疲，他想逃避，这位机智的天子找到了一个很不错的理由，就像我们小时候不想上学就跟家长说肚子疼什么的一样，早在万历十四年（1586），他就告诉内阁，朕病了，头晕力乏，不能起那么早上朝了。其实万历身体应该是不怎么样，很多史料都有记载他的一些病症，不过肯定没有差到长年卧床不起彻底不能料理政事，因为这之后，他又陆续推掉了享太庙、祈天祈福、接见大学士、处理奏疏等等他分内的一系列工作，龟缩在紫禁城最里面不复出焉，这明显就是故意的了！有学者这样描述当时的情景：“奏章投进去如同投进死人的坟墓，得不到任何轻微的回应，遍地的诟骂声和反抗的革命，明神宗都无动于衷。”这就是历史上著名的“万历怠政”。

我很佩服万历的耐性，他真有韧劲！无数大臣痛心疾首地呼唤大明集团的朱翊钧总裁“尊重一下你的职业！”，万历基本上岿然不动。之所以是“基本”，是因为有个人还是煽起了万历巨大的怒火，他就是大理寺左评事雒于仁。

万历十七年（1589），这个勇敢刚直的官员雒于仁向皇帝上了本奏折，就万历拒绝上班的事件发表看法，内容大胆，用词犀利，直逼万历命门，奏疏写道：“皇上之恙，病在酒色财气者也，夫纵酒则溃胃，好色则耗精，贪财则乱神，尚气则损肝……四者之病缠绕于心，系累其身，圣恙何时而可也！”很直白地说，皇上你不上朝是因为有病对吧？属下看这病就在于你嗜酒、好色、贪财、爱发脾气，想康复你就别让自己纵欲过度，克制点吧！雒于仁上这么一封奏疏必定是下了死的决心的，要知道他一个大理寺评事，芝麻大的官儿，这样从皇帝的私生活角度毫不客气地骂人家贪财好色，懒惰还装病，搞不好丢脑袋是分分钟的事，而他正是希望以这样玩儿命的方式激起君王的脾性。第一步他成功了，植物人一般的万历被他气得大发雷霆，言官们的口水虽然密集，却还没人敢这样对皇帝冷嘲热讽的。发怒归发怒，皇上还是有理智的，没有立刻一刀宰了雒于仁，一是顾忌祖爷爷朱元璋曾定下不许任惩言官的祖训，二是前廷的喷子们反应迅猛地劝解求情让他难以下手。这口咽不下的气，缓缓再算。

万历十八年（1590）元旦，万历召见内阁大学士开会，这会的内容很有意思，有意思在哪呢？嘿，我们看看万历说了点啥。他先缓缓地道出，朕身子不好啊，足疾严重，头晕目眩，最近愈发厉害了呢！患了不治之症也不一定啊。唉！大臣们忙说，皇上洪福齐天，还年轻呢，一点小病好好养养就会好了。万历叹气说，是啊，前不久是好点了呢，不过……不过有个叫雒于仁的小官居然上疏骂我，把我气得病又加重了！说着把雒于仁那封逆天的奏疏拿给大臣们看，委屈地一一辩解，他说我嗜酒，可是谁不喝酒嘛，大家都喝他就骂我一个人；他还说我好色，专宠郑贵妃，可郑妃她就是很勤劳可爱，我才喜欢的呀；他说我贪财，我犯得着吗？普天下都是我的，我要多少钱不行！他说我脾气暴躁，我是因为宫人犯错才惩戒的，难道大臣不惩戒家里的仆人吗？万历越说越委屈，让大学士拟票，严惩这厮。这在大家看来简直啼笑皆非，就像个小孩给人告状，他怎么骂我了可我本来就没错。碎碎念。可是这是大明宫廷——天子，向内阁学士，告一个八品小官，他骂我懒！但我就没有！你们得给我出气。笑死人了。

笑归笑，皇帝受委屈了内阁得管啊。内阁首辅申时行是个著名的“太平宰相”，他最擅长和稀泥，大事化小，况且雒大人也是出于敬业，说的也是有些道理的。申时行耐心地劝导万历，你看姓雒的这小子一个芝麻小官，沽名钓誉之辈，你大明天子要跟他计较多掉价啊，皇上理他干啥。而且他这样目无尊长，皇上若还宽宏大量，天下都会传为美谈！万历一想，也是，严办这厮一时痛快，要落个不纳谏、杀忠臣之名就麻烦了，而且大学士票拟严惩雒于仁就要通过六科，六科那帮职业言官可不好惹，指不定骂得更多更糟心。于是万历默默咽下了这口闲气，让申时行把这窝囊事一点点搅成稀泥。最后结局是，大理寺逼迫雒大人自己递辞呈，再将其革职，也算是给皇帝报了挨骂之仇。

这事儿过后，万历并没有被激得奋起努力，而是继续悠哉地回到深宫练他的幽闭大法，以致后来可谓从朝堂之上到街头巷尾都公开抨击朝纲了，万历大哥还是很淡定。关于他这漫长的空前绝后的无头朝政，有人说他是彻头彻尾的无道昏君，有人说他并不是不理朝政而是在暗处运筹帷幄，也有人说他是践行无为而治，到底应该给“万历怠政”一个怎样的评价才较为客观呢？考古最可靠的证据又会给我们什么启示哩？下面，让我们看看他这怠政背后的真相。

万历怠政的真相

一星期总有那么五天不想上班，皇帝也不例外。万历就是个典型中的典型。他诏告大臣：我足疾严重，头晕目眩，一直在服药，所以不能见外人。于是，他逐渐不上朝、不享太庙、不接见大学士，呆在他无比眷恋的宫中“养病”。一朝大臣送进一波又一波奏疏请求，基本杳无音讯。这些绝望的官员们气得捶胸顿足，高叹“一事之请，难于拔山”。而万历面对痛心疾首的满朝文武，还有雪花一样飞进宫里的奏疏文件，平静淡然。于是大家为他这一段漫长的翘班生涯定了个义，叫做“怠政”。

底款为“大明万历年制”的瓷器

关于万历怠政，众人看法不一，有说他是个地地道道荒淫无道的昏庸天子，有说他其实是个高明的幕后老板，那么万历怠政的真相到底是什么？他究竟是个荒唐昏君，还是个统治高手呢？

以《明史》为代表的传统主流思想将万历定位为一个懒惰昏庸、荒淫无度的皇帝，并给出“明亡，实亡于神宗”的著名结论。毛泽东也曾说过，万历“极度奢侈腐败，长期怠政，他是明亡的种子，是个无道昏君……”虽然《明史》是正史，是研究万历乃至全明王朝最权威的史料，但事实上，我们知道《明史》是清朝修的，满族推翻了大明的政权，在修史的时候自然会强调大明政府的昏庸无道，以证明自己取而代之的合理性，这点前朝在修史方面都有体现，不过我认为《明史》体现得比较明显。因而，我们不能排除它在描述万历怠政史实的时候，有所偏颇，不够客观。更有一种观点，多见于万历朝的臣属（代表人物是雒于仁大人），还有至今一些研究者也支持，就是觉得万历托病不朝完全是因淫懒所致，而其真正的“病根”就是“酒色财气”、贪婪荒唐。然而，随着定陵考古挖掘工作不断深入，我们拥有了关于当时最可靠的证据资料，将万历皇帝的尸骨复原后，考古工作人员发现，他的右脚要比左脚萎缩短小一大截，而且其身体最后的姿势也十分扭曲痛苦，这说明万历真的患了很严重的足疾，他没有撒谎。若把他不上朝的原因完全归于他的“嗜酒好色、贪财易怒”，是有失公允的。除了生病不假，万历大哥还有话说：我是不上朝，但我说过我不理政吗？

不上朝和不理政是两个概念。万历虽然躲着大臣们的口水不出来，却也在静静关注着前廷的一举一动，在大事上、关键处点一下，给了决策性指示，他也将国家命脉走向划在心里了。要说万历这处政方法，有些类似我们现在政府或企业施行的小范围、不定时政策会议。省去了每日一早的例会，其实不过少了大臣奏报吵嘴的机会而已，一些定时的接见朝见，很多都没什么实质性效果，万历赖着不去，只是不时给个最高批示，倒是提高了不少工作效率。对于他不批奏疏，不见大臣，嘿，那时的官员和现在有些单位的有些同志一样，时不时想在领导面前露一把脸，说点、写点无关痛痒的。我查证过明朝的部分奏本，很多是那些言官没事找事的废话，更有白痴的主张建议充斥其间，不看也罢。重大的事宜，万历还是会处置的。比如耀亮青史的“万历三大征”，万历的表现更像个运筹帷幄的远方遥控者，决胜于千里之外。三大征的战功也成为支持“万历怠政并不昏庸，实际很牛”的观点的最重要证据。由此，有人说，万历的翘班不是怠政，而是一种很高级的太极手段，他躲在幕后操纵着大明朝廷的生命线，运用类似道家“无为而治”的方针，他是个很聪明很强大的君王，甚至“功过康乾”。

万历聪明，这必须承认，但要说就此判断他是个智慧明君，则又走了另一个极端了。因为他的怠政确实给朱明社稷捅了不小的破洞，最直接的一点就是官员缺席。皇帝执政不负责任，中央疲软，人事调配自然会出问题，我们之前讲过，明朝这帮大臣的刚烈脾性让他们对这草包皇帝失望透顶后，很多都选择了辞职，加上被万历炒了的，皇帝不管吏部纳新的活，结果新员也补充不上。到了万历四十一年（1613），已经严重到南北二京缺尚书、侍郎这样的高管达 14 名。幸而有老祖朱元璋定下的牢固紧扣的文官制度，才使国家系统不至于彻底崩溃。比缺员更可怕的是党争。皇上不出门，大臣的口才文化就展现在前廷拉帮结伙的互喷，东林党、齐党、宣党、昆党……光数得上名的党派就一堆，他们斗得兴致勃勃、面红耳赤，整个帝国的统治环境可谓乌烟瘴气、浑浊不堪。这样的背景下的 CEO 朱总，估计在后屋里乐得轻松了，你们对骂去吧，正好快别扰乱我。他也许没有想到，吵架重心的转移换得了他的轻松，引发的党争事件几乎毁掉了他祖宗打下的朱姓江山。这事儿咱以后再说。

还是说万历，他可以远征三次，可以放手不管，强大的支持来自他老师张居正发起的那场伟大改革，给他留了一场“中兴”的辉煌，一个盈裕的国库，能容得他折腾 N 久。可惜的是，这场本可扭转明亡的改革万历并没有珍惜，随着张居正死后被抄家，他的政敌抓紧反攻，改革措施便逐渐被废除，积累的财富也被万历耗空，导致明朝真的没有死而复生的力气了。就凭这一点，万历就不是个明智的君主，他的怠政也真的是为明亡起了催化作用。

这一场史上著名的皇帝翘班运动，万历既不是被人骂得体无完肤的荒淫昏君，托病享受，完全不理政事，也没有一些人说的高黑神秘，以独特方式操纵国家，更不是什么功盖康乾的皇帝，事实上他就是个多病又怠懒的人，生在帝王家做了一国之君，国事令他忧郁烦恼、心力交瘁，能躲一时算一时，不得不处理政务的时候就出来干干。不过不可否认的是，万历的能力应该是不差，大明的官僚机构也着实牛气，万历怠政数十年居然撑着没垮。只是此时的松动给他孙辈儿的亡国谱了序曲，他的年号也被后人传成了“晚明”的题目。

万历如何平定蒙古人叛乱

论起万历皇帝一生最可圈点的傲娇之举，莫过于他领导发起的三场巨大规模的军事行动，分别是平蒙古人哱拜造反（即宁夏战役）、逐倭援朝之役，以及平苗土司杨应龙叛变（即播州之役），被称作“万历三大征”。这三场战役皆以大明的胜利告终，由此使万历名震青史，也成为众人给万历怠政平反的最重要的证据。接下来，就让我们回到万历二十年（1592），看看万历指点的这三场惊心动魄的大征战。第一场，平蒙古哱拜叛乱的西北大战。

故事还要从嘉靖时候讲起。嘉靖年间，西北蒙古鞑靼部成员哱拜，因为家族的矛盾争端，得罪了部族首领，他带着自己的部下投降了明朝，被封了个都指挥的官职。因为西北边塞明政府也没有严加约束，这个哱拜就逐渐在中央睁一只眼闭一只眼的默许下，建成了一支战斗力不容小觑的游击队一类的武装队伍，到了万历年间，哱拜可以说已经拥兵一方，势力很大了。到了万历十七年（1589），自感年老力衰的哱拜告老退休，将自己宁夏副总兵的位置交给了儿子哱承恩。一切看似还很平静，直到万历十八年（1590）。

蒙古族鞑靼俺答首领以去青海拜佛为借口，进犯洮河，政府派出大将郑洛前往甘肃镇压，当时的宁夏巡抚党馨给郑洛调兵援助，这个带队的头儿叫做土文秀。问题就出在这，退休了的老头哱拜冒出来了，他表示土文秀没那两把刷子打这一仗，这么大的战场经不起实验，他愿出马一战。哱拜为什么此时出现，要求率兵征战青海？很多研究者都认为，他是心怀异志，以此作为拥兵叛乱的起点，而有学者认为这时的哱拜还没想着造反，是后来被党馨逼迫和无能的明军刺激才起了二心。具体这老爷爷怎么想的，只有他自己知道了。反正现在老将是打算再挂亲征。郑洛一听，好个宝刀未老的蒙古汉子，一把年纪了还不忘精忠报国！便答应了哱拜的请求。而巡抚党馨心里却作起了祟。这厮是个十足的小心眼，纵观整个宁夏之变，这货的私人情绪为叛变爆发起了不可磨灭的作用。他觉得你哱拜都滚回家养老了，又冒出来是何居心！但又没权利干涉，心有怨气的他便在后勤上做手脚，发给哱拜一群老病马。哱拜自然不能骑着这些病马出征啊，怨愤十足的他只好领着自己的武装部队开进了战场。

这一打不要紧，明军的作战水平被老头一览无余，他看到各镇的军队能力都在他的部队之下，回来时取道塞外，那些地方的游勇队伍也都很畏惧他。老头一琢磨，嘿！原来老朽这么牛啊！心里那个得意那个骄傲，扬着一路风沙颠回宁夏。骄横的他回到老家却立刻挨了巴掌，就是那个心理比较阴暗的党馨，不仅没有表彰劳苦功高的哱拜，而是先抽了哱承恩一顿，因为他强抢民女作妾，这倒无可厚非。可接下来党巡抚又克扣了士兵的军饷和冬衣，这就闹大了，军饷问题是自古以来兵变最常见的导火索，本来就憋着火的哱拜彻底怒了，拉上兄弟刘东旸砍死了党馨，逼死了宁夏总兵，万历二十年（1592）二月，哱拜率部怒举反旗。

消息传到中央，万历一改凡事不管的态度，对打这一仗十分重视，圣意坚决要平了这撮反动武装。最初领导镇压叛乱的是三边总督魏学曾，但这人其实差不多是个废物，领导的明军正如哱拜当初所见，涣散无能，这蛮悍的叛乱队伍压根没把他放在眼里，一时间哱拜军势如破竹，连下中卫、广武、玉泉等镇，势力越发强大。万历一看打半天了这打得什么破玩意儿啊，重新调兵遣将，四月，调原总兵李成梁之子李如松出任宁夏总兵，浙江道御史梅国桢为监军，调集辽东、大同、浙、苗等多路队伍，重振士气，认真作战。与此同时，那个废物总督魏学曾带着一支同样废物的军队久攻宁夏不成，竟想到了“和平招安”的馊主意。正不遗余力注视战况、希望一举大振国威的万历气炸了肺，不久就把这货叫回来直接扔进班房。原甘肃巡抚叶梦熊接替重任，叶梦熊是个狠角色，攻灵州的时候直接炮轰，这次收宁夏，放了河堤灌城。面对城中汹涌的河水，哱拜沉着地坚守，因为他相信，套部蒙古的兄弟会援救他的。

他想太多了。

宁夏总兵李如松、先锋将麻贵等已迅速捣毁了套部骑兵，把哱拜先生最后的王牌轰出了贺兰山，留下孤零零的他跟掂着大刀的叶梦熊在宁夏城口对望。最后呢，故事是以梅国桢梅大人玩的反间计结束的，哱拜军营内部发生了严重火并，刘东旸、哱承恩等互相残杀，宁夏城下，哱拜一家被处决，这场鞑靼叛变被彻底平息。

万历二十年（1592）十一月，叶梦熊率大明军凯旋归来，举国同庆的同时，朱氏集团的老账本上也悄悄减去了200余万的存款。而万历总裁并没有太心疼，他更享受这场炫耀国威后阔别已久的骄傲感觉，自张居正死后他终于干成了自己主导的一场大业。这位心机极深的皇帝似乎很在意武战之功，他对内懒得和朝堂上的文臣纠缠，却把才智都放在了对外的刀剑沙场上，关于这一时期明中央和军务的分析，我们讲完三大征的故事再说。

不久后，就是一波三折、惊心动魄却又大快人心的逐倭援朝战役了，下面，让我们一起来看大明王朝是怎样把当时就妄想吞并中华的日本丰臣政权侵略军踹回弹丸老窝的！

那场“抗日援朝”战争

说起明朝打得最解气的一场对外战争，却也是“万历三大征”中最为惨烈的一场，便莫过于此役了。

说得经推敲一点，应该是“逐倭援朝”之役，因为那时候管日本还叫“倭国”（必须声明这并不是专门发明的侮辱性的字眼，而是古有称呼），而且以当时情况，我们倒还用不着“抗”。日本这个国家，在唐朝还极虚心学习，大化改新连街道名儿都改得和长安一样，但强盛一些之后的日本吞并华夏称霸东方的念头似乎就没有断过，直到今天。而甲午战争之前，中国这边对于这位野心惊人的邻居，印象仅停留在“弹丸倭夷耳”，所以，当万历皇帝得到这个“弹丸”国将要入侵他庞大的大明帝国的消息时，是十分诧异和不屑的，他并没有太当回事。然而过了一年，朝鲜国王李昖向万历发来了求救信，大意是日本军已经占了我的都城，并且打算一路杀进大明，我现在正往北逃，要逃进中国了，也麻烦你接收一下。这个李昖是个没什么本事的昏君，他只等着大明出兵呢。万历一看，玩儿真的啊，才正视起逐倭的大事来。

彼时日本，正值丰臣秀吉主掌大权，这家伙认真规划了一张吞并大明的蓝图，由朝鲜侵入中国东北，且立誓要在其发白之前征服中国，进而占领整个东亚（跟二战完全一个思路），甚至连迁都北京，北京周围的土地怎么分都规划好了。面对这样一份可怕的未来展望书和崩溃的朝鲜政府，万历不得不认真思索出战的事情了。

不可忽略的是，日方并没有像他们自己预想的那样神速入明，因为朝鲜政府昏庸但其人民还是全力抗日的，一股股游击队伍拖住了日军的步伐。万历二十年四月，日军登陆釜山，第一批调自辽东的明军同时跨过鸭绿江配合朝方作战，压根儿没把“弹丸”放在眼里的辽东军却被打得全军覆没。而不久又开过来的副总兵祖承训的队伍由于不熟悉地形也不幸大败。首战告败的大明上下一片震惊，紧急讨论后决定重整将领，点齐兵马，必须跟丰臣秀吉干场大的了。

此番挂帅出征的武将不是别人，就是前面讲过在宁夏平乱战功赫赫的李如松，由他出任东征提督。督战的文官是当时的兵部侍郎宋应昌，这货是个草包，先到了战场的他磨磨唧唧，跟也不敢贸然进犯的日军开始了谈判，因为他根本就不会打仗，一心只盼着李如松赶紧过来。日军将领小西行长也在休整试探，对手毕竟是大明啊。所以当李如松从宁夏战场千里挥师辽东，抵达御倭前线时，看到的就是这么一团暧昧模糊的外交成果。这位身经百战的将军深知谈判是假，探底是真，他一面跟日本人周旋，一面积极备战。大战在即，不容大意。

万历二十年（1592）十二月，明军“临鸭绿江，天水一色，望朝鲜万峰，出没云海”，李如松挥师东渡鸭绿江，正面迎敌，身后是家国百姓，烈烈寒风拉开平壤大战的序幕。

平壤当时也是军事重镇，戒备森严，易守难攻，尤以东城墙坚固高大，也最为危险，当时“弹丸如雨，刀矛向外齐刃，森如猬毛”。而主帅李如松便在此战场亲自督战，他身先士卒，带头攻城，顿时士气大振，明军势不可挡，惊恐的日军大概也对这位骁将有所耳闻，调集精兵疯狂抵抗。相对于应对李如松亲督的东门，南边日军防御较为薄弱，因为他们遇上的是朝鲜军队，日军在与朝军作战的过程中获得了充足的自信，无所畏惧地等他们兵临城下。但是，来不及了，这群“朝鲜士兵”突然撕去军衣，露出闪亮的明军铠甲晃瞎了鬼子们的眼，这支队伍的将领就是首战失利的副总兵祖承训，他带领将士假扮朝鲜军麻痹敌人，当日军反应过来时，带着冲天怨气的祖将军已经神速攻下了南芦门。城北牡丹峰由抗倭名将戚继光的老部下吴惟忠带领，这老将在胸口中弹后依然勇猛督战，率部克敌，第一时间将制高点的日本军旗换成了明军大帜，使得城中日军军心大乱。城西普通、七星二门基本上是被轰开的，李如松曾在神机营做过副将，神机营专管火器，算是专业应用，一举炸开城西。平壤城战场积血成泊，箭矢如雨，在隆冬刺骨的寒风中定格成一组悲壮的图景，惨烈异常，令人心惊。

经过一日激战，明军歼敌过万，终于收复平壤，打得眼红的李如松就这样一路杀向汉城，却在快到汉城的碧蹄馆时遭到阻击，伤亡惨重。这样双方都打得精疲力竭，于是，刚才那个热爱议和的宋应昌又出场了，他跟日方达成了日军退居釜山，朝鲜复国，李如松率军回国的协议。

要说丰臣秀吉真的放弃战争我绝对不信，他不过是去准备新一轮的侵略了，不仅是他，日本整个民族侵略称霸的心都只可能愈加疯狂。所以要把第二期战争根源都归在主张和谈的大臣身上，我们就把日本想得太可爱了。主战大臣只是造了导火索，这导火索是一卷册封书。中国这边压根儿不清楚日本的统治机构，不知道秀吉上面有个天皇和神明一样至高无上，更没认清这个民族巨大的野心，跟赏封周边小邦一样给丰臣秀吉封了个国王，这厮大怒，觉得受了莫大侮辱，以此为藉于万历二十五年（1597），卷土又来。

鬼子再度进村，第二轮交锋开始，主将是杨镐，麻贵、李如梅等协助，有人问李如松哪去了，很不幸，李如松在这之前抗击蒙古时遭伏击，以身殉国，沙场未还。新上任的总指挥杨镐显然跟李将军不是一个水准，他领导的第一次蔚山战役本来可以是和平壤战役一样大胜的，却因队伍不整、军心不齐而战斗力减弱，加之后来日方援军赶到，胆小的杨镐匆忙撤军，阵脚大乱，使得这次战役明军伤亡巨大，不过激战下来日方也损失不轻，双方出现对峙。万历一怒把杨镐调回，换上了兵部侍郎邢玠，邢玠带队，输输赢赢也没有大的进展，这就开始了长达一年的双方消耗战。

和日本每一场侵略一样，丰臣秀吉希望速战速决，一旦进入持久战，蕞尔岛国是撑不住的，更可怕的是，明朝的水军很发达，他们在日军供给船必经的对马海峡截断了他们的后勤力量。补给充足的明军与缺衣少食、龟缩畏战的敌人抗衡，直拖到万历二十六年（1598），丰臣秀吉死了。日方军士大概早就想回国了，以此为由想匆匆撤军，万历的最高指示随之下达：一个都不要放过。明军整军追击，斩敌无数，痛打落水狗，一路把侵略者赶回了他们的弹丸老巢。同时朝鲜复国，万历将完整的政权交还给李昖，不曾借此占其领土废其主权。这是大明之信，华夏之德，也是日本侵略野心不能、也不可能理解的道理。

万历二十七年（1599）四月，大明军队撤出朝鲜归国，逐倭援朝大战以明胜利告终。十五日，万历皇帝在怠政N年之后走出深宫，接受天下拜贺，并发布诏书："……若使弱者不扶，谁其怀德，强者逃罚，谁其畏威……我国家仁恩浩荡，恭顺者无困不援，义武奋扬，跳梁者虽强必戮。"这让我想起了汉武帝伐匈奴时说的"明犯强汉者，虽远必诛"，以及唐灭东突厥记载的"突厥以失德抗有道……（我必）伐暴取乱"，千年以来，华夏民族沧海桑田，不变的却是这份睥睨四方、强而不霸的气度，自有非凡强大的国力，却基本是以友好尊重的态度对待友邦的，未曾大肆侵吞、掠夺周边小国，本不恃强凌弱，怀德对之，但若有侵略者来犯，任其强大或是奸猾，我也必会匡正扶弱，全力征讨。正所谓不恃人不攻我，但恃我不可攻。

攘外之后安内，万历平定西南叛乱

"万历三大征"的最后一役，是平定西南苗疆土司杨应龙叛乱的"播州之役"。首先解释一下这一战役中，叛乱的中心词——土司，土司是自元朝以来所设置的地方官职，最初是为了安抚、封授西北和西南部分少数民族首领，给他们在这些边陲地区一定自治的权力，但土司和我们现在意义上的少数民族自治区可不一样，这些土司，世代袭位，世代受封，关键是可以保留部分掌兵之权，名义上是在中央的委托下，作为一方维稳力量的。但是历史的教训告诉我们，这些人一旦拥兵就不是什么好事，特别是在山高皇帝远的偏远地区。万历年间在四川南、贵州一带的播州任宣慰使司的杨应龙就折腾出了一场巨大的动荡，酿成"万历三大征"的最后一场——播州之役。

杨应龙祖上是唐朝因扫荡西南边陲骚乱有功而受命在此镇守的，近千年过去了，历朝历代管制不同、任职不一，但没变的就是在这片川黔之地上，起伏多少代的杨家仍居一门望族。到了明朝，正是杨应龙袭土司之位，任了播州的宣慰使司一职。杨应龙最初对大明政府是很拥戴的，万历喜欢大兴土木，建造定陵就是很大的一个项目，这个川黔边区的头目充分发挥地方特色优势，给皇帝砍上好的木头进奉，发挥了他这一方面的突出特长。因表现良好，万历封给他"都指挥使"的头衔。有人说杨应龙是因此遭到了地方其他土司的嫉恨，被陷害、逼迫后不得不走上造反之路，他本身是一个"深得苗人拥护"的首领。不过我并不赞同这种观点，就凭他能给皇帝大兴土木提供坚实的货源基础，应该就不会给当地的百姓什么轻松和谐的生活环境。而且正史对他的记载也是“骄横跋扈、作恶多端”，所以他应该是一个不怎么受当地人喜欢的土司。

万历十七年（1589），杨应龙被地方的其他同僚告发在搞叛乱，但因为这叛乱位于西南边陲、川黔交界处，四川方面为安定主张招安。贵州是事发地，主事的头儿是宁夏平乱中勇猛异常的将领叶梦熊，叶的暴脾气则是准备剿灭这家伙。双方主张不一。而更重要的是，大明正在宁夏和朝鲜（“万历三大征”的其他两场战争）战场焦头烂额，没工夫专门管这个小骚动，而杨应龙也时叛时降，有几次害怕明廷力量庞大准备砍了他的时候，上演过一幕浪子回头、负荆请罪的苦情大戏，隔不久又重整叛旗、再放厥词。他可以反复闹腾只因为明朝政府对他的松懈——没有解除他的兵权，依然手握军队的杨应龙当然敢反悔数次。后来，时不时在四川、贵州、湖北一带作乱，还自我高端定制了一套顶级狠货服饰偷穿欣赏，什么服饰呢？蟒袍。这在当时可是谋逆大罪，灭族都不过分啊！腹黑的万历大人精力还集中在逐倭援朝的国际战场上，杨应龙跟丰臣秀吉比起来，就是个后院的内部纠纷，但是偷穿皇帝私人定制的职业装等大问题，是绝对不可姑息的。万历盯着朝鲜的动向，暗暗对杨应龙说，你等着。

万历二十七年（1599），倭寇已平，从辽东回过头的万历也打上瘾了，即刻命贵州巡抚江东之征剿杨应龙。上阵的是都指挥杨国柱，在贵州境内的飞练堡夺占大片土地，而杨应龙在一个叫天邦屯的地方诈败，等明军赶到时伏击成功，俘虏杨国柱，明军全军覆没。因为这次惨败，江东之也随之被罢官。然后，类似李如松当年被调往鸭绿江一样，万历再次号召将领发挥连续作战的作风，这次被圈到的是朝鲜战场表现出色的一位将领刘綎，从东北赶赴西南。总统领是前四川巡抚，时任都御使兼兵部侍郎的李化龙，并赐予他尚方宝剑，打算一举歼灭这个无法无天的小土司。

明军分为八路进行作战，每路3万，共计20多万开向贵州，其中大将刘綎直攻杨应龙所在的核心地綦江，杨应龙的土部队跟刚抗日回来的正规军一交锋就溃不成军，四下哄逃，一路逃回了身后老窝娄山关，也被击垮。万历二十八年（1600）五月，他带着为数不多的苗兵在最后的一处海龙囤，用滚石和木头做垂死抵抗，20多万的八路明军围在城下，给杨应龙做了一场隆重的送别会。这人到最后应该是追悔莫及了吧，因为他的折腾，万数士兵战死，他自己也落了个走投无路的结局，如果这一切重来，他还是风景如画的川黔地界上一个幸福的小土司，守着祖先世代的封荫显赫一方。想归想，刘綎已率军攻破最后的防线，杨应龙别无选择地与妻子一同自杀了。

播州之役结束，平杨应龙叛乱三月余，耗银200万两。

在这之后，万历下令在午门城下处死涉乱战犯，并且亲临现场，比起抗日之后“虽强必戮”的威武魄力，这次内部平乱就显得他纯属享受这种淡然冷笑贼子的感觉了，不过也许对于大明天子万历来说，日本丰臣政权和贵州小土司偷做龙袍没什么大区别，弃义小国，乱臣贼子，必诛。而杨应龙的叛乱，让明政府意识到了土司们世袭权力的隐患，开始了历史上著名的“改土归流”之措，最终在后来的清朝完成大规模统一，以加强中央对地方的控制。

“万历三大征”讲完了，万历花了千万余银激扬国威，横扫西北、东北、西南，爽得连怠政都顾不上了，天朝上国大显特显的背后，国库，尤其是久战的军队，都快亏得吐血了。

成功是一袭华美的长袍，掀开就会看见虱子

上文我们讲完了“万历三大征”的过程，胜利的结尾还是十分欢喜的。万历三平西北、东北、西南的巨大魄力解决了相当大一部分棘手的国防问题。的确，作为一个边患十分严重的王朝，大明从建立之初就在不停地处理此类事件，几乎所有皇帝都遇上过，比较著名的有明成祖朱棣多次亲征漠北、瓦剌的土木堡之变，正德平鞑靼，还有东南戚继光抗倭等等。在这样一个边患迭起的时代，朱氏集团的一代一代总裁却秉承了一个相当一致的默契：有冲突基本考虑的都是怎么征讨，皇帝养成了“专治各种不服”的暴脾气，这个朝代，创造了“无汉唐之和亲，无两宋之岁币”的奇迹，一直为后人所称道。它不仅是个成绩，更重要的是代表了一种不可侵犯的尊严，因此，“万历三大征”之后，骄傲而满意的万历皇帝不厌其烦地莅临处死战犯的现场，让自怠政以来受过的气一吐为快，让天下都朝贺他这位全胜的帝王至高无上的威严，无限风光啊！

光亮越强的地方，影子也越黑。风光的背后，总是会有伤口。

万历在为他空前的军事里程碑洋洋得意的时候，有没有记得冷静地回望一下大战之后，他千疮百孔的社稷，有没有记得谦虚地思考一下这场战争我们有

多少漏洞呢?

他显然没认真想过。就连他的大臣们，还有很多后人也没有认真想过，大家都被这所谓“远迈汉唐”的闪亮成果所吸引，很难看到这风光背后难以愈合的伤口。如今，我们就来看看，除了胜利的喜悦，这三大征究竟还给明王朝留下了什么?又暴露出了怎样的“旧疾”呢?

先说经济，给大家一个数据，《明史》记载:“二十年。宁夏用兵，费帑金二百余万。其冬，朝鲜用兵，首尾八年，费帑金七百余万。二十七年，播州用兵，又费帑金二三百万,三大征踵接，国用大匮。”(帑金，指的就是国库中的钱。)计算一下，三场战争花去了一千多万的国库存款，相当于横征暴敛情况下的明末政府大约一年的全部收入，这个数字是比较可怕的，若不是万历小时候他老师张居正为他积累下的雄厚财政基础，这仗是很难撑下来的。但是张居正已经去世很久了，再也没有一个那样强大的宰相给他来一场“中兴”了，经济已经到了很吃紧的阶段，但是国家依然到处都需要用钱啊。明末自然灾害奇多，赈灾的钱哪来?灾荒年月民变就多，镇压民变的军费又从哪来?都是大问题!到了后来更严重，女真崛起，辽东军饷又要出……三大征留下的经济危机不容小觑。但是纵观整个战争过程，万历似乎仗着自己财大气粗，没有很刻意地节约下点滴费用，相反，他是带着一种炫耀、甚至调皮的心理去打仗的，这体现出的还是我们曾经说的，万历本身责任感的缺乏，每场战争都是以惨败开始的，接着调换将领，重启重视才得以胜利，这其中固然有官员无能的问题，但作为一个帝国的决策者，万历没有为国用支出精打细算的本能，是他的失职。如果这场战争更谨慎一些的话，应该不至于费这么多钱。肉疼啊。经济的内伤是“万历三大征”突出的后遗症。

再说军事，虽然这三场战争都赢了，却并不能说明军队是强大的，因为每一场都打得用尽全力、精疲力竭，是勉强撑下来的。平哱拜，最后不得已用了下策，放黄河水淹了人家才赢的;逐日本，是拖啊拖，拖得丰臣秀吉死翘翘了，趁机歼敌的;就连收拾一个西南山区的小土司，都是输惨了以后，把出国作战的大将调回来才胜利的。所以细一分析，暴露出明军的作战能力其实很疲软，而且不同的地方水平相差太大。曾经戚继光、李成梁等训练出的军队是很硬的，但其他地方草包就很多了，比如哱拜就是因为看见宁夏的明军跟自己差太远才坚定了造反的念头。一个庞大帝国的国防能力这么脆弱，万历注意到了吗?如此勉力完成的大型征战，明军要休整多久才能恢复战斗力？如果还有第四场战役，他们还撑得住吗？当女真的铁蹄踏燃辽东新的烽火之后，外强中干的军事就要暴露它真正的不足了，而且刚刚杀完十年大仗的军队，也疲惫得厉害，没力气再战了。这，也是三大征无法忽视的大创伤。

还有中央、朝政。战争让我们发现，明朝的政府还真是不乏白痴，一个比一个会说，说的都是错的；理论家遍地都是，能实际作战的寥寥无几，代表人物有魏学曾、党馨、石星、江东之等等。这反映出的是万历他手下的官僚队伍真的很腐败，他长时间躲在紫禁城怠政，这官场能干净得了吗？官场不干净，直接影响的就是军队的战斗力。腐败、贪污，万历年间军饷不足，将士哗变的事情不在少数，那么重视边事的万历皇帝不至于按着粮草不给供应，只能说是官员谋取私利，底层士兵苦不堪言，试问打仗何来动力？而这些还没有人及时管，最高领导人长期罢工，他不了解这前廷有多乌烟瘴气，也就任由底下该贪污贪污，该涣散涣散。他心里更多的是他自己懒惰自私的本性。“万历三大征”，他没有百分之百怀着巩固边防的目的去战，尤其是后两场，还是带着一丝所谓“天朝上国”皇帝的傲慢炫耀的心理，不是很在乎过程是不是最合理，效果是不是最好，他更关心结果。试想，一个几十年不愿迈出宫门一步的皇帝，两次登上城门欣赏处死战犯的场面，你不是脚疼得不能下床吗？！你不是心悸头晕不能见人吗？！砍人这么血腥的场合你见得了啊？！……所以，万历把这场征战，竟放了乐趣在里面，他享受这种俯视败将的快感，他陶醉于这种几乎变态的成就感。万历能领导三大征胜利说明他很精明很有能力，可这并没法让他配得上一些研究者给他的“功过康乾”的评价，只能说明他对这个感兴趣愿意管了。我们客观理智地读读这个受争议颇大的皇帝，会发现事实才是最公允的评价标准。

这个皇帝，有着识人用将的慧眼，也有把握大权的心机，却太缺少一个统治天下的帝王应有的胸怀和雄才大略，太缺少一个高度专制政权的君主必要的责任感，也太缺少一个庞大帝国的决策者关键的忧患意识。作为皇帝，万历不够称职。这是胜利背后最大的阴影，也是对比看来，人们突然发现这天天睡觉的头儿其实是握紧了大政方针，惊讶佩服下，而忽略掉的事实。

* 晚清民初那些事 *

英国角度的“鸦片战争”

鸦片战争发生在1840年，按照通常的说法，战争的直接原因是：英国东印度公司为了解决英国对中国茶叶、丝绸、瓷器等商品的严重依赖而导致的大量白银外流和贸易逆差，蓄意利用鸦片来作为商战武器毒害中国人。苦大仇深的中国人民在伟大的民族英雄林则徐的带领下把缴获的走私鸦片集中在广东东莞的一个叫虎门的海滩边进行销毁。因此损失大量财富的英国人恼羞成怒，于是悍然武装侵略我无辜的大清。过程中，在腐败官员占绝大多数的清朝官员队伍中依然涌现出了如关天培、邓廷桢、葛云飞、陈化成等英雄人物，但最终因国力相差悬殊，力战不敌，只能议和。继而可恶的英国人又提出无理要求，大清议和官员腐败昏庸，最终只能割地赔款，中国就此成为半殖民地半封建社会。

同样一件事情，换一个角度去看，会发现许多不同。让我们试着从对方的角度看待这场战争。鸦片战争在英国方面，被命名为第一次英中战争。

本文将专注于讨论第一次英中战争英方角度的原因以及战争发动的过程，所以，战争的历史原因和间接原因不在本文讨论范围之内。

虎门销烟销的是什么烟，这答案谁都不会否认——走私鸦片。

好的，接下来我要问：第一次英中战争，或者称为鸦片战争，它的真正的导火索真的是虎门销烟吗？作为一个号称普通法源头的国家，英国国会是因为本国的公民在他国走私被缉获，出于袒护的目的而授权发动一场战争吗？根据后来英国出兵的数量，英国人打这场战争真的是为了将中国纳入自己的殖民范围吗？

两个事件可以回答第一个疑问：什么是引发战争的直接原因。

英国军舰在广州珠江上炮轰清军设在沿岸的防御工事。（1858年铜版画）

“甘结”这两字谁都认识，但是不一定谁都明白。所谓甘结，是自甘情愿写的保证书。本来，这种服务条款之类的东西是很正常的，比如我们现在每下一个App或者每升级一次iPhone都要跳出一个服务条款，你要使用就得被迫“点个赞”，相信谁都不会认真去读。但是当年的英国人很认真，他们认真地读了读林则徐大人给他们的服务条款。前面尽是些天恩浩荡、天下万方都是大清国属之类在英国人眼里鸡同鸭讲的东西，但读到这一条英国人就炸了：禁止“一切来人”进行鸦片走私，否则一旦发现，“货尽没官，人即正法”。天哪，这是哪门子的天朝连坐特色，这条款规定，英国人不但要对英国人负责，还要对所有来华的国家负责。居然要英国人为全世界来中国做生意的外国人担保，且不论英国人有没有这个能力，即使有，这在哪朝哪国都是天方夜谭啊，难道葡萄牙人走私鸦片，还要砍英国人脑袋不成？相信这么可笑的条款智商正常的人谁都不会签，但可悲的是，这真的是清朝当时的外交水平。林则徐要英国佬签这么一个条款，还要说明是自甘情愿，英国人智商正常，那自然绝对不会签。再加上之前英国人被林则徐在商馆里拘扣七周之久，断水断粮，英国人这时已经毫无退路，只好全体撤出，到葡萄牙人的地盘澳门去以求自保。

一波未平一波又起，英国海军有两个不开眼的，上岸喝酒喝醉了在九龙尖沙咀同当地人发生冲突。于是两边各自叫人打了场群架，一个叫林维禧的当地人被打死。出了人命，英国人很紧张，立即花钱想要私了。注意，当时的中国人处理这类涉外事件向来不劳烦衙门里的大人，都是回村叫上乡亲亲自用扁担锄头讨回公道的。而英国人想要瞒的，恰恰是他们自己的头儿——义律。英国在当时已经是一个近代化的法制国家，即使本国公民在海外触犯法律，也是要受到制裁的。果然，纸包不住火，义律还是知道了，于是他马上进行了调查，首先向家属道歉赔偿，其次找齐人证指认出具体致人死亡的那个水手等等。案件正在调查中，林则徐林大人也知道了，二话不说，当然是先要英国人交出凶手，杀人偿命，开刀问斩。对当时的英国人来说，情况却是这样：失手致人死亡，在英国并不是死罪。但是要是交给清政府，那就是砍头，义律当然很为难。于是，义律提出，要按照英国法制建立一个英式法庭，组织陪审团，请中英双方列席，进行公开审理。后来，这五名闹事的英国水手都被处以有期徒刑，并处以大量罚金。但林林大人提出，必须把人交出来，不然，天兵将至，踏平你英夷小邦。

自称忍无可忍的义律开始有了开战的想法，但是这涉及第二个问题：英国国会会授权进行这场战争吗？

有观点认为，当时英国驻华商务总督义律是一个坚定的反鸦片者，他认为鸦片本身是不道德的，在一个禁毒的国家走私鸦片是有辱英王名誉的。但是我没有找到史料证实这一点，我能找到的史料是，在当时，义律向在中国附近海域的英国皇家海军求助时，英国皇家海军明确回复义律，皇家海军不会保护违反他国法律的任何走私行为。而英国下议院的辩论中，多名议员发表过谴责这种违反他国法律的走私行为的演说。所以，英国国会是不可能为了庇护鸦片走私行为授权开战的。

但是，第一次英中战争的确是经过英国国会授权的，国会授权的过程是怎样的呢？其实，英国国会当时也吵成一锅粥。主要的阻力是当时的托利党，就是当今英国下院保守党的前身。托利党人是这么认为的：鸦片走私这一行为本身就是不道德的、非法的，如果因为这样的事件而进行一场战争，这将使英国成为国际上的笑柄，使英国王室蒙羞，这场战争将成为历史上的耻辱。但是，一个人的发言改变了整个事态的进程，他就是 48 年前随乔治·马戛尔尼勋爵觐见乾隆皇帝，当年只有 12 岁的小斯当东。小斯当东发言如下：

我们进行鸦片贸易，是否违反了国际法呢？没有。当两广总督用他自己的船运送毒品时，没有人会对外国人也做同样的事感到惊讶。北京朝廷有权强化司法措施以制止鸦片贸易。但迄今为止对外国人最重的处罚是禁止经商或驱逐出境，现在它能粗暴地判处他们死刑吗？这种追溯既往的做法是对人权的不可容忍的侵犯。中国人要像对待他们的叛乱分子一样用剑刃来对待英国人，我们要小心！如果我们在中国不受人尊敬，那么在印度我们也会很快不受人尊敬，并且渐渐地在全世界都会如此！正在准备中的战争是一场世界性的战争。它的结局会产生不可估量的影响。根据胜负，这些影响又将是截然相反的。如果我们要输掉这场战争，我们就无权进行；但如果我们必须打赢它，我们就无权加以放弃。

当时英国下议院全场肃静，倾听他的这番讲话。所有人都知道，不仅没有一位议员，而且没有一个英国人比他更了解中国，最终以 271 票对 262 票通过采取军事行动的动议。英政府始终未正式宣战，他们认为军事行动只是一种报复（reprisal），而非战争。

所以，英国国会授权进行这场战争的真正目的已经在小斯当东的发言中表明了：第一，这场战争并不是为了庇护鸦片走私，而是为了惩罚中国人在和英国人的外交过程中表现出的不尊重和不平等；第二，如果英国不能迫使中国平等对待英国，那么英国很有可能失去在世界范围内其他国家的平等对待和尊重。

既然有了国会授权，那么战争动员很快就完成了，下面是第三个问题：英国人动用了多少军事力量？是不是打算通过这场战争像印度一样将中国纳入其殖民体系？给大家一个辅助参考：当年的英国人刚刚在不久前于比利时的滑铁卢打败了不可一世的拿破仑，军容极盛，战力极强，英国人只要有这个想法，是有实力一举将中国变成第二个印度的。

我们来看看英军调用的兵力：10 艘军舰、4 艘轮船、22 艘运输船搭载英国陆军第 18 皇家爱尔兰团、第 26 卡梅拉尼亚步兵团、第 49 威尔士步兵团、第 55 威斯特摩兰郡步兵团、第 62 旁遮普印度步兵师、第 66 旁遮普印度步兵师。总参战兵力最多时为 19000 人，而清朝由于军制依然处于中古时期，所以并无法准确统计参战兵力。但是，显然，英国人只派这 19000 人可以表明，他们是没有征服中国的想法的。

挂“洋”头卖狗肉

古时候道路交通不发达，也没有机动车，因此货运主要走水路。而那时候的水路就跟现在的公路一样，四处设满了关卡，向过往船只收取厘金。清末这种收费站尤其多，远距离航行的货船被收的厘捐高得惊人，有时候甚至达到货物原价的 4 倍。因此这些收费站被称为“竹杠关”。

两次鸦片战争之后，中国门户大开，内河也向洋商开放。根据大清和外国政府签订的条约，外国商业行会的成员通行这些地方，只需交纳商品进口关税和货物抵运地的当地税即可。清朝商人为了免除沿路的勒索，就寻找外国人合伙做生意。通常由清朝商人提供资金，负责所有买卖和发运货物等事宜，而外国人只需负责给公司赋予外国商号和领取“准行通行证”就行了。有个外国商人与四个清朝富商有这种商务往来，而这个外国人对于贸易根本一窍不通，且没出过一分钱，光靠这种通行特权就能大赚其钱。

还有些商人把货物挂在任何一位欧洲人头上，佯装货物是他们的，也能免去不少厘捐。1877 年的《纽约时报》曾报道，有个英国水手搭大清国货船出行，船主灵机一动，让水手扮成洋商，而他自己则和手下人一起扮成翻译和侍从，一路上很容易就通关了。

进不去的城

鸦片战争以前，中国是不需要外贸的，一切货品自给自足，域外新奇物品由藩国进贡。只为了对崇尚中国货品的洋商体现一点恩赐，朝廷在广州开设了一个港口，接待来做生意的洋商。为防这些未开化的蛮夷影响天朝子民，洋商都只能住在城外的商馆里，禁止进城，也禁止与天朝百姓接触，一切活动都只能通过朝廷指定的几名行商做中间人。

图为清末的广州城

大部分洋商都默默接受了这样的安排，但英国后来心思活络了。他们先后几次派了使节团北上，想跟大清朝廷建立平等的外交关系，都未果。1834 年他们干脆派了个勋爵律劳卑跑到广州，要求进城面见两广总督。天朝这边的反应是立即中断了商业活动，大批兵丁包围商馆，活活把勋爵赶回了澳门。律劳卑勋爵受辱之下，一病不起，没出一个月就去世了。

进广州城这事因此成了英国的一块心病。1840 年到 1842 年的鸦片战争结束后，大清在武力压迫下与英国签署了《南京条约》，其中有一项就是允许英商在包括广州在内的五个口岸城市自由居住，换句话说，就是得让人家进城。然而，条约归条约，英国赢了战争，却还是进不了这座城。

英国人要“按约进城”，广东官方也有意遵约执行。然而大清排外多年，一直拿自己当四海之主，百姓也都是这么想的，哪受得了蛮夷骑在自己头上？1842 年底到 1846 年，广东弥漫着强烈的反洋情绪，地方士绅纷纷组织抗议活动，大街小巷被人张贴了“洋人进城一步格杀勿论，行商保护洋人将同样下场”的告示，民间出现“锄奸运动”。官方几次提出让洋人进城，都激起了骚乱，有时甚至引发了暴动。受民意压力，地方政府许多官僚也持强硬态度，一时间同仇敌忾众志成城，英人硬是不敢进城。

1847 年 4 月，失去耐心的英军攻击虎门，占领炮台。时任两广总督的“抚夷派”官僚耆英屈服，宣布英军两年后入城。此消息引发了全城恐慌，商户踊跃凑钱雇乡勇护城，而城外的反洋人事件也不断发生。1847 年 12 月，6 名英国人上岸打鸟被杀事件，把这股反洋热推向了一个高潮。反洋运动导致耆英被撤换，新来的徐广缙采取了更为强硬的态度，坚决不许洋人进城。这一切不仅没有引来什么麻烦，反而令英国人无奈地“表示遗憾”。朝野上下欢欣鼓舞，认为这是民意的胜利，广东人民还因此得到了朝廷颁发的一块匾额，上写四个大字——众志成城！

火热的气氛是从 1850 年开始降温的。《南京条约》签署后，许多对华贸易慢慢迁移到上海等口岸，广州的经济地位逐渐降低，很多当地人的生计受到影响，光在梅岭一带从事货品运输的脚夫就有十万人失业。经济的衰退导致社会动荡，三合会等地下会社兴起。几年来为了护城已经导致官方开支增多，而现在的维稳大业尤其需要钱。1850 年，两广总督徐广缙下令增收茶税以补贴维稳机构——地方团练。

事情的发展总是朝着雪上加霜的方向演变，这年夏天，秘密会社引导的叛匪开始侵掠广东，两年后演变成大范围动乱。平叛加剧了对经费的需求，仅仅增收茶税已经不够了，皇上开恩免征广东两年田税的圣旨被政府偷偷隐瞒。1853年，地方士绅被要求捐输一个月的财产税，之后此举就成为定例。除此之外，商人们还不断被要求额外捐钱。

对外侮的戒备变得遥远，现下的问题是内部矛盾。老百姓开始感觉英国人进不进城没那么重要，反倒是这个收苛捐杂税的政府才需要好好反一反。1852年，广东抗税运动蔓延，三角洲地区的治安不断恶化，绑票、抢劫经常出现，官民冲突天天发生。此时的政府想起了几年前民族情绪的可用，1853年曾想照猫画虎。时任总督的叶名琛令人散播洋人要进城的谣言，想以此把老百姓重新团结到官府周围，然而此一时彼一时，这招已经不再管用了。广州城内弥漫着恐慌情绪，对政府失去信心的士绅们开始希求英国人插手，但英国人也不想掺和这种乱局，宣布保持中立。

1855 年，叛乱终于平定。老百姓并没有迎来盼望已久的安定局面，而是不分青红皂白的大清洗和坐大了的地方团练的掠夺与欺压。团练是为剿匪而生的，现在没匪可剿了，百姓却依然要养着他们，又无事做又有武装的他们自己就快成了匪。1856 年，第二次鸦片战争爆发，团练在政府暗中组织下，成为抵抗英军的恐怖分子，他们是用“杀洋奴”和在城里纵火来达到目标的，这终于让百姓彻底厌倦了他们。

1858 年，英军终于进了他们梦寐以求的广州城，并逮捕了总督、挟持了知府。让英军没有料到的是，百姓不再反他们了，但这种转向比当初的抵抗还让人受不了。在很多乡村，英军一出现，乡绅们就列队欢迎；在广州城，百姓把他们当成主持正义的青天，每天向他们请愿希望他们解决地方上的不公正和腐败。

这个曾让英国人魂牵梦系的城，这个诡异的城，真让英国人无所适从。1861 年 10 月，在进城 3 年后，英军主动撤出了广州。

用命换来的国家财产却被私分了

1900年义和团之乱，八国联军入京后，又派出军队向京外出击，剿灭义和团遗党。1900年10月，英法德意四国军队进入保定，将支持义和团、在拳乱期间屠杀了数十名外国人、百多名中国教民的护理直隶总督廷雍抓获，经过一番中国式审讯，判处其死刑，将其处决于凤凰台。廷雍是整个义和团之乱中，被西方军队杀死的清廷最高职位官吏。

在联军进入保定之前，廷雍自知凶多吉少，这位对朝廷忠心耿耿的大臣做了一些紧急安排。为避免衙门银库中的10万两库银落入敌手，他紧急命令一个属下，连夜护送库银到安全地方去。此举颇有"托孤救孤"的悲壮。

廷雍猜中了前头，却没猜中这结局。他为国捐躯后，10万两库银不翼而飞，后来得知，是被他托付的那位属下在路上就给私分了。负责押运的衙役们一共分得4万两，其余6万两都运到了该属下家里一个"安全的地方"。拳乱后朝廷自顾不暇，也没太多精力追查，廷雍用命换的国家财产就这样不明不白地消失了。

这件事后来被《京报》的创始人、任过内阁中书的汪康年写在了自己的笔记里。作为一个非当事人，汪康年能知道此事，想必这根本就是个全国皆知的秘密。而这位私吞公帑的下属此后却仍为国效力，在直隶某县署，平日经常装穷以避免外人太多议论——尽管他也知道别人知道他在装。

汪康年的笔记中，本来清楚记载了这位属下的名字，奇怪的是后来的传本中，其他字迹都清晰，只有这个人的名字消失不见了，不知道是该人的后人想办法做了手脚，还是汪康年顾及同侪之情，抹掉了那些字。

流传日本的鸦片战争传言

中国经历第一次鸦片战争的时候，也就是19世纪40年代，一水之隔的日本对此也十分关注。一方面他们当时也在实行闭关锁国政策，另一方面他们也没见识过西洋人有多厉害。

战争结束后，日本冒出来许多记录前因后果的书，就像现在媒体报道国际新闻一样。不过那时候通讯不发达，又没什么日本人来中国亲历，信息都来自各种人的转述。这种第三手信息十分不靠谱，其中出现不少杜撰的内容。日本很长时间里很多书都记录了这样一件事，说在一场水战中，有一英国女将骁勇绝伦，“打倒四五人，折断七八支枪，清兵虽披靡散倒，终将此女生擒”，然后一了解，竟发现此女为英国的第三公主，女王之妹，还煞有介事地详细描述说“其人明眸秀眉，发漆黑，肤似雪，年仅十八岁”。

书里说，清军擒获此公主后，“蕃官即时驰函要求释还公主，果尔，则将夺占土地全部奉还。倘有杀害之事，必将倾国大举压境，势必报复云”。清将伊里布、琦善和蕃官会谈后，没等朝廷降旨，就把该公主放了。

这件子虚乌有的事不仅出现在当时很多正式的史书中，而且记载也都大同小异，甚至有部分更离谱的书干脆声称英军后来和谈就因为此公主。当时日本政界在讨论中国鸦片战争战术得失的问题时，有不少人为此极为愤慨，斥责庸臣伊里布竟轻易将此奇货释放，未能以此女为人质将议和推向于已有利之境。

这事究竟怎么传成这样的没人知道，不过这事至少说明了当时日本人有多土，在他们的观念中，战争仍如古代故事里一样，此公主简直是穆桂英再生。不过明治维新后这件事就从日本书中消失了，实行了开国政策（即对外开放）的日本迅速地现代化，也都普及了现代战争观念。倒是中国清朝人，很久后还是那样理解战争的。后文讲到剿太平天国时的一份奏折，就能看出当时清朝人的观念有多荒谬了。

差点取代光绪的“大阿哥”

“大阿哥”溥儁

1898年戊戌变法失败，慈禧太后发动政变，剥夺皇帝光绪的权力，恢复“训政”。光绪皇帝被幽禁，但帝位仍存。慈禧对光绪始终耿耿于怀，常有废黜之念。

1900年1月24日，慈禧召开王公大臣会议，宣称光绪久病不起，决定立端郡王载漪之子、是年15岁的溥儁为“大阿哥”，以崇绮、徐桐为师，预定1月31日令光绪皇帝行让位礼，改元“保庆”。

这位“大阿哥”是个什么样的主儿呢？慈禧贴身宫女荣儿回忆说：“大阿哥溥儁，提起他来，咳，真没法说他，说他傻吧，不，他绝顶聪明，学谭鑫培、汪大头，一张口，学谁像谁。打武场面，腕子一甩，把单皮打得又爆又脆。对精巧的玩具，能拆能卸能装，手艺十分精巧。说他机灵吧，不，人情上的事他一点儿不通。在宫里，一不如意，就会对着天长嚎，谁哄也不听。”

预备废立的消息一出，朝野大哗，事态的反应远超出慈禧的预料。

两江总督刘坤一首先复电荣禄：“君臣之义已定，中外之口难防。坤一为国谋者以此，为公谋者亦以此。”两广总督李鸿章也找到荣禄，表示废立之事“危险万状，各国驻京使臣，首先抗议，各省疆臣更有仗义声讨者，无端动天下之兵，为害曷可胜言”，请他劝太后不可操切行事。

此事传入社会后，亦引起轩然大波。上海电报局总办经元善鼓动上海绅商名流千余人联名通电，恳请光绪“力疾临御”，坚持亲政。此后各地阻止废立的通电、公告雪片似地飞往北京。

列强也不同意更换皇帝，英国公使扬言“邻国固无干与之权，然遇有交涉，我英认定光绪二字，他非所知”。

这些反对当然在一定程度上阻止了慈禧的意图，但真正改变她主意的还是溥儁父子自己的表现。1900 年夏，直隶地区爆发义和团运动，受列强处处掣肘的慈禧暗中对他们表示出支持，使得团民越发大胆妄为，在京城各处入户洗劫。因为自己儿子无法登上皇帝宝座的端郡王载漪，就起了利用义和团的心。6 月 25 日，载漪率领 60 名义和团民闯入宫中，声称“查验二毛子”，欲图杀害光绪，被慈禧太后喝止，并将义和团头目 20 余人斩首。此事使慈禧太后猛然惊觉：义和团敢杀皇帝，早晚也敢推翻自己。

这年 8 月，八国联军打进北京，慈禧仓皇出逃，带上了光绪，也带上了溥儁。“准皇帝”溥儁在逃难途中不改纨绔心性，整日玩狗、听戏，还“亲自上台，敲鼓板、扯胡琴，以炫己长”。

1901 年，溥儁被废去“大阿哥”称号，议和时，与其父同被指为“首凶”之一，后随其父被放逐于新疆、内蒙古。被废黜出宫后，溥儁地位一落千丈，回京时连轿子都没得坐了。辛亥革命后，政局动荡，清皇族逐渐失去经济来源，只会玩的溥儁后来将家产变卖一空，穷困潦倒，1942 年病死于北京。

武昌起义，清政府怎么看?

看同一件事，不同的人有不同的角度。武昌起义在清朝廷看来是“武昌兵变”，他们对此事也有他们自己的看法。时任清廷外交总长，后来成为民国高官的曹汝霖在他的回忆录中记载过他从清廷的角度对“武昌兵变”的成败之分析。

作为局内人的清廷认为武昌起义是一次因管理不善导致的偶发事件。他们认为此事始于中央集中军权之后，延用士官出身的军官，这些军官与原来已成气候的北洋将领分成了新旧两派势力。武昌事件本是普通兵变，由新派士官主谋，当时仅两营起事，其余士兵观望不动。事发后本应安抚军心，但时任湖广总督的瑞澂搜得叛军名册，严加处置，牵涉了很多新军士官。士官害怕被株连，遂予响应。

清廷认为，当时兵变很多，此事本不特别严重。假使瑞澂处置镇定，将名册销毁，即可使造反者安心。等以后慢慢再秋后算账，何至于酿成大祸？！瑞澂操切从事，不查真伪，一律按册严捕，所以导致未变之军全部叛变，实在是无能。等到兵变后，又不知所措，仓促逃入兵舰，只顾性命，不能收拾时局。

清廷认为统制（相当于现在的师长）张彪也是蠢才，不知率军镇压，见督帅已逃，也只顾身家，不发一兵，避匿无踪。于是叛军拥协统（相当于现在的旅长）黎元洪为都督，强逼其受命，可见蜀中无大将。本来属于星星之火，不加扑灭，导致燎原至不可收拾。

清政府派陆军大臣荫昌率领毅军二十营开拔南下平乱，以姜桂题为副。荫昌虽曾在德国学过陆军，但军事知识有限，又没有经过战事。姜桂题统领的毅军，也没有新式行军经验，出发之时，已耽搁许久。及至部队开拔，又各自为政，争先恐后，毫无秩序。兵车沿途拥挤，到了刘家店，不能前进，及到汉口附近，检点军装，有携炮没带炮弹的，有带了炮弹但与炮膛不合的，赶紧重新配换装运，费时一月有余。所以给了武昌方面充分的时间从容布置，成就革命。

革命党中的武侠

电影《十月围城》中，孙中山到香港，清廷派出武林高手刺杀，革命党方面也出动大批武林高手保护，最后革命党方面的大侠艰难获胜。这当然是瞎编，不过历史上孙中山手下的革命党人，还真有不少武侠。

孙中山领导的兴中会，在筹备起义过程中很注重与江湖会党和游侠的联络，收编了许多会党人物和江湖游侠。1907 年，革命党人发动镇南关起义之前，孙中山到当时英属马来群岛和法属越南，有绰号“灯筒”的绿林豪杰李福林求见，愿于革命党人广州发难时，号召绿林数千人，借械斗为名，集中在附城各乡伺机响应。这个李福林史称“性任侠，好抱不平”。清末广州附近各乡盗贼出没，“每遇绿林间大事发生，登同（即李福林的字）恒指定聚会地点，召集各县头领附会，各处头领见其信号，莫不唯命是听”。

还有个杨卓霖，“少以任侠闻于乡”，周游诸省，遍交江湖豪侠，1904 年东渡日本入铁道学校学习，课余则学制炸药及炸弹之术。1906 年参与萍浏醴等起义，失败后又谋刺清朝大臣端方，被人出卖被捕。审讯时称“我志不遂，死耳。天下岂有畏死杨卓霖耶，速杀我，毋累及无辜！”

1907 年任革命军南军都督的王和顺，“少负奇气，以行侠尚义闻”。1908 年率所部百余人举义于滇边河口，血战一日，杀死清防务处督办，使清军六营都扔枪投降。1911 年与清军在飞鹅岭大战七昼夜，光复惠州。

光复会成员徐锡麟，曾自置短枪，每日射击数十发，练习杀敌本领，又在绍兴成立体育会，招各地青年数百人习射。后效仿荆轲，枪杀安徽巡抚恩铭，率巡警学堂学生攻占当地军械所，与清军激战四小时，失败后英勇就义。

秋瑾，自幼穿男装，练刀剑，学造炸弹，往来日本、中国两地时，常带倭刀自随。

云南张文光，“故喜任侠，自是益慷慨自许”，加入同盟会后，“散私财，结死士，阴图起义腾永间”。

广东谢逸桥，出身富豪之家，“儿时就塾，跳荡号吡，群儿多辟易。宾客盈门，有不当意者，辄侮侵之……感怀时事，隐然有澄清天下之志。闻有当代奇人侠客，辄欣然往就之”。

直隶蒋大同，“少有大志”，鉴于满蒙沿线边地被俄国侵占的土地不下数万方里，只身旅行于西伯利亚边境一带考察形势，不幸被捕后投入西伯利亚监狱。结果在监狱中感化许多中国盗匪“红胡子”，被囚犯奉为神明，“每食必先奉蒋先生”，俄囚推其为“东方圣人”。他出狱之时，囚犯万余人同声痛哭，声震铁牢，俄国官吏皆相顾失色。

还有谋炸清五大臣的吴樾、谋刺赴美考察军政的清廷海军大臣载洵的邝佐治等等，都是从小习武习军、以侠自称的武侠。这类人，革命党中有不少。

史书中倒没记载他们的武功有多眼花缭乱，不过武侠电影中的武功本身就是艺术加工的结果，真正起作用还得是能战斗和不怕死，从这个意义上去看，这些人肯定都是当之无愧的武侠。

革命与嫖妓

陈其美：专喜在妓馆密谋策划

革命与嫖妓，本不沾边儿，而且历来革命者都是标榜妇女解放的，怎会同流合污？但革命者在起事的时候，由于白色恐怖、处境险恶，为避人耳目，或会藏身妓馆，久而久之，不免下水。20世纪初，辛亥革命的时候，就有这么一位革命者，他叫陈其美，专喜在妓馆密谋策划，后来竟得了性病，被称为“杨梅都督”。

陈其美可是一位不得了的人物，作为同盟会早期的主要领导人，他以胆大妄为、心狠手辣著称，其地位仅在孙中山和黄兴之下，是同盟会的三号人物，后来甚至超过黄兴，成为孙中山革命事业最得力的助手。孙中山说他“于民国之功，固已伟矣”。

1906年，陈其美（字英士）到日本留学，在那里认识了孙中山、黄兴等，加入同盟会。1908年春天，他受孙中山委派回到上海设立同盟会秘密机关，任务是联络青帮、会党支持革命。陈其美在妓院酒楼设立了秘密联络点。在何仲萧编的《陈英士先生纪念全集》中，收录有当年与革命党交往甚密的一位记者的回忆：“斯时清廷对待革命党手段至严厉，一切革命工作，无不以极秘密行之。英公主持江浙两省革命运动，设总机关马霍路德福里。此外，则清和坊琴楼别墅，及粤华楼十七号，为附属机关。表面则酣歌狂饮，花天酒地，以避满清之耳目。不知者以为醉生梦死之流耳。又孰知革命大事酝酿于此中哉！一部分党员每于下午一二时后至粤华楼报告工作，及听候指挥。晚间十时后，则改至琴楼别墅以为常，六时至十时，则或餐于粤华，或宴于琴楼，主要人物讨论计划之时也。”

据陕西籍的同盟会会员张奚若回忆，辛亥革命前，他就是在上海“浙江路清和坊的怡情别墅”认识陈其美的：“第一次彼此就躺在姑娘屋里的床上交头接耳地说话。姑娘当然避开了，老妈子总不时进来倒茶拿瓜子。这是我第一次进堂子，此后还在那里吃过几次酒，也是陈其美请的”。

另据杨思义在《二次革命失败后国民党人的形形色色》中回忆说：“辛亥革命时期的第二流领袖沪军都督陈其美，是上海青帮的大头目。上海的戏园里、茶馆里、澡堂里、酒楼、妓院里，无论那个角落里都有他的党羽。所以一辈革命同志无论有什么活动都要拉他入伙，尤其是辛亥年中部同盟会之成立，大家都要依靠他作台柱子。”

革命成功以后，陈其美当上了沪军都督，仍频繁出入风月场所，被舆论称为“杨梅都督”。据说，有一次陶成章从南洋募款回来，陈其美向陶成章要经费，陶不仅不给，还对陈其美说：“上海尽有够你用的钱，我的钱要给浙江革命同志用，不能供你嫖妓用”。由此，陈其美与陶成章结下了仇。后来他指使蒋介石暗杀了与孙中山意见对立的陶成章，可谓一箭双雕。

当时的街谈巷议中，大家都在说陈其美每天都在清和坊等处逗留，而且连续迎娶了 4 个小妾。上海有一位叫徐震的人给陈其美写信，劝他不要“冶游”“狎邪”，当“杨梅都督”。1912 年 1 月 12 日，陈其美亲自在《民立报》发表公开信，说是“军兴以来，大小之事，日数十起，以至于积劳成病、分身无术，再也没有在外冶游”。同时他也承认“昔日为秘密结社之故，偶借花间为私议之场，边幅不修，无须自讳”。

然而，1912 年 8 月 9 日《申报》的一篇报道，却展示了革命成功后陈其美的另一番景象：“从前应酬场中，酒菜之一两元而已。今上海以请客应酬，妓院之事，局菜等费，统计不下百余元。遇有住客，尤非大菜花酒不足以示诚敬”。而陈其美的亲信、洪帮大头目王金发担任绍兴军政分府都督后，更是贪污巨额公款，在上海租界区为名妓花小宝购置一座叫做“逸庐”的豪宅。

1916 年 5 月 18 号，“暗杀王”陈其美遇刺身亡，其政治生涯不足 10 年。他遇刺之后，孙中山给他题了四个字：“失我长城”。由于有性病，他自己没有孩子，但他的侄子陈果夫、陈立夫后来成了炙手可热的人物。

蒋介石：“我的毛病就是好色也”

蒋介石与陈其美是结拜兄弟，蒋介石视陈其美为恩师。1908 年春蒋介石东渡日本后，经陈其美介绍加入同盟会，并经陈其美介绍，受到孙中山的单独接见。1911 年 10 月 30 日，蒋介石由日本回到上海，投入陈其美麾下，任沪军第 5 团团长。

1912 年 1 月 14 日，蒋介石受命暗杀陶成章之后，一度躲藏在陈其美经常出入的五马路群玉芳妓院，在这家妓院中伺候高级妓女的姚冶诚因此变成了蒋介石的小妾。按照袁克文《辛丙秘苑》中的记述，陈其美也曾与应夔丞等人在这间妓馆，秘密筹划过暗杀宋教仁的阴谋。

蒋介石后来跟随孙中山闹革命，仍未改嫖妓陋习。他多次反省，“我的毛病就是好色也”。一次，他从福建到上海途经香港时，曾经为到底去不去妓院而作痛苦的思想挣扎。他在日记中写道：“香港乃花花世界，余能否经受考验，就看今天。”然而，经过痛苦思想斗争的蒋介石，当天晚上还是去了妓院。他在日记中写下：“我又犯错误了！我还算是一个人吗？我和一个畜生有什么区别呢？”可以想见，蒋介石恐怕又“犯错误”了。

宫崎寅藏：嗜酒狂嫖的“日本志士”

陈其美、蒋介石这班人的嫖妓恶习，或与他们当年留学日本有关。一生投身于中国革命、作为孙中山忠实追随者的“日本志士”宫崎寅藏，也是一个嗜酒狂嫖的日本浪人。宫崎寅藏1902年出版过一本类似回忆录的书籍，书名为《三十三年之梦》，孙中山为之作序。在这本书里，宫崎寅藏坦诚记录了自己从24岁开始，一直到追随孙先生投身中国革命过程中的嫖妓经历。

1900年7月中旬，宫崎寅藏和孙中山等一行人因涉嫌刺杀康有为，被新加坡当局驱逐出境。他们所乘坐的船一到香港，又遭到香港当局的驱逐。当他和孙中山等人躲在船上，为何去何从而争论不休，一天夜间，宫崎寅藏还设法把妓女邀到船上消遣。宫崎寅藏写道：“已经过了（午夜）两点钟，我还没有睡着。好不容易才借酒力把自己带入朦胧之境的时候，又有人来敲门。”“揉揉眼睛起身开门一看，原来是我所爱的政子女士。一见之下，苦恼顿消。于是拖着她的手进来……我乃拥她就寝，共圆好梦。”

7月下旬，他与孙中山等人从香港抵达横滨后分手，他去了东京，在那里很快就把手头的钱财挥霍一空，只好厚着脸皮投靠被他称作“留香女士”的妓女，靠这位妓女来生活。对此，宫崎寅藏这样写道：“不到一个星期，财币为之一轻。偶然留香女士也来此处。她在我走后，迁居于不忍池畔，再度沦落风尘。她说：‘我家只有母女二人，最好做你潜居的地方。’我便遵从了她的心意，头一次作了艺妓的食客。”

惠州起义失败后，日本人葛生修吉总结经验教训时说，在孙中山与日本人共同谋划的过程中，只有内田甲积极资助，“至于其他人，在策划大事之际，诸事极为骄奢，有的留连青楼，为满足一时情欲，把举事的金钱也耗费殆尽，言语与行动都甚为荒谬。今日归结为责备福本诚一人，但事实是掩盖不了的。宫崎寅藏也浪费了不少。末永、岛田等迄今在中途浪费数目多少，难以计算，至解散后仍未满足私欲。我等不能实现将来的伟大希望”。

（叶文龙撰文）

革命党扔炸弹那些事儿

孙中山（左二）在香港西医书院读书时，常与陈少白（左三）、尢列（左四）、杨鹤龄（左一）聚谈反清抱负，抨击时政，友人戏以反清“四大寇”称之。

为什么用炸弹

晚清最后一个十年，堪称“暗杀时代”。革命党人是行刺暗杀的主角。1905 年 9 月，准备刺杀“五大臣”前夕，27 岁的吴樾写过一篇文章《暗杀时代》：“今日之时代，非革命之时代，实暗杀之时代也”。

炸弹是革命党人用于暗杀的利器。之所以选择炸弹，原因是用炸弹经济，且容易获得。在晚清，虽然清军陆续装备了洋枪洋炮，但并没有手投的爆炸武器。当时革命党购买、运输枪械军火，要漂洋过海，光是关卡的检查就难以通过，而且价格不菲。相比之下，炸弹可以 DIY，一般人稍微经过一些培训，有基本的中学物理、化学知识，都能学会。

另外，炸弹适合革命党人单打独斗，且效果立竿见影。清朝大员出门，常常八抬大轿，鸣锣开道，一行人声势浩大地过来，只有官员坐的轿子目标最大，就好像是跟人说“来吧，我在这儿呢”。如此，一颗炸弹过去，非死即伤。

DIY 炸弹

清末，大批留学生东渡，高峰时据说有几万人滞留日本。这些年轻人从日本带回来的，除了科学、经济、文化知识外，还有革命思想以及制作炸弹的技术甚至炸弹（同盟会总部可设在日本）。比如，阎锡山学成归国过海关时就怀揣了大学文凭和炸弹。

据说最初炸弹的试验地点在日本的横滨，还请了一个俄国虚无党（无政府主义）的人来当教师传授制作各类炸弹的方法和使用方法。连蔡元培这样的翰林，都在日本研制炸弹。

后来由于清廷向日本提出抗议，日本管得严了，革命党人不得不转移到香港、广州等地制造。孙中山在香港学医期间，即与尢列、陈少白、杨鹤龄诸人，在医院里暗自学习制造炸弹的方法。为试验功效，曾经用妇人的裹脚布卷上炸药，自医院楼上掷到街上，轰然一声，惊动四邻。警察闻声赶至，密查多日，最终也不知抛掷者为谁。

柳亚子回忆，1906 年他入四川通学所，“习实用化学，思制爆裂弹，以实行暗杀，学未成而终辍”。当年在长沙明德中学操场边有间小屋，一到夜深，黄兴黄老师就在那里试制炸弹，这对周围的居民来说，几乎不是秘密。

炸到自己，伤及无辜

制作炸弹是高危险的工作，稍有不慎就会炸到自己。

同盟会会员刘思复，1905 年在日本学得制作炸弹技术，1907 年在香港“偶因试验失慎，为水银炸药击伤脸部”，伤愈后又在香港青山试验炸弹投掷方法。同年，刘回广州活动，准备刺杀水师提督李准，行动所用的炸弹从香港偷运回广州。装配时发生爆炸，刘思复本人被炸致残。爆炸引起警察注意，刘思复被捕入监。

武汉地区革命党人制造炸弹时发生事故，直接导致武昌起义提前爆发。1911 年 10 月初，湖北革命党人已决定当月 11 日起义。但在 9 日，共进会首领孙武等人在汉口俄租界宝善里机关装配炸弹时，由于抽烟引起炸药爆炸，孙武受伤。而俄租界巡抚闻讯赶来查抄了机关的物品，并转交给清朝官府。官府下令搜捕革命党人，结果，革命党人不得不临时决定提前起义。

那些年，革命党人前后组织暗杀团达 16 个之多。那些炸弹爆响炸死清朝大员的同时，自然也会伤及无辜。马超俊在天字码头炸死了广州将军凤山，据马后来回忆，“凤山当场炸毙，连护卫旗兵与观众死伤七十余人”。

效果有时不理想

多数革命党人装配的炸弹是用今天仍可见到的“摔炮”原理制造，利用投掷时的猛烈撞击引爆。这样的炸弹既不能保证投掷时一定爆炸，同时对使用者

吴樾像

十分危险，受到稍大冲击或震动就会自爆。1905 年 9 月 24 日，吴樾谋炸出洋考察宪政的“五大臣”（载泽、戴鸿慈、徐世昌、端方、绍英）。案发当时，大臣绍英在场。据绍英儿子马士良讲述：案发当天，吴樾伪装成官府的随从，尾随大队，上了火车。后被发现，吴樾见状不妙，紧急果断投弹，可是，炸弹还没来得及抛出去，就爆炸了。吴樾当场身亡。

兴中会会员史坚如等人购买了 200 磅炸药，挖地道通到广东巡抚（其时署理两广总督）德寿官署，放入炸药引爆。因为所放雷管太少，炸药只爆炸部分，炸塌了抚署围墙和附近几家民房，德寿被震得从床上翻下来而未受伤。史坚如事后被捕牺牲，被捕时身上搜出德文炸药配制法一张。

最失败的一次，是汪精卫谋炸摄政王。据同盟会老会员吴玉章回忆，汪精卫的计划，是准备一根长长的引线，点燃引线之后，他才有足够的时间，在爆炸之前逃离现场。而在汪精卫埋线当晚，正是因为引线不够长，所以汪精卫才将炸弹收起，准备重来。在原地折腾良久之后，汪精卫等人不幸被路人发现，因路人报案而被捕。

恐怖的炸弹

总的来说，革命党的炸弹是越做越好。为了增大杀伤力，他们还在炸药中放入了硫磺、硫酸，甚至毒药。比如用来对付广州将军凤山的炸药，就改用了七磅毒药炸弹。凤山刚刚上任，一上岸就被炸得血肉横飞。广东水师提督李准，多次镇压起义，连续两次遭到暗杀，最后一次被炸成重伤，差点送命。于是，上自达官贵人，下至黎民百姓，无不人人自危。倘有幼儿夜啼，只要说革命党来扔炸弹了，哭声莫不立止。民间有传说，说革命党可以把炸弹吞到肚子里，一按电钮，人弹齐炸，威力无比。

革命党的炸弹对清朝官吏造成巨大的心理威胁，广东官场自黄花岗起义后形成了炸弹恐惧症。有些民军甚至用假炸弹来吓唬官吏。1911 年 11 月 10 日，年仅 16 岁的同盟会会员甘霖组织了一支 500 多人的民军。甘霖日后回忆：“五百多人的枪械，说来也很滑稽。固然枪支是非常复杂，新旧合并不下三十余种。

最可笑的，炸弹十之八是假的，而用牛奶罐、香烟罐藏些沙泥，外用白手巾包着，谁都不敢鄙视。真的假的，只有提着的人自己明白。”

阳江的革命党人这样吓唬清朝督学的官员：“你们不可贪恋高官，甘做清廷走狗，如果敢干涉学生的革命工作，就奉送炸弹一颗给你们一尝！”

对清廷来说，彭家珍炸良弼的那枚可能是最恐怖的炸弹了。作为宗社党核心人物，良弼被炸死后，剩下的就作鸟兽散了。6天后清廷宣布逊位。

炸弹余烟

共和建立后，革命党人在反军阀的斗争中仍不时使用自制的炸弹。1915年8月，中华革命党人钟明光在广州用炸弹行刺龙济光；同年11月，中华革命党人王晓峰、王明山在上海用炸弹刺杀上海镇守使郑汝成，都是记载于史书的重要事件。

1925年3月，段祺瑞在孙中山葬礼上缺席，受到许多人唾骂。其实，段祺瑞没有参加孙中山葬礼，就是因为害怕国民党的炸弹。据时任执政府秘书邓汉祥回忆：“孙中山逝世之后，我屡次建议段祺瑞去吊唁一下，段祺瑞实际上是准备去的，但是，姚震极力阻止，他说：国民党会用手枪、炸弹对付你（段祺瑞）。段祺瑞于是遂不敢去。”

后来炸弹的使用越来越少，因为这种手工制作的炸弹实在太危险了。况且国民党这时候已经有了自己的武装，但用炸弹威胁对手，仍然是最顺手的办法。

1930年，阎锡山、冯玉祥会同汪精卫、李宗仁等建立与南京政权对抗的北京政府，并推举阎锡山为主席兼海陆空军总司令。1930年9月9日9点9分，阎锡山在中南海居仁堂宣誓就职。大会隆重举行，秩序井然。刚散会不久，蒋介石就派飞机向中南海投下几颗炸弹。阎锡山庆幸地说：“要早来轰炸，可就糟了，今日的天时、地利、人和都叫我们占全了。”

（叶文龙撰文）

这个世界会好吗？

梁漱溟之父梁济像

梁家籍贯广西桂林，而到梁承光一代，听朝廷命剿捻军，最后在山西做官并卒于山西，留下妻儿。梁的儿子梁济只有8岁，家贫不得回广西，母亲带着他到北京讨生活。在母亲的督导下，梁济喜读戚继光论兵书暨名臣奏议，涵养出忠贤胸臆。光绪十一年（1885），梁济27岁，他考中举人，他的父执多贵，而他不求闻达，直到40岁才当官。梁济做过文化官员、内阁中书（四品）、民政部主事（相当于处长），十余年不升不调。

梁济的官职不大，口碑却隆。他自承："吾最得意之事，肩挑负贩、拉人力车者多识我。常于途中遇褴褛苦人，大呼曰：'梁老爷，你好吗？'"据说有赶驴车的看到他，居然叫出他的名字，请他上车。《清史·忠义：梁济传》有载："济以总局处罪人，而收贫民于分局。更立小学，课幼儿，俾分科习艺，设专所授之，费省而事集。"

辛亥革命爆发，清廷逊位，共和建立，梁济辞职家居。民国的内务部总长一再邀请他出山，他拒绝，避居城北隅彭氏宅。易代变革，在人心中掀起的波澜是巨大的，对梁济来说，这一变易是难济未济了。他认为："中国每个朝代灭亡都有人或许多人为之殉，清亡无一人殉，这在历史上是可耻的，既然如此，我来做这件事。"因此在民国元年，梁济就向神明、父灵起誓殉清，并着手写遗书。

但梁济绝非愚忠，他清楚清王朝的专制腐败与积贫积弱，他的视野极为广泛，读过严复翻译的不少西洋名著。1902年，友人彭翼仲创办北京最早的白话报《京话日报》，对这一新事物，他从物质和精神上也给予了不少支援。因此，辛亥革命爆发后，梁济的态度是旁观。次子梁漱溟参加反清的京津同盟会，他只是以“谨身以俟天命可也”相劝，并未表示强烈反对。他自己则明确表示，内心“极赞共和”。

因此，从他计划殉清，到实现，整整七年，他都在观察新的时代社会，他对民国寄予过希望，然而他失望了。他一度以为“革命更新，机会难得”，可借机舒缓社会矛盾。虽说“国粹莫大于伦常”，不能轻易更改，但若使“全国人民真得出苦厄而就安舒”，则价值相抵，可以“不惜牺牲伦常以为变通之策”。故“辛亥革命如果真换得人民安泰，开千古未有之奇，则抛弃固有之纲常，而应世界之潮流，亦可谓变通之举”。但他痛心地说：“今世风比二十年前相去天渊，人人攘利争名，骄谄百出，不知良心为何事，盖由自幼不闻礼义之故。子弟对于父兄，又多有持打破家族主义之说者。家庭不敢以督责施于子女，而云恃社会互相监督，人格自然能好，有是理乎？”

梁济甚至知道人们会怎样看待他的自杀，也许他知道有人会称他为“梁疯子”。他说，只有那些“注重须先有良好人民而后国可以立，不专靠死板法律以为治”的人，才是“真能知我心者”。

1918年，梁济60岁生日前夕，为准备给他祝寿，家人进行大扫除。他因此到朋友家小住，说生日那天回来。结果生日前三天，即民国七年十一月十日，梁济自沉于别墅附近的“净业湖”，即今天的积水潭。他在留下的遗书《敬告世人书》中说：“国性不存，我生何用？国性存否，虽非我一人之责，然我既见到国性不存，国将不国，必自我一人先殉之，而后唤起国人共知国性为立国之必要。”

可以说，梁济绝非遗老，也毫不糊涂。他说：“吾因身位清朝之末，故云殉清，其实非以清朝为本位，而以幼年所学为本位，吾国数千年先圣之伦理纲常，吾家先祖先父先母之遗传与教训，幼年所以对于世道有责任为主义，此主义深印于吾头脑中，即以此主义为本位，故不容不殉。”他自己如此通透：“效忠于一家一姓之义狭，效忠于世界之义广，鄙人虽为清朝而死，而自以为忠于世界。”

遗憾的是，梁济这样的中国人在我们文化里如此罕有，他至今都被人们忽视。他的儿子梁漱溟认为，他有任侠、认真、不超脱等特点，这些精神个性也影响了孩子。但实际上，这个60岁自我了断的中国人极为开通，他对友人对孩子都是和蔼的、循循善诱的。梁漱溟追忆儿时趣事时说：他积蓄的一小串铜钱不见了，吵闹不休。父亲在庭前桃树枝上发现，让他去看。梁漱溟看时，见树上有父亲写的小纸条：一小儿在桃树下玩耍，偶将一小串钱挂于树枝而忘之，到处向人询问，吵闹不休。次日，其父亲打扫庭院，见钱悬树上，乃指示之。小儿始自知其糊涂。

梁济跟孩子之间的关系是庄重的、平等的，又是尊重的。在梁漱溟的记忆中，父亲对他“完全是宽放”的，甚至“很少正言厉色地教训过我们”。他“只记得大哥挨过打，这亦是很少的事”，他自己则“在整个记忆中，一次亦没有过”。

梁漱溟到读四书五经的年龄了，梁济不让他读，而让他学习《地球韵言》。年轻的梁漱溟拒绝家中提婚要求，想出家当和尚，梁济虽不以为然，但也不明示反对……他的影响是有力的，使得梁漱溟在处事做人上跟他一样，以至于在梁漱溟 17 岁时，梁济赠其两个字“肖吾”。

自杀前三天，已经下了决心的梁济问儿子梁漱溟：“这个世界会好吗？”正在北京大学当哲学讲师的儿子回答说：“我相信世界是一天一天往好里去的。”“能好就好啊！”梁济说罢离开了家。这是他留给儿子的最后的话。梁济的死，在京城有过一些影响，徐志摩、陶孟和、陈独秀、李大钊、胡适、傅斯年、梁启超等人都有过评论，他们多表示了不同程度的尊敬。

自然，父亲的自杀对进行人生思考也想自杀的梁漱溟是一个启示。有人说：“民族血脉的新旧交替，这惊遽的时刻总要有人来表现，梁济选择了表现；这惊遽的时刻过后总要有人去承担，梁漱溟选择了承担。”

（余世存撰文）

1913年：国会不是摆设

国会开幕

1912年4月29日，北京宣武门西侧的象来街上人流如织。两年前清廷为“预备立宪”而建造的资政院，将要改天换地——中华民国临时参议院在这里“首演”登台。

除了全国各地的75名议员，同时到来的还有临时大总统袁世凯。一个月前刚刚从孙中山手中接过权杖的袁世凯，一身戎装，腰间佩剑，志得意满地走进议会大厅。不料想，议长林森迎上前来，第一句话竟是：“袁大总统，参议院是立法的最高机关，是一块神圣之地，例行是不得携带武器进入的，请大总统阁下解除军刀入席，以崇法制”。惊愕了片刻的袁世凯回过神来，随即解下了佩剑。

一年后的1913年4月8日，在离资政院不远的原财政学堂里，第一届国会（“民元国会”）正式成立，参议员177人、众议员500人参加了典礼。国会在1913年民初政治中的作用举足轻重，“议员们的选票一再改写中国历史”。

议案没通过

当年的参议院议长吴景濂，曾记下当时国会开会的一个片段：“……1913年6月20日下午两点钟，代理财政总长梁士诒出席报告政府预算案。王葆真议员

从新华社家属楼的15层俯视，一片水泥高楼的楼群中，国会旧址这座民国时期的建筑显得玲珑精致、卓尔不群。

参议院议长吴景濂

首先提出质问：'财政总长应该知道什么叫预算吧？现在已经是六月底了，钱都花了半年多了，现在才提出上半年的预算案？国家财政支出，由人民负担，未经国会议决，谁来负责？'当时梁士诒没有作答。继而李根源、邱冠棻等议员也起立，指责梁士诒预算不正当，进步党的议员王敬芳、胡汝霖、刘崇佑也提出了质询。梁士诒无法作答。于是，本预算案告吹。"

总理辞职

吴景濂对"善后大借款"一案有这样的回忆："……汤化龙当选众议院议长之后，没几天，（袁世凯）政府欺诈众议院，说善后大借款（2500 万英镑）一案，参议院已经通过，请众议院备案，于是汤化龙到众议院做了报告，顿时议员大哗，因为事实上，参议院并未通过这个借款的提案，汤化龙悍然无视众议院的反对，支持袁世凯借款……"对于北洋政府"善后大借款"一事，当时的北洋军人李鸣钟，有这样的回忆："……1913 年 4 月 26 日，北洋政府（即中华民国中央政府）与英、法、德、俄、日五国银行团签署善后大借款 2500 万英镑，未经得参、众两院通过，属于非法借款。此前的 4 月 20 日，北洋政府还秘密向奥匈帝国借款 470 万镑，一直隐瞒，后来才暴露，国会随即对政府提出了弹劾，赵秉钧因此而辞职。民国初年政府诸如此类的违法行为，令国民反感……"

工商总长辞职

吴景濂曾记下一些当时国会开会的片段：1913 年 7 月 16 日，众议院开会，工商总长刘揆一出席。议员刘恩格质问："向英国借款 500 万英镑，以奉天全省矿产抵押，为何不事先经过国会讨论通过？！"刘揆一答："我国石油、丝绵等产业，有待开发，没有借款，什么事都办不了。所以，我们未经贵院同意，冒昧借了这笔款，现在有草约，请贵院通过。"议员张嗣良则质问："我听说连交款日期都已经确定了！你们是明着违法！"刘揆一答："总长办理政务，没有依照法律手续的必要。"一言已出，议员大哗。不久，刘揆一辞去了工商总长的职务。

图为参议院会场，王牧摄，转自《27 站，中国近代史之旅》(金城出版社)

弹劾袁世凯表弟

1913 年，河南籍参议员段世垣弹劾河南都督张镇芳（袁世凯的表弟），弹劾的理由是张镇芳违法渎职、轰击议会、枪伤议员、蹂躏约法、逮捕记者等罪状，要求查办。弹劾案发之后，袁世凯派人找段世垣疏通，希望段世垣撤销弹劾案，袁世凯说：可以让张镇芳辞职。段世垣不肯撤销，袁世凯也没有让张镇芳辞职。1914 年 2 月，张镇芳以防剿白朗军不力，被袁世凯免职。

（辑自冯学荣所著《原来如此第 2 辑：清同治以后 150 年中国底本》，中国文史出版社，2014。）

袁世凯：民主在中国实现，要几个世纪吧？

立宪不宜从速，只能预备

1906年8月27日、28日两天，大清中央高层奉旨讨论五大臣考察西方宪政的报告，会上出现了两种意见。庆亲王奕劻首先发言，认为“立宪一事，固有利而无弊也”，“似应决定立宪，从速宣布，以顺民心而副圣意”。徐世昌、张百熙表示赞同，而孙家鼐、荣庆、瞿鸿禨等则认为目前只能“预备立宪”，而不能立即立宪。

铁良分析道：“吾闻各国之立宪，皆由国民要求，甚至暴动，日本虽不至暴动，而要求则甚力。”他认为，既然国民能主动要求立宪，恰恰表明他们“深知立宪之善，即知为国家分担义务也”。如今，中国如果“未经国民要求，而辄授之以权”，他们将不仅不以此为幸，反而会“以分担义务为苦”。

《伦敦新闻画报》所绘袁世凯像

袁世凯附和说：“昔欧洲之民，积受压力，复有爱国思想，故出于暴动以求权利。我国则不然，朝廷既崇尚宽大，又无外力之相迫，故民相处于不识不知之天，而绝不知有当兵纳税之义务。”因此，各国的立宪，都是“因民之有知识而使民有权”，我国“则使民以有权之故而知有当尽之义务，其事之顺逆不同，则预备之法亦不同”。袁世凯说，“吾辈莫大之责任”就是“使民知识渐开，不迷所向”。

铁良接着说：“如是，则宣布立宪后，宜设立内阁，厘定官制，明定权限，整理种种机关，且须以全力开国民之知识，普及普通教育，派人分至各地演说，使各处绅士商民，知识略相平等，乃可为也。”

袁世凯补充道，要做的还不仅仅是这些，因为“数千年未大变更之政体，一旦欲大变其面目，则各种问题，皆当相连而及。譬之老屋，当未议修改之时，任其飘摇，亦若尚可支持。逮至议及修改，则一经拆卸，而朽腐之梁柱，摧坏之粉壁，纷纷发见，致多费工作。改政之道，亦如是矣”。他粗粗地梳理了一下，就有以下必须立即着手的各种实际问题：“京城各省之措置也，蒙古西藏之统辖也，钱币之画一也，赋税之改正也，漕运之停止也……”这些工作“皆极委曲繁重，宜于立宪以前逐渐办妥”。

铁良担心，地方上存在“劣绅、劣衿、土豪、讼棍”四种人，“公然握地方之命脉”，“今若预备立宪，则必先讲求自治”。这将是非常严峻的局面。

袁世凯回答说，正因如此，必须多选“循良之吏”为地方官，“专以扶植善类为事，使公直者得各伸其志，奸慝者无由施其技”，这才是“地方自治之基础”。瞿鸿禨则附和说，如此“仍当以讲求吏治为第一要义，旧法新法，固无二致也”。

最需要改革的是财政、货币、法律体系

1908年4月20日，袁世凯接受了美国《纽约时报》记者托马斯·F.米拉德的采访。当记者提问，大清何处最需要改革时，袁世凯回答说：“我们内部的管理体制必须从根本上加以改革。”“但这却是一件说起来容易做起来非常难的事情。因为它牵涉到要彻底改变甚至推翻现行体制的某些方面。而这个体制已经存在了许多个世纪，诸多因素盘根错节地紧紧交织在一起。就民意支持的状况而论，我感到可以肯定的是，如果给我们时间再加上机遇，我们无论如何都能够实现改革的大部分目标。”

“最需要改革的是什么呢？”记者又问。

“我们的财政制度、货币流通体系以及法律结构。只有做好了这些事，大清国才能恢复完整的主权。而且，也只有等她彻底恢复了主权，才能真正理顺国家正常的经济和政治生活。这三项改革中的任何一项都与其他两项有着密不可分的依赖关系。”

实现民主，要几个世纪吧？

袁世凯身边的海归派幕僚顾维钧，曾回忆过与袁世凯的一段对话：“……

1912年的秋天，袁世凯问我：中国怎样才能成为一个共和国？我说：共和源于罗马城邦民主文化，中国国土大、人口多，情况当然不同，但是，要教育人民认识民主政治的基本原则，也只是需要时间而已。袁世凯说：中国的老百姓怎能明白这样的道理？你看：中国女仆打扫屋子，把垃圾扫成堆，倒在大街上，她所关心的是自己屋子里面的清洁，大街上脏不脏，她是不管的。我说：那当然属于她们的无知，需要政府制订法律制度，推动民主制度的发展。袁世凯问：那需要多少时间？要几个世纪吧？”

[摘自雪珥《最高层的立宪争论》(《中国经营报》)、张社生《绝版袁世凯》(文汇出版社)、《顾维钧回忆录》(中华书局)。]

* 家族相册 *

大清“二把手”的家运

定位“老二”的改革者

恭亲王奕䜣是道光皇帝的第六个儿子。在晚清皇室中，恭亲王奕䜣的学识和才干是首屈一指的。他经历了道光、咸丰、同治、光绪四个朝代的风云变幻，而每次他都自觉或不自觉地成为历史漩涡的焦点人物。

恭亲王奕䜣的一生有着浓厚的传奇色彩。他本来极有可能接班上位，施展抱负，但命运却阴差阳错，使他与皇位擦肩而过，不得不屈居晚清政坛的二号宝座。奕䜣一生最大的成就，就是他几乎一手导演了 30 年的王朝改革，拉开了中国近代一个半世纪改革的序幕，可谓当之无愧的“总设计师”。

他 20 几岁就被历史推到风口浪尖上，先是帮助咸丰帝度过英法联军入侵危机，后又帮助慈禧发动辛酉政变，但是却先后遭到两人的猜忌和排挤。

位于北京什刹海西南角的恭王府花园旧影。1776 年起，曾先后作为和珅、永璘的宅邸。1851 年恭亲王奕䜣成为宅子的主人，恭亲王家族在这里生活了 85 个寒暑。历经乾隆、嘉庆、道光、咸丰、同治、光绪、宣统七代皇帝，恭王府见证了大清朝由盛而衰的历史。用侯仁之先生的话：“一座恭王府，半部清朝史”。

在中国传统政治格局中，他是“第二把手”，这是一个尴尬的角色。身处“老大”的卧榻之侧，他一方面要恪守“老二哲学”，小心翼翼、谨言慎行，一举一动都要掌握火候、拿捏分寸，将自己隐藏在老大的阴影之下，尽可能地放低身段，把荣誉让给“老大”，把羞辱留给自己。另一方面则要任劳任怨、忍辱负重，为人谦恭低调、上下圆通，做事讲究策略，在各种势力错综复杂的形势下，以自己的方式积极推动改革的进行。

与皇位失之交臂

在道光的9个儿子中，奕䜣最为聪明，少年时在上书房读书，知书识礼，读能成诵，深得道光帝喜爱。道光帝以好武精骑著称，奕䜣深受乃父影响，从小习武练功，曾与皇四子奕詝共创枪法二十八势、刀法十八势。

奕䜣和奕詝虽然不是一母所生，却为一母所养，两人从小在一起长大，兄弟关系极为亲密。道光帝立储时，曾在四子奕詝和六子奕䜣之间犹豫不决。于是，奕䜣、奕詝展开了一场争夺储君的较量，这场较量虽不像康熙晚年那样血腥，但也异常激烈。据文献记载，在道光晚年的一个春天，他命皇子们随驾到南苑围猎，以检验皇子的骑射才干。奕䜣果然武艺超群，在围猎中获得猎物最多。而奕詝却只是站在一旁，不发一箭。原来，奕詝知道自己骑射不如奕䜣，于是事前请他的老师杜受田出了个高招。杜受田告诫奕詝说：阿哥到了围场，千万别发一枪一箭，而且要约束手下人不得捕捉一只动物。皇上如果问及原因，你便说现在正值春天鸟兽万物孕育的时候，不忍心伤害它们，也不愿用这样的方式与弟弟们竞争。奕詝依计而行，果然，道光皇帝听后非常高兴，称赞他宅心仁厚。除此之外，奕詝对道光帝还有各种感动、各种伪装。

当然，这只是奕䜣落选的原因之一，而真正的原因，后世有多种猜测，可能只有道光帝自己知道。争夺的结果，道光帝去世之前，写下遗诏，竟然是清朝历史上前所未有的一匣双谕：“立皇四子奕詝为皇太子”，“封皇六子奕訢为亲王”。

政坛崛起

咸丰即位以后，对恭亲王奕䜣一直抱着提防之心。咸丰三年（1853），奕䜣破例入值军机处，这是奕䜣与四哥咸丰政治上的蜜月期。到咸丰五年（1855），咸丰借奕䜣为其亡母争封号的机会，免去了他的一切职务。直到咸丰十年（1860）

八月，英法联军进攻北京，胆小怯懦的咸丰仓皇逃往热河“北狩”之前，他才想到了奕䜣，让奕䜣留守北京。奕䜣临危受命，担任议和大臣。

当时的清政府不愿放下“天朝上国”的架子，不愿与西方列国平等相待，更没有近代外交关系的观念。外国在中国虽设有公使，但不在北京。咸丰提出，只要外国公使不进北京，老实呆在广州，每年的海关税收朝廷可以不要。这位皇帝一辈子怕和洋人见面，在他的意旨下，中央政府不与番邦打交道，只让地方政府与洋人打交道，甚至做生意也只让洋人在广州城外交易，不允许洋人进城。

但外国人非要派公使进驻北京，这也是第二次鸦片战争爆发的主因。当时，英法联军不过几千人，却一路从南打到北，所向无敌。攻下塘沽以后，在进攻通州之前，英法联军派英国翻译官巴夏里作为全权谈判代表，但咸丰却命人把巴夏里等 39 个洋人全抓了起来，最后只有 18 人生还，这一下激怒了英法联军。英法两国为了给中国一个教训，最后决定把中国皇帝吃喝玩乐的地方——圆明园烧掉。

奕䜣以他超人的胆略和政治智慧，忍辱负重，分别与英使、法使签订《中英北京条约》和《中法北京条约》，其中就有允许英法各国在北京设立公使馆的条款。

1860 年 11 月 2 日，英法联军随军摄影师费利斯·比托在恭亲王回访英国谈判代表额尔金（右）时，在额尔金的住处给恭亲王奕䜣拍了这张肖像照（左）。

图为总理各国事务衙门的大臣们，从左到右依次为：成林、文祥、宝鋆。奕䜣与同僚共事喜好诙谐。他与宝鋆相处久，常开玩笑。某日军机处将散值，宝鋆先往如厕，许久才返。奕䜣嘲笑他："往何处撇宝去？""撇宝"是当时市井流传的玩笑话，与"如厕"同义。但"撇宝"的"宝"与宝鋆的"宝"同音，奕䜣此话实际暗含噱头。宝鋆随口答称："哪里，是出恭。"这"出恭"的"恭"与"恭亲王"的"恭"又同音。

另根据奕䜣的请求成立了"总理各国事务衙门"，可以说这是近代中国第一个外交机构，即由奕䜣总理其事，奕䜣在政治上迅速崛起。在与外人接触的过程中，奕䜣结识了许多洋人，赢得了西方对他的好感，开始涉足洋务，成了近代中国洋务运动的领袖。在议和期间，他笼络文祥（户部侍郎）、桂良（文华殿大学士）、宝鋆（总管内务府大臣）、胜保（副都统），形成了一个新的政治集团。

咸丰帝病逝于热河后，奕䜣与慈禧合谋发动惊心动魄的辛酉政变，铲除了肃顺等"八人帮"。他的英明睿智、指挥若定，非等闲人可比。

辛酉政变以后的四年中，是奕䜣政治生活的巅峰期。他身兼议政王、领班军机大臣、总理各国事务衙门王大臣、宗人府宗令、总管内务府大臣数职，实际上掌握了朝廷内外所有大权。这在清代历史上绝无仅有。

奕䜣首先按照"治天下之道在亲亲"的祖宗家法，奏请任命了各郡王为大臣，提高了他在满族亲贵中的威望和地位。

然后，他利用手中权力，改组军机处，主持涉外事务，重用曾国藩、左宗棠、李鸿章等汉臣，开办洋务，创办近代军事工业，开办铁路、电报、机器制造业。

恭亲王像，苏格兰摄影师约翰·汤姆森摄于1862—1872年间。清人何刚德在《春明梦录》中记载了时人对奕䜣的基本印象："恭邸仪表甚伟，颇有隆准之意……叙谈颇久，人甚明亮"；"清室诸王，以恭邸为最贤明"。

美国画师现场记录的恭亲王宴请格兰特总统的情景。格兰特随行记者、日后的美国驻华公使杨约翰回忆："恭亲王与之前我所见过的东方王子及政治家们不同，他十分生动。这是一个机敏的男人，直觉敏锐，意志坚定。印度和穆斯林的王公，以及我们在印度斯坦和埃及的朋友们，往往是呆板地坐着，整个谈话中面容呆滞，令你以为是在和石头对话。但是，恭亲王在谈话中，却表情丰富、十分生动。天很热，他边说话边摇着折扇，说到兴起的时候，他就将折扇半合着，指着格兰特将军的胳膊，同时，用热切的目光注视着将军的脸。"

为了洋务事业，他兴办新式学校，派出留学生，促进了近代教育事业发展。奕䜣奏请两宫皇太后采用曾国藩的建议，与列强极力维持和局，借师助剿，镇压了太平天国，最终造成了史家称之为"同光中兴"的局面。

几起几落

权欲熏心的慈禧深恐权力日益膨胀的奕䜣对自己的地位造成威胁，除极力拉拢之外，又几次借故免除奕䜣的全部职务。

自此，奕䜣感觉"任事不能如初"。到同治亲政，光绪登位，几十载，奕䜣又经过几番起起落落。尽管在晚清多事之秋的历史里，奕䜣几次力挽狂澜，但屡遭失败后，奕䜣锐气大减。直至光绪十年（1884），法国借口越南问题挑起战争，以奕䜣为首的军机处举棋不定，导致中国军队节节败退。慈禧乘机下令解散军机处，罢免奕䜣一切差使，令他居家养疾。

此后十年，奕䜣在恭王府深居简出。他虽然表面上不过问政事，弄古玩、习碑贴、吟诗作画消磨岁月，但他仍然关注政事，只是渐渐锐气全失。光绪二十年（1894）中日甲午战争爆发，他最后一次复出，但不复有所作为，光绪二十四年（1898）病逝。

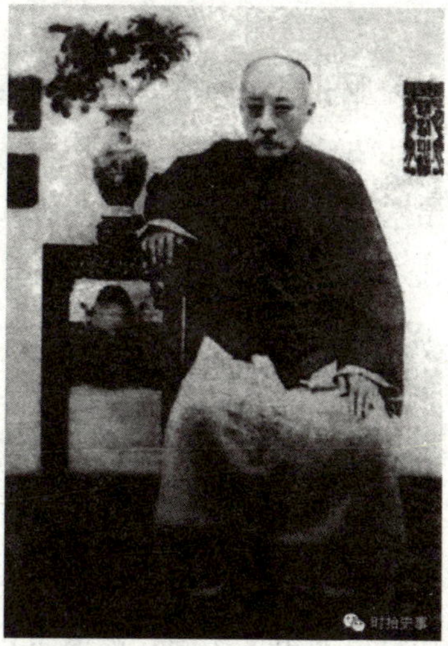

晚年的恭亲王奕䜣

香火不济的皇族

奕䜣一生，在政治舞台上经历了几番大起大落，“曾经沧海难为水”，难免有看破红尘之念，而他在家庭生活中更是经历了太多的身心交瘁。最大的不幸是儿女多早殇，侥幸活下来的则难堪造就。他有四个儿子，长子载澂、次子载滢、三子载濬、四子载潢，其中三、四两子早夭。长子载澂袭贝勒，成年后胡作非为。这三个儿子，都死在他前面。另外一个儿子载滢，一度过继给奕䜣的弟弟钟郡王奕詥，袭贝勒爵位，庚子事变（1900）时，因卷入义和团活动又被夺去一切职衔。

荣寿公主

恭亲王的长女荣寿公主深得慈禧喜爱，几乎当做亲女一般。亲王之女本只能封为郡主，而她却被破格晋封为品级最高的、相当于亲王的固伦公主。作为大清国“第一女儿”，荣寿公主年少时相当跋扈，有“粉侯”之称。尽管在恭亲王与慈禧的权争中，荣寿公主曾经受过一些影响，但终其一生，都与慈禧保持了极为融洽的“母女”关系，并且与光绪皇帝相处得十分友好。

恭亲王最看好的长子载澂，天资聪

颖，文武双全，像极了父亲，但却放浪不羁，经常带着同治皇帝流连于京城各种地下娱乐场所，而且因担心被官员们碰见，还不敢去高级场所，兄弟俩因此沾染了一身的风流病症，双双早夭。载澂一死，加上次子载滢早已过继给八弟钟郡王奕詥，恭亲王几乎断后。多亏慈禧太后下令，将载滢的长子溥伟过继回来，作为载澂的儿子，才算接上了香火。

时运不济的溥伟

载澂死时无嗣，奉太后懿旨，把载滢的长子溥伟（1880—1937）过继给他。奕䜣去世后，溥伟袭亲王爵位，成为第二代恭亲王。溥伟其人风度翩翩，擅长辞令。光绪去世时，溥伟 29 岁，在皇族近支溥字辈中，他年龄居长。溥伟自以为祖父功高，觊觎帝位之心尤其强烈。谁知慈禧太后最终却选定了醇亲王载沣之子、3 岁的溥仪继位。溥伟为此忿忿不已，日久生疾，只好求医问药。某宗室显贵私下嘲笑他：“这是患的心病啊，恐非石膏一斤、知母八两不可。”另一个补充道：“哪里，只须皇帝一个、江山一座足矣。”溥伟的不满，在皇族内尽人皆知，所以宣统一朝，他受到醇亲王一系的疑忌，未能跻身于权力中枢，只当着一个挂名的禁烟大臣。但他继承了恭亲王府的庞大家业，仍安享荣华。

1914 年，他避居青岛德租界，收入锐减，仍旧挥霍无度。家中仆役成群，外出时前呼后拥。一切吃喝日用均从北京采买，鸡鸭鱼肉和咸菜只要老字号，如天福酱肉、天源咸菜、致美斋点心，不一而足。每月开支三五千元，仍不够花销。由于年年寅吃卯粮，最后只好把地租收入分为两份，留给北京家人一份、青岛一份，王府管事人等也分作两拨，依旧费用不赀。

溥伟的下场很可悲。他先跑到青岛想投靠德国人，第一次世界大战结束又迁大连，与日本人建立了联系。他在穷困潦倒中仍对“亡国”一事耿耿于怀。1931 年“九一八事变”，溥伟企图借助日本侵略者的刺刀，实现他复辟清朝当皇帝的梦想，为此特地跑到沈阳祭陵。不过当时日本正扶植溥仪就任伪满洲，认为溥伟祭陵行为“与日本有相矛盾的地方”，令他立即终止祭陵活动，并将他赶回大连。溥仪对他也不放心，始终没有给他一个职位，连零钱也不肯接济。后来，溥伟贫困至极，死在长春的新华旅社里。

禁烟大臣溥伟

载滢与少年溥伟

恭王府最后一位主人

溥儒，字心畬，载滢次子，中国著名书画家，与张大千并称为“南张北溥”，也是恭王府的最后一位主人。溥儒5岁拜见慈禧太后时，从容廷对，慈禧夸他“本朝灵气都钟于此童”；6岁受教，9岁能诗，12岁能文，被誉为神童。溥心畬（溥儒）幼年除于恭王府习文，亦在大内接受“琴棋书画诗酒花美学”培育。辛亥革命后，隐居北京西山戒台寺十余年，再迁居颐和园，专事绘画。1924年迁回恭王府萃锦园居住，开始与张大千等著名画家往来。两年后，他在北京中山公园举办了首次书画展览，因作品丰富、题材广泛而声名大噪。1928年应聘赴日本京都帝国大学执教，返国后与夫人罗清媛合办画展，再度名震丹青，被公推为“北宗山水第一人”。1932年，溥仪在“满洲国”当了伪皇帝，溥家兄弟趋之若鹜，溥心畬却

1935年的溥儒，摄于恭王府。

拒任伪职，怒骂这位堂弟“作嫔异门，为鬼他族”。

1949 年 10 月，溥心畬偷渡到台湾，执教于台湾师范大学。1959 年，台湾历史博物馆特地为他举办个展，展出作品多达 380 幅。1963 年 11 月溥心畬患鼻咽癌在台北病故，年仅 68 岁，葬于阳明山。

溥心畬书画作品：

《林步随》

《红叶猿戏图》

（参考书：雪珥《绝版恭亲王》《帝国政改——改革需要顶层设计》。）

李鸿章的子孙福、身后事

悲催的外交官儿子

李鸿章不像他的哥哥李瀚章那么多子多孙，他只有三个儿子：经方、经述、经迈（经毓、经远、经进均夭折）。

长子李经方（1855—1934）是由六弟李昭庆家过继来的，所以又称嗣子。

次子李经述（1864—1902）是由继室夫人赵小莲所生。因系嫡出，所以李鸿章逝世后由他承袭了肃毅侯的爵位，但他一年后也去世了，享年仅38岁。《合肥李袭侯遗集》就是他的作品。

三子李经迈（1877—1938）是妾莫氏所生。在李经迈前后，莫氏还各生有一子，谱名李经远、李经进，谱上记载均作"殇"，也就是这两个儿子出生后不久即早夭了。

经方过继过来几年之后，42岁的李鸿章，终于有了亲生儿子李经述。

李经述生下来时，李经方已经念书了，仍是以长子的身份留在二房，先在家塾读书应科举，中

李鸿章和儿孙们的合影：由左至右，中排：儿李经迈、儿李经述、李鸿章；后排：孙子李国杰的夫人（张氏）、李经述的女儿、李鸿章的小女儿李经璹（菊耦）、李经迈的夫人（卞氏）、李经述的夫人（朱氏）；前排为李鸿章的孙子们（国字辈）：经述四子李国熊、经述三子李国煦（从小患眼疾，故戴墨镜，长大后就成了张爱玲笔下曹七巧的丈夫姜二爷）、经述二子李国燕、经述大儿李国杰。

举后在其父的安排下跟洋人学外语，了解世界各国情况。19 世纪 70 年代李鸿章出任直隶总督、北洋大臣，移家天津后，李经方眼界豁然开阔。这为他后来从事外交活动，奠下了别人无可企及的基础。到了 1894 年甲午之役之前，他已是有了三年驻美公使参赞和三年驻日公使资历的外交官了。他后来成为李氏家族中帮老太爷办外交的最重要的帮手，干那些最不讨好的“弱国无外交”的行当，也沾了不少“卖国贼”的“光”，因跟着李鸿章一起签订中日《马关条约》，他被世人号为“割台大臣”。

李经方娶了李鸿章的淮军部下、后任两广总督刘秉璋的女儿。

李经方一生政治上始终不得尽放光彩，只能是郁郁寡欢。尽管他极其聪明能干，精通五国语言文字，又写得一手极帅的隶书和行草，人也长得人高马大、一表人才，但李鸿章并没有给他多少施展个人才华的机会，他只充当了老爸的办事工具而已。马关议和时面对伊藤博文的咄咄之势，李经方几次想据理力争，都被李鸿章给制止了。

1907 年他再次回他的老行当，当了一任出使英国大臣。辛亥革命爆发后，他的仕宦生涯就与大清王朝一起寿终正寝了。

1896 年，李鸿章带着两个外交官儿子（左一李经述、左二李经方）遍访欧美，图为当年 6 月份到德国时，与德璀琳（后排左）、汉纳根（后排右）等合影。

民国初年他在上海当寓公，不食周粟。革命军北伐胜利后，他虽躲到了大连日本租界内，但仍然保持了晚节。“九一八事变”之后，末代皇帝溥仪在日本人的挟持下当上“满洲国”的皇帝，他也不去朝拜。他死的那年是1934年，刚过了八十大寿。寿庆时从全国各地前去祝寿的亲友有上百人，热热闹闹地大摆筵席，还拍了纪录片电影。可是大家刚刚返回家里不久，就又接到了他的讣告，于是再赶过去参加他的葬礼……

李经述，是李鸿章的亲生儿子。曾国藩见了经述对李鸿章说：“此公辅器也。”可是李经述后来既无其父之寿，亦无其父之名，只是作为一个著名的孝子留名《清史·孝友传》。1901年11月，李鸿章在北京贤良寺被俄国人所逼，忿疾而终。李经述一直在旁伺候，父亲去世后，他悲痛欲绝，不久撒手人世，享年仅38岁。李经述一生最辉煌的时刻就是，1896年他加三品衔，以参赞官的名义随父遍访欧美。

李经迈的正经职业也是外交，曾任钦差出使奥国，还作为随员陪同贝勒载涛出国考察陆军，大清覆亡后才去打理自己的生意，到上海搞房地产开发，整条街都是李家的。

奇葩孙子

李鸿章将爵位传给亲生儿子李经述，但经述一年后也去世了，便由其长子李国杰袭爵。李国杰娶了张之洞的侄女。

李国杰袭爵以后，一次进宫朝见慈禧太后，老太太看到当年亲密战友的后人，大为感伤，流泪之余说了很多话。李国杰一出宫，有圣旨下，封他为副都统。当时李国杰只有18岁，而以弱冠之年晋封二品大员者，大清就是贵族也很罕见，一时天下惊诧，视为异数。

李国杰以诰封通议大夫、建威将军、一等肃毅侯充钦差大臣出使比利时，外国有无赖知道此公是花花公子，遂怂恿他大把花钱，暗中渔利，以致于公款花光，无法回国。李国杰于是电请袁世凯，袁世凯看在李鸿章的面子上，给付银元四万，李国杰就此回国。此时，清帝已经退位，李国杰不知利害，居然问袁世凯，他能否进宫朝见太后。袁世凯反话正说：太能了，你是谁啊？别人不能，你还不能？李国杰居然居之不疑。进宫以后，李国杰和太后相对以泪相对，李国杰大骂袁世凯说：先臣李鸿章识人不臧，以致于此（指李鸿章推荐袁世凯接掌北洋）。出来以后，遇到徐世昌，徐世昌对李国杰说：你小子今天要不是李文忠公的孙子，出了紫禁城你的脑袋就得搬家。李国杰大感惊奇，问徐世昌如何知道此事。徐世昌说：连你今天上午的饭菜我都知道，赶紧准备走吧，北京留不下你了。其实，早有耳报神通知了袁世凯和徐世昌。老袁大为恼火，让徐世昌出面警告李国杰不准放屁。此后，李国杰离开北京到了上海。老袁托人给李国杰带话，以侄子袁克义娶李国杰的长女，自此，李国杰无事。

李国杰接掌祖父的轮船招商局，一直胡吃海花、挥霍无度，一次告贷于王某。王是长芦盐运使出身，家门豪富，一次借给李国杰十万两白银。李国杰感激不已，准备归还时，王说：小人受先中堂厚恩，无以为报，此银两算是一点补偿。李国杰要和人家结成异姓兄弟，为王某婉言谢绝。

抗战初起，李国杰被认做汉奸，于落水之时遭遇军统斩杀，一说是击毙，一说是斧劈。总之，死相很惨。

李国煦从小患眼疾，故戴墨镜。有人说张爱玲《金锁记》写的其实是李国煦家里的事，书中“长白”即是李国煦的儿子李家瑾，“长安”则是女儿李家瑜。《金锁记》里的曹七巧丈夫姜二爷就是以李国煦为原型创作的。

李国熊小时候长得可爱乖巧，张爱玲《金锁记》故事中的三爷姜季泽的原型，即张爱玲的弟弟张子静的干爹李国熊。李鸿章有一枚德皇颁发的“红鹰大十字头等宝星”勋章，后来传给了李国熊，李国熊1952年去世前，又传给了他的大儿子李家珑，一直到“文革”爆发。“文革”中古代的东西都被视为“四旧”，何况是外国人发的。那时李家珑一家住在北京后海后河沿，在抄家风刮起来的时候，为确保一家安全，在一个漆黑之夜，像避瘟神一样把它扔到什刹海里去了。

李鸿章的三个女儿，分别嫁给了郭恩垕、任德和、张佩纶，所以遗产没有她们的份儿。

10亿元遗产

1904年4月李鸿章给直系子孙留有一份《分家合同》，这份《分家合同》不包括金银财宝等动产，只涉及分布在安徽、江苏、上海市的土地、房屋和一处当铺等不动产。

李鸿章发迹之后，他们六兄弟曾在安徽老家大量购置田产，并建造“大者数百亩，小者亦百十亩”的庄园式宅第。关于李氏家族拥有的土地，据说在最盛时期达250多万亩。这些土地，一般都是采取“万亩建仓”的办法，委托亲朋管理。现已知仅在合肥、六安、霍山等地建立的“仓房”就有几十个。李鸿章名下的田产，每年可收租5万石。李氏在合肥东乡占耕地约60万亩，占当地耕地面积的三分之二。

梁启超说：“世人竞传李鸿章富甲天下，此其事殆不足信，大约数百万金之产业，意中事也。”几百万两白银，大约合今人民币10亿元左右。

李鸿章三个女儿，其中李菊耦嫁给晚清大臣张佩纶做填房，张爱玲是他们的孙女。另外两个女儿分别嫁给山东潍县的同知郭恩垕、江苏宜兴的主事任德和。

李鸿章的遗产虽没有女儿们的份儿，但据说外孙张志沂（张爱玲父亲）得租界洋楼八幢，金银无数。

李鸿章私德引起世人最大非议的，就是他在签订《中俄密约》期间“接受了俄国人三百万卢布贿赂”的疑案。有的史学家提出“孤证不为证”，但俄国人的贿款确实存在。

海外学者雪珥发现一份史料——英国有一家福公司，是罗斯柴尔德家族的产业，焦作煤矿就是福公司最早在中国开发的。罗斯柴尔德家族的档案馆里有一封李鸿章1899年写给他们掌门人的信，在这封信中，李鸿章干预了福公司在中国的首席代表的人选。此外，李鸿章希望再买4000英镑福公司的股份。

其实，李鸿章在大清的央企招商局、电报局、开平煤矿、中国通商银行等都有不少的股份。雪珥认为：李鸿章是贪官，也是能臣。

（叶文龙撰文）

图为李鸿章的夫人赵小莲和女儿李经璹（菊耦）。赵小莲（1838—1892），安徽太湖县道光进士、广东高廉道署按察使赵昀之次女。女儿菊耦嫁给清流领袖张佩伦，是张爱玲的祖母。

袁世凯五姨太全家福

最爱她纤纤玉手

光绪二年（1876）底，17岁的袁世凯在河南老家项城，与河南淮阳首富之女于氏成婚。此后袁世凯陆续纳了9位如夫人，其中大姨太、八姨太出身青楼，二姨太是朝鲜人，三、四姨太也是朝鲜人，而且是二姨太的丫环。9位如夫人共生育有32个子女，其中17个儿子、15个女儿。

袁世凯的五姨太杨氏，出身于天津宜兴埠大户人家，父亲是开弹棉花厂、织布厂的。杨氏自幼随父亲经营工厂，见多识广，能说会道，打得一手好算盘。袁世凯1895年小站练兵期间，他的军需官到宜兴埠采购，与杨氏的父亲相识，后者欲以未嫁小女攀附袁世凯。据杨氏的儿子袁克桓后来回忆："杨氏的纤纤玉手，雅致的'三寸金莲'，梦一般勾动了袁世凯的目光和心绪"。1896年，37岁的袁世凯将17岁的杨氏迎娶进门。

独揽管家大权

袁克桓说："杨氏听过法国传教士乡村传教，记忆好，嘴巧心细，既能周旋，又能果断，还精于账目，深得袁世凯欢心。袁将管家大权交给她，家中的日常生活，该吃什么该穿什么，都由杨氏一手经营。"

可能是得势遭人妒忌，也可能是精明过了头，容易得罪人。元配于氏的大女儿袁静雪这样评价杨氏："她长得并不漂亮，但是我父亲对她却特别宠爱。""我父亲不仅让她照管自己生活上的一切，还让她管理整个家务，管理各房的女佣人和丫头，管理我们兄弟姐妹们，还管理六、八、九3个姨太太。由于我父亲很能听从她的意见，所以不论是谁，只要不服从她的约束，她就可以随时告诉我父亲，由我父亲出面解决。因此，全家上下都因为我父亲的缘故而对她抱有畏惧的心理，就是我娘于氏也不例外。"

袁克文在《诸庶母传》里几乎对每个"庶母"好话说尽，唯独给"五庶母"的好话既吝啬又尖刻："颖敏得先公欢"。袁世凯最后的日子里，也是元配于氏和

图为五姨太杨氏与儿孙们的全家福，摄于 1925 年天津袁家大院。左一为六儿媳陈徵，左二为六子袁克桓，左三为五女袁季祯，右一为八儿媳周瑞珠，右二为八子袁克轸，正中男孩为袁克桓的儿子袁家宸，旁边女孩为袁世凯的十五女袁玲祯。

五姨太杨氏在旁侍候。

分得遗产最多

袁静雪还披露了一件难以考证真伪的事儿，即在袁家内部暗中为“立太子”较劲时，“五姨太太想到自己既是我父亲身边最宠的人，自然也就希冀着那样的尊位降临到自己身上。因此，她就时时在我父亲身旁嘀嘀咕咕，要求立她的长子——老六为‘太子’。这个情况，不但伺候我父亲的丫头流露过一言半语，就是我也听到五姨太太在我父亲面前称赞老六的种种好处。我父亲处在这内外夹攻的情况下，怎么能够使他不越加恼火呢！”

1916 年 6 月 6 日晨，袁世凯死在居仁堂楼上。据说，在全家忙于办理丧事时，五姨太趁乱让仆人将袁世凯房中的保险柜搬到自己居所，连墙上的大挂钟也摘走了。袁世凯的老管事回忆：“‘五老太太（指杨氏）拿出来的好东西还不到二分之一。’因此杨氏一股所得袁世凯的遗产最多。杨死后，她所生的 4 个儿子克桓、克轸、克玖、克安分居时，除房产、存款和珍贵物品外，仅最好的麻将牌一项，每人即分到 72 副。”

1916年六七月间，在长子袁克定主持下，袁家第一次分家，每个儿子分得15万元。袁家整体移居到天津大营门袁家大院，每一位如夫人分得一栋楼，各立门户。杨氏分得两层德式洋楼一幢。

1938年春，平津失守，在袁克定主持下，袁家第二次分家，将平津五处房产变卖，共得伪联币397多万元，每个儿子分得24.9万元。

五姨太杨氏1916年离开中南海新华宫，1937年离开人世，享年58岁，在天津生活了21年。

官二代、富二代，强强联姻

五姨太杨氏生有六个儿女：六子克桓、八子克轸、九子克久、十一子克安、五女季祯、十五女玲祯（早亡）。

杨氏勤俭持家，家教甚严，很早就将几个儿子送到英美留学。特别是分家后，其他几房有的吃喝嫖赌，坐吃山空，她则鼓励儿子们投资实业，入股启新洋灰公司、开滦煤矿等。

图为杨氏照片

袁世凯去世时袁克桓18岁，两年后娶原江苏巡抚陈启泰的独生女儿陈徵为妻。陈家颇殷富，嫁妆就装了一火车。袁克桓曾任启新洋灰公司总经理、开滦煤矿中方董事长，还在上海、唐山、河南创办了棉纱厂，在秦皇岛创办了耀华玻璃公司，等等，成了北方闻名的实业家。后人曾这样点评袁世凯的儿子："长子克定最有权，次子克文最有才，六子克桓最有钱。"1949年后，政府曾经考虑他做天津市的副市长。1956年，58岁的袁克桓去世。

八子袁克轸娶两江总督周馥之女周瑞珠，在母亲的支持下，开办麻袋公司和粮食公司，并助六哥克桓掌握启新洋灰公司控制权。

九子袁克久，“自幼与黎元洪之二女黎绍芳订婚，绍芳患神经病。他留美回国，知绍芳有病，就暗暗地与舞女李熙订白首之盟。他的母亲杨氏主张先娶回黎绍芳，于是得到一份厚奁。婚后黎绍芳被弄到一个小院单住，随后送入疯人院。克玖此时就马上与李熙结婚”。（袁家医生徐正伦语）但是据说他很爱国，当其听说袁克文之子袁家骝加入了美国国籍，非常生气，气愤地说：“咋能那样啊？入了番邦啊！”他 1973 年在北京病逝。

十一子袁克安娶天津大盐商李士铭之女李宝慧，曾任开滦矿务局秘书，1949 年后任台湾民航空运公司行政副总裁。

五女袁季祯嫁给原吏部尚书陆宝忠之子，后病逝。

［参考资料：张社生《绝版袁世凯》（文汇出版社）、王碧蓉《百年袁家》（广西师范大学出版社）。］

朱启钤与朱家小姐

赵四风流朱五狂，翩翩胡蝶最当行。

温柔乡是英雄冢，哪管东师入沈阳。

——这是1931年“九一八事变”之后，上海11月20日的《时事新报》刊登的一首广西大学校长马君武的打油诗，借以讽刺国难当头之日，张学良只知风流快活，终致东北沦丧。这段公案，作为当事人之一的影星胡蝶，直到晚年，都矢口否认。而张学良晚年在接受唐德刚采访时，虽承认不抵抗乃其所为，但依然耿耿于怀，竭力撇清与另一当事人的关系，“我最恨马君武的那句诗了，就是‘赵四风流朱五狂’……她（朱五）小的时候，我就认得她……我跟她不仅没有任何关系，我都没跟她开过一句玩笑！”

朱启钤与朱家五个小姐的合影，约摄于1930年。

这位朱五是谁呢？董桥在《今朝风日好》中引用友人的话说："他（指朱启钤）生了两位极漂亮的千金朱三和朱五，民国初年名噪京华，八方倾倒！"

"会做官"的大佬

朱启钤，是清末民初集官僚、实业家与学者大家于一身的一位大佬，按曹聚仁的话说，是个"会做官"的人，从晚清、洪宪、北洋、民国到新中国五个时代，一个都没耽误。在北洋政府中，朱启钤身居要津，出任过交通部总长、内务部总长，直至代理国务总理。他与周恩来有三代交情（周的叔父是朱的学生），1949 年后，成为全国人大特约代表、政协委员。

朱启钤（1871—1964），字桂辛，贵州开阳人，他的姨夫是瞿鸿禨。瞿一度贵为慈禧太后的工部尚书、军机大臣，是晚清政坛权重一时的人物。1891 年，瞿鸿禨赴成都出任四川学政，年仅 20 岁的朱启钤便跟随左右，开始步入政坛。瞿对朱启钤悉心栽培，着力提携。瞿鸿禨后来虽然失势遭贬，但由于瞿的关系，朱启钤得以结识徐世昌，成为徐的门生。

图为 1907 年徐世昌就任东三省总督兼署奉天巡抚时，与同僚合影。照片前排中为徐世昌，其左为时任署奉天参赞的梁如浩（朱启钤十女儿的公公），右二为时任蒙务局督办的朱启钤。

在徐的着意提携下，朱政治上日渐发达。袁氏当政期间，徐世昌自恃清朝遗老身份，不好意思出来当官，但又不甘心退隐江湖，于是便让他的这位门生朱启钤充当自己的政治影子，间接发挥着政治影响。

1916年，袁世凯称帝败亡之后，朱启钤以帝制祸首之一被通缉。其于1918年复出，1919年任南北议和北方总代表，和谈破裂后退出政治舞台，一度移居天津。其在天津马场道的居所名为“蠖园”，晚年被尊称为“蠖公”。

朱老不仅会做官，还是一位可以彪炳史册的文化大家。他是营造学社的创始人、第一任社长，可以说，没有他，就没有梁思成；他创建了“京师警察”制度；改造新华门、正阳门，开辟中山公园……北京早期的不少市政工程都有他的手笔；他还是织绣、漆器等方面的收藏大家。王世襄曾经受朱老之托，注释《髹漆录》，说“从学术来说他是中国很多学科的奠基人”。

朱启钤先后有三位夫人，都是故后续娶的。朱家的十小姐，名字都带一个“筠”字，七小姐浦筠、八小姐沚筠早夭。朱家的几位大小姐都是当时京津社交场上的名媛。由于他游历过欧美，思想开放，从不限制子女的社交活动，因此朱家小姐们活跃于交际场合，时有朱家“八凤”之称，朱三小姐和朱五小姐被誉为“朱家双碧”。

朱家小姐出风头

朱家与张学良交情深厚。1925年年底，张学良开始吸食鸦片，毒瘾日剧。“九一八事变”前，移身北平的张学良，流连舞场，交际红颜，打球听戏，娱乐游玩，几成生活常态，具体人事，虽与马君武诗中所状不符，但当日情形，却大致不差。

当时少帅身边有四位年岁相仿的少爷随侍左右，名为“副官”，其实形同弟兄，均为当时的“官二代”或“富二代”，这“四大少”是曹汝霖的公子曹璞、东北保安总司令吴俊升的儿子吴泰勋、大富豪何东的儿子何世礼，还有一个就是朱五小姐的二哥朱海北。这种大家族“父一辈、子一辈”的通家之好，在北洋时期极为常见。

除了朱家的少爷与少帅称兄道弟，朱家有四位小姐也与张家有关联：四小姐津筠嫁给了张学良的副官飞行员吴敬安，五小姐湄筠嫁给了张学良的秘书朱光沐，六小姐洛筠嫁给了张学铭，九小姐洪筠则嫁给了张学良的把兄弟吴泰勋。

朱家小姐被八卦已经不是一次两次了。民国之初，三小姐朱淞筠已经成为小报关注的“绯闻人物”。当时某报讥讽朱启钤，作了一首《竹枝词》:“欲把东亚变西欧，到处闻人说自由。一辆汽车灯市口，朱三小姐出风头。”朱三小姐出风头，指的是她当时闹得沸沸扬扬的婚事。朱三小姐先是自主选择了一位毛先生结婚，因婚后不断吵架拌嘴，一年后即离异。1915 年，她又与福建人严南璋结婚，新婚照片登在了当时著名的时尚刊物《妇女时报》上。

五小姐湄筠像

在朱五和朱光沐结婚的 1930 年，朱家九小姐的故事也曾引起媒体的轰动。这一年夏天，朱启钤的九女朱洪筠身着西式泳装在北戴河游泳，被当时的报纸报道，一时舆论纷纷。

朱五小姐最后一次引人瞩目，已是多年以后。1961 年，因为朱五与赵四和张学良多方面的密切关系，周恩来以在香港的朱湄筠为信使，转给了张学良一封“为国珍重，善自养心；前途有望，后会可期”的十六字密信。

二小姐朱淇筠的夫婿，叫章以吴（为周恩来在南开中学的同学，交往 60 年的朋友），其父为前清翰林章梫，与朱启钤曾同时在京师大学堂译书馆共事。章四公子和朱二小姐的亲事，是在他们四五岁时订的娃娃亲。1913 年，章以吴与朱淇筠正式结婚，婚后生下一子，初名章宏道，后改名章文晋（1914—1991），曾任新中国外交部副部长。

朱启钤最小的十女儿朱浣筠，嫁给了卢致德。卢致德寄居于天津的姑父梁如浩家，毕业于北京协和医学院、美国纽约大学，曾任蒋介石的保健医官。其于 1949 年后到台湾，为台北荣民总医院首任院长。

（叶文龙撰文）

赵四小姐全家福

出身官宦世家

赵四出身虽不算名门望族，但也几乎是含着金勺子来到这个世界的。1912年5月18日，赵四生于香港，其时，她38岁的父亲赵庆华已是北洋政府交通系的要员，正处于仕途的巅峰。管铁路的那时候就是肥差，赵庆华在京津港三地购置了多处房产，并在京郊八大处修建了西山饭店和两处自用的小别墅。

赵庆华先后有三房太太，赵四的母亲吕葆贞原是盛宣怀家的丫头，是第二房，生有大少爷赵国栋、二少爷赵国祥、三少爷赵国梁、六少爷赵国基、二小姐赵紫霞、三小姐赵缣云和四小姐赵绮霞。因为赵四生于香港，据说在其出生时，

赵四小姐全家福，约摄于1914年。中立者为赵四的父亲赵庆华，中排右起为大小姐绛雪、赵家大太太、四少爷国钧、赵家老太太、五少爷国煌、赵家二太太吕葆贞、二小姐紫霜，前排右起为三小姐缣云、四小姐绮霞、六少爷国基。

天空出现了一道绚丽的彩霞，父亲赵庆华给他取名绮霞。赵庆华膝下六男四女，绮霞在姐妹中排行老四，便被家里人称为四小姐，外人则称她为赵四小姐。

6岁之前的赵四是在香港度过的，住在香港太平山的赵家豪宅，老太太和父亲、母亲两代的疼爱、呵护，哥哥、姐姐的陪伴，让她体验着与生俱来的富足与快乐。

1917年春，赵庆华任国务秘书，因事务繁忙，无法返回香港，全家迁居北京。1917年6月，张勋复辟，不堪战乱的赵庆华一家搬离北京，避居天津租界。

私奔

1918年春，7岁的绮霞就读天津法租界浙江小学，1923年进入中西女子中学，接受西式教育。中西女子中学是一所著名的贵族学校，很多达官显贵的小姐都在这个学校读书，

绮霞的同学中有北洋政府代总理朱启钤的六小姐朱洛筠，财政总长李思浩的二小姐李兰云，驻日公使陆宗舆的大小姐陆静嫣，李鸿章至交、汇丰银行天津分行买办吴调卿的孙女吴靖。这五位大小姐，因身世相近，父辈交好，又同在天津中西女子中学读书，交情非同一般，堪称当年天津的“五朵金花”。因为赵四的年龄最小，姐妹们都亲昵地称之为小妹，或直呼她的小名——香香。绮霞还给自己取了英文名字Edith，一荻是译音，因此，又名赵一荻。

当年，夏天到北戴河游泳度假，冬天在海河上滑冰，是天津大户人家子弟的时尚生活方式。这些名门闺秀的照片更是时常登在《北洋画报》上。赵四身材颀长，体态婀娜，虽然在女孩子中论漂亮属于中上，但她的气质和风度俱佳，《北洋画报》上不止一次刊有赵四小姐的玉照。据吴靖在《我的小姑赵四小姐》中称：“我们在童年和少女时，都家住天津，父辈间女眷们不时相互串门，女孩子也就自然熟悉亲热起来。课余常在一起游泳和溜冰。”即使后来分别上了大学，到了北平乃至上海，这“五朵金花”也一直保持着密切的联系。

不仅女孩子，那时候“少爷”们的情况也差不多。这些“公子哥”终日在一起游玩、游泳，还时常蹬着自行车到海边、山上游览景致。而在天津，这些“官二代”经常出入各种交际场所。

朱洛筠回忆：“大约在1926年前后，绮霞的姐姐赵二和赵三已届成年，开始参加社交活动，出入交际场所。当时有名的交际场所是蔡公馆。蔡公馆的主人，

是张学良三弟张学曾的岳丈，曾留学德国，颇有西洋派头，经常在府内举办舞会，放映电影，邀请天津大家子女参加玩乐。经常到此参加娱乐活动的还有绮霞的六哥赵燕生，我的哥哥朱海北，还有汤国桢、朱光沐、张学铭、张学曾和张学良等。其时绮霞年纪才十几岁，起先出于好奇，随姐姐去舞场观看，后来和张学良相识，很快成为朋友。此后有一年暑期，天津诗家眷属子女多去北戴河海滨避暑，张学良、赵绮霞在那里相会了，从此感情日益亲密起来。"

1928年7月，张学良任东三省保安总司令后，给赵四小姐挂去长途电话，问她能否到奉天旅游。几天后，她电话回复，业已征得父母同意，准备应邀前往。

当时张学良28岁，赵四小姐才16岁。张学良派他的侍卫副官陈大章去天津接赵四小姐到沈阳。天津小报上掀起了"赵四小姐失踪"的轩然大波。

据陈大章回忆，当年离开天津时，赵家人是高高兴兴送行的。但流行的说法却是：赵四小姐与张学良相爱，她父亲赵庆华一直是极力反对的，而生母吕葆贞私下却很同情。赵四私奔时，她独自一个人，在一个夜里，偷偷地离开了家，到天津站上了火车，由陈大章陪同到了沈阳。

知道赵四私自离家投奔张学良后，赵庆华极为恼怒，在报上登了一则《兰溪赵燕翼堂启事》来表明自己的态度：

> 我族世祖清献公，系属南宋后裔，居官清正，持家整肃，家谱有居家格言，家祠有规条九例，千余年来，裔孙遵守，未尝败坏。历朝御赐文联，地方后吏春秋致祭，即民国前大总统、总理亦赠匾对，荣幸何似！讵料四女绮霞，近为自由平等所惑，竟自私奔，不知去向，查照家祠规条第十九条及第三十二条，应行削除其名，本堂为祠任之一，自应依遵家法，呈报祠长执行。

这则启事于1929年9月25—29日在报上连登了5天，从启事中可以看出，只是将赵四小姐从祠堂中除名，对她以后的言行概不负责，虽然并无脱离父女关系之语，但意思已经说得很清楚了。耿直的赵庆华直到1952年病逝于北京时都不肯饶恕这个小女儿。

当年，张学良、赵四两人情投意合，并在各方的瞩目下未婚生子。赵四为爱情执著敢作敢为，宁肯不要名分，缔造了一世情缘、百年传奇，这是后话。

兄姊情

因为赵四小姐的事情，赵庆华迁怒于吕葆贞，吕葆贞只得去秦皇岛和三儿子赵蔷生（赵国梁）生活。赵四与张学良后来在北平时也曾到三哥处看望母亲。吕葆贞 1953 年去世。

赵四的大哥赵国栋到美国康奈尔大学攻读机械专业，与前清锦州知府的女儿柴冰海相识并结为伉俪。两人回国后，赵国栋先后担任开滦矿务局工程师、津浦铁路总工程师、西北公路局工程师等职务，1949 年后举家迁居美国，20 世纪 70 年代去世。

二哥国祥因病不治，早已病故在天津。

三哥赵国梁毕业于香港大学，曾在开滦矿务局任工程师，新中国成立后调到秦皇岛耀华玻璃厂，后又调到国家建材部，全家便也随之到了北京。

六哥赵燕生，又名赵国基，还在 1926 年南开中学读书时，即与张学良、朱海北等人交从甚密。身材高大、长相英俊的他兴趣广泛，喜欢戏剧、美术、打球、社交。进入清华园后，他不仅是清华足球队的守门员，也是棒球队的主力。

赵四的闺蜜吴靖，与赵燕生早在天津时即已熟悉。到了清华，两人为同班同学，加上经常与住在北平顺承王府（即今日全国政协所在）的赵四往来，关系自然越来越近。1933 年吴靖和赵燕生从清华毕业后，在天津正式结婚，吴靖便成了赵四小姐的六嫂。

从 1940 年起，吴靖和赵燕生就住在上海高邮路 5 弄的一栋洋房里，一住就是 70 多年。1949 年后，赵燕生与吴靖一直都当教师。1979 年，赵燕生去世。

关于赵四其他兄弟和几个姐姐后来的情况，所知不多。

许多涉及张学良和赵四小姐的文章，都说张学良和赵四相识是大姐赵绛雪和大姐夫冯武越从中作的介绍。冯武越出身外交官家庭，在海外读书多年，因此很得喜欢洋味的张学良赏识，曾在张学良手下任过东北航空公署设计主任和东北文化社主任等职。其于 1921 年与赵四小姐的大姐赵绛雪结婚。1929 年他因病从沈阳回到天津，在张学良的资助下办了以京津新闻为主要内容的《北洋画报》，赵四小姐的玉照也时常出现在该画报上。但冯武越和赵绛雪的儿子冯健龙先生晚年矢口否认赵四与张学良相识是他父母介绍的。

赵四的三姐赵缃云，后来去了美国，她的女儿嫁给了著名华裔建筑大师贝

图为赵四小姐，1947 年 5 月摄于台湾井上温泉。

聿铭的胞弟贝聿昆。

令赵四小姐晚年颇感欣慰的是，1990 年，蒋经国去世后，张学良、赵四结束了长达半个世纪的幽禁生活，与三嫂一家取得了联系，知道了许多母亲最后十多年的事情。她在书信中对照顾了自己母亲 20 多年的贤嫂表达了崇敬之情。1992 年，赵四、张学良移居美国夏威夷，赵四与六嫂吴靖取得联系。吴靖因有孙女在夏威夷，每隔两年就去看赵四一次。吴靖 90 岁生日就是在夏威夷度过的，张学良夫妇出席了她的生日宴会，在送给她的生日蛋糕上写着："祝贺你年轻的九十岁生日快乐！"

2000 年 6 月 22 日，三嫂的儿子匆忙赶到美国夏威夷史特劳比医院时，千古一荻在几分钟前已驾鹤西去，终年 88 岁。

（叶文龙撰文）

孙维世、冯友兰原来是一个家族

这是一个浓缩了百年中国史的家族，这个家族成分之复杂几乎囊括了清末以来的中国社会，有着我们耳熟能详的风云人物，从任芝铭，到孙炳文、冯友兰、张岱年、任继愈、孙维世、宗璞……

把女儿送到延安的革命志士

任芝铭，1869年生于河南开封，是清末举人，老同盟会会员，辛亥革命志士，曾做过汤恩伯的高级参议。抗战初期，他亲自把自己最小的女儿任均送到延安。毛泽东专门为他举办宴会，对他说，任老先生不远千里来到延安，我们非常欢迎。任芝铭回答：那边的空气太污浊了，我来延安透透新鲜空气。

1949年后，任芝铭是著名的民主人士，曾任河南省政协副主席。土改时，他主张和平分田，温情地对待地主；三年饥饿时期，他以九十高龄写信给周恩来，如实报告农村饥馑遍野之景。他在北京颤巍巍地对女儿任均说："这样搞不中，饿死人太多了！"

他活了整整100岁。到晚年，经红卫兵批斗后，他已经看不懂时代的游戏或革命变异了，他向周围的人发出疑问："是不是政变？"

1956年冬天，任家第二代、第三代在北京大学燕南园54号冯友兰住宅前的合影。后排三位男性，右一、右二分别是冯友兰和金山；中排五位女性，左一、左二分别是孙维世和宗璞，右一、右二分别是任均和任载坤；前排五位少男少女是任家的冯姓和王姓外孙、外孙女。

20 世纪 20 年代初任家合影。右坐者为任芝铭，左坐者为其妻张梦吉，中间是他们的六女任均。

他有六个女儿，没有儿子。

但他“思想很新”，没有儿子，并未使他像很多老辈人那样惶惶不可终日。他在给二女儿的诗中说：“任人呼伯道，望汝作罗兰”，把希望寄托在女儿们身上。

他让女儿们接受了最好的教育，但女儿们所受新时代风气影响之大，让他始料不及。比如老大与老二，先后逃婚离开老家。

三姐嫁给冯友兰，是父母之命

老大任馥坤毕业于北京女子师范学校，早年父母为其订过婚约，她不满意。老二任纬坤（后更名任锐）与孙炳文自由恋爱后，孙炳文把自己的好友黄肇修介绍给了大姐。两人自由恋爱，结婚时大姐已 27 岁。

黄肇修是早期同盟会会员，毕业于京师大学堂采矿工程系，成为中国最早的专家矿长。新中国成立时，60 岁的他担任了西南煤矿管理局总工程师。

任馥坤生了四个儿子，还收养了孙炳文的女儿孙新世。“她把孩子都栽培成才，老大是高级工程师，女儿孙新世曾在北京大学教书。另外三个孩子也都有成就。”

20 世纪 30 年代，任家老大任馥坤一家与父母在一起。

老三任载坤，婚姻也是父母之命。任芝铭看中了冯友兰，给女儿订了婚。订婚前两人从未见过面。任载坤毕业于北京女子师范学校，毕业后当过学校校长。

1923 年从美国哥伦比亚大学毕业回国的冯友兰，一心致力于振兴中国的教育与学术，

1949 年前，即因中国哲学方面的卓越成就，蜚声海内外。“文革”期间，在巨大的政治压力下，他曾违心地撰写批孔文章。晚年他坦诚地说：“我在当时的思想，真是毫无实事求是之意，而有哗众取宠之心，不是立其诚而是立其伪。”

老三载坤和老大馥坤的生活道路相似，相貌也酷似。“三姐她很有修养，从不失态喊叫。抗战期间在西南联大，生活艰辛，教授们卖文卖字刻图章，三姐就卖炸麻花补贴家用”，六妹任平坤在《我这九十年》写道。

任载坤有四个孩子，老大冯钟琏，毕业于西南联大外语系，做了中学教员；老二冯钟辽在西南联大读书时，从军抗日，参加了滇西反攻战役，后去美国，成为工业锅炉专家；老三冯钟璞即宗璞，现已 85 岁，作品曾获茅盾文学奖；老四冯钟越，是飞机强度专家，可惜 51 岁就病逝了。

冯钟璞的叔叔冯景兰是著名地质学家，其女儿冯钟芸，是西南联大第一位女教师。钟芸的丈夫任继愈，也是哲学大师。

二姐最有名的女儿是孙维世

老二任纬坤（任锐），毕业于北京女子师范学校，22 岁时嫁给孙炳文。早在辛亥革命前，任锐与孙炳文都加入了同盟会。民国后，同盟会办《民国报》，孙炳文任总编，梁漱溟等任记者，任锐任编辑。

1916 年，孙炳文投奔蔡锷，后到朱德部任参谋，与朱德结为金兰之交。1922 年孙朱两人同去欧洲，任锐进了北大文学系读书。在欧洲，周恩来介绍朱德和孙炳文加入中国共产党。1925 年，孙炳文回国，介绍妻子入了党。

国共合作和北伐时期，孙炳文曾任黄埔军校政治总教官，“四一二”政变后，被国民党右派腰斩于上海龙华。

孙炳文就义后，任锐带四个年幼子女颠沛流离。她自己也是一个坚定的革命家。她曾走上街头，慷慨演讲，愤怒谴责蒋介石屠杀共产党人的罪行。她的示儿名诗是：“儿父临刑曾大呼，我今就义亦从容。寄语天涯小儿女，莫将血恨付秋风！”

后来，她和女儿孙维世都到了延安。母女先是抗日军政大学的同学，又在马列主义学院一起学习。母女同学，成为延安佳话。大伙都很尊敬她，喊她“妈妈同志”，连毛泽东给她写信也这样称呼。

1945 年秋，任锐的三儿子孙名世从国统区转到延安，当时母子已离别数载，相聚仅月余，任锐又把儿子送到了前线。

1949年4月，任锐病逝于天津，在北京万安公墓举行公葬，墓碑由周恩来题写。

任锐的子女，也都有才华有能力。老大孙宁世（孙泱），曾任人大副校长，“文革”时被害。老三孙济世，新中国成立后在四川工作，曾任四川省旅游局局长。老四孙名世，新中国成立前牺牲。

任锐的儿女中，最有名的是老二孙维世。她美丽、聪明、活泼，从小被周恩来收养，延安时期，她是最出众的女性之一。新中国成立后，她担任中国青年艺术剧院副院长，将斯坦尼斯拉夫斯基体系引入中国，对中国话剧事业做出重要贡献。她的丈夫金山，是著名演员。可惜，“文革”时，这位传奇女性离奇死亡。

时至今日，还有类似小报文章在说孙维世死时的惨状。“1968年10月14日，孙维世惨死狱中。死的时候，手带镣铐，浑身赤裸，遍体鳞伤。那一年，孙维世48岁。”她六姨任均老人只知道：“没有任何家人见到过维世的遗体。”

六妹任平坤（任均），是任芝铭最小的孩子，姐姐们比她大了很多，她只好和小一辈的外甥女玩。她和孙维世是“闺密”，相差只有一岁，同在开封上小学。1935年，任锐将她和孙维世带到上海，进入天一影片公司东方话剧社学习。

1938年冬天，70岁的任芝铭亲送任均到延安，考入鲁迅艺术学院戏剧系，从事话剧表演。其演旦角十分出色，被称为“延安梅兰芳”。这一时期，她嫁给了延安鲁艺的同班同学、北洋政府将军之子王一达。

任家六姑娘任均（右）和二姐任锐、孙维世（中）20世纪30年代的合影

新中国成立初期，王一达任中国驻保加利亚使馆文化参赞，两人驻外工作数年。

任均生育了五个孩子，老大曾任北京市少先队总辅导员；老二定居美国；老三是深圳一企业家，现从事公益事业；老四王克明，是文化学者；老五名叫王克林，定居加拿大，是地球物理方面的专家。

孙维世与周恩来、邓颖超的合影

除了上述四姐妹外，任家老四老五均英年早逝。

老四任焕坤，1917 年考入河南省立第一女子师范。五四运动时，她是开封学生领袖，成功推动了全市罢课。她嫁给了也是辛亥志士的新蔡县举人刘积勋的儿子刘沛直，夫妻感情非常好。可惜 1921 年，年仅 21 岁的任焕坤因产褥风离世。

老五任叙坤，是任家六姐妹中最美最像古典仕女的一个，人称“东方美人”，18 岁因肺病逝于北京。

［参考书：任均《我这九十年》（华文出版社）、余世存《家世》（北京时代华文书局）。］